人物叢書

新装版

藤原冬嗣《ふじわらのふゆつぐ》

虎尾達哉

日本歴史学会編集

吉川弘文館

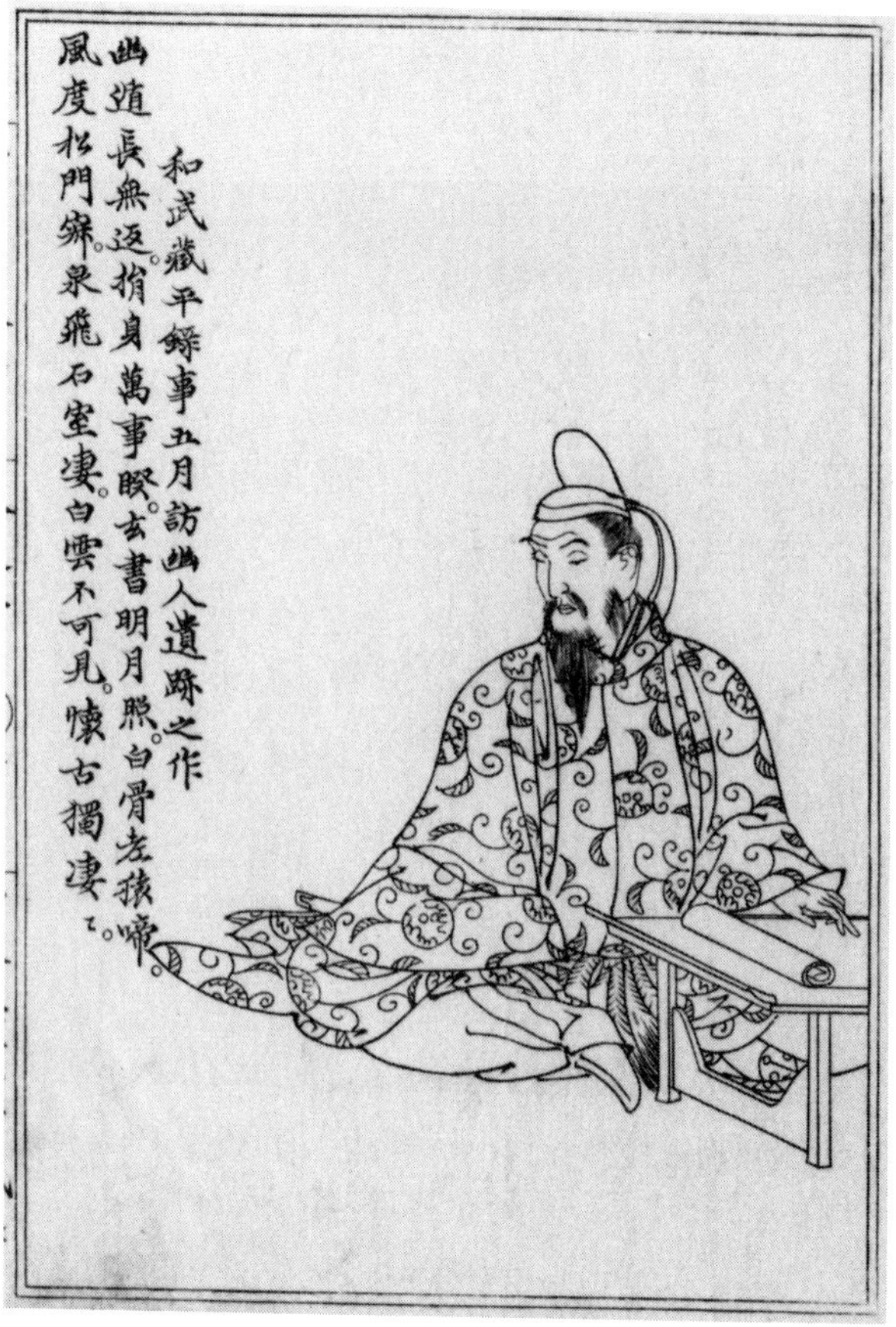

藤原冬嗣像

（国文学研究資料館蔵『前賢故実』3〈CCBY-SA4.0〉より．『前賢故実』は江戸の絵師菊池容斎〈1788－1871〉が著した伝記集．古来の忠臣・賢臣たちの肖像が描かれている）

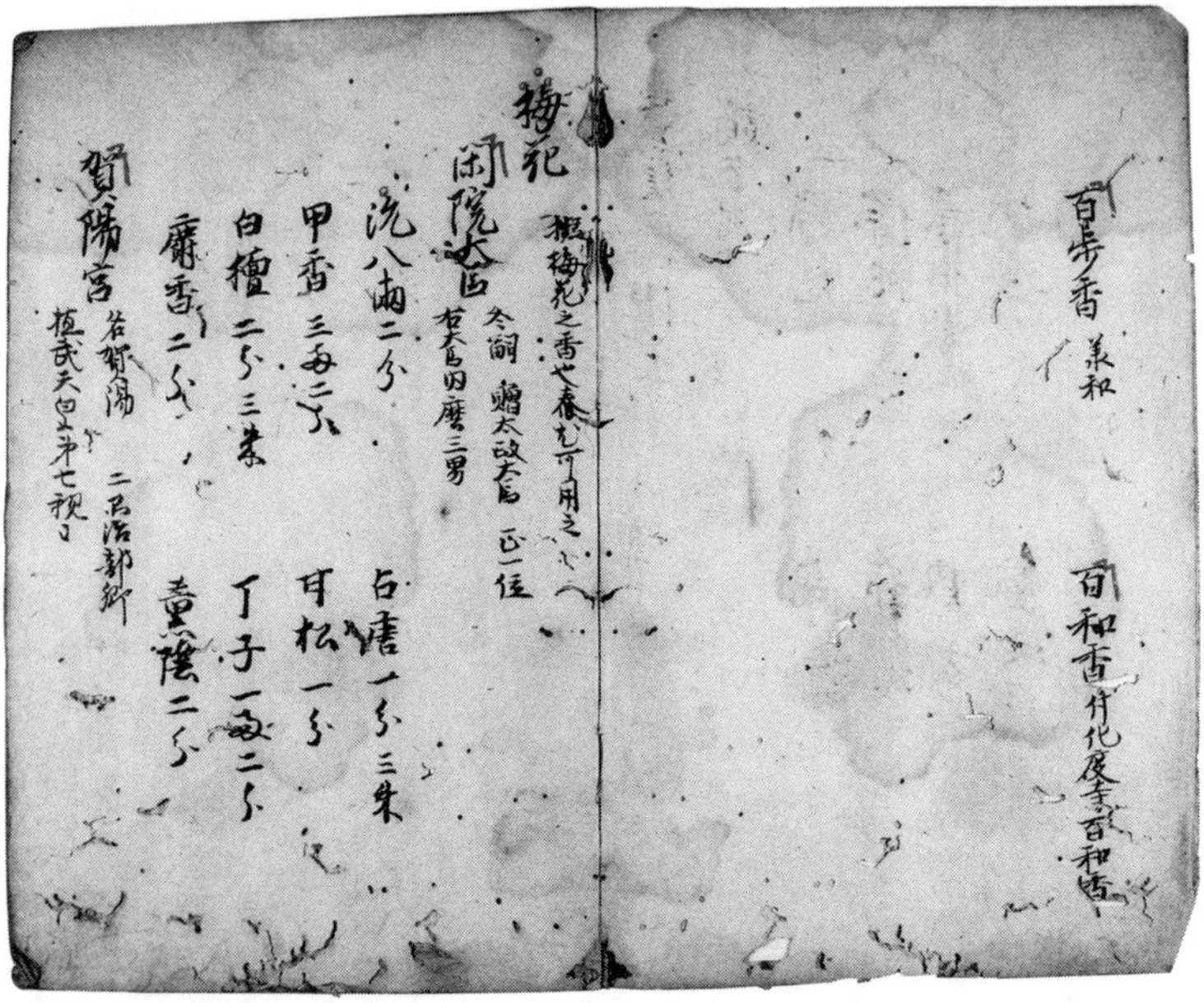

『薫集類抄』鎌倉期古写本（武田科学振興財団杏雨書屋所蔵．冬嗣が「梅花」など3種の薫物を最初に合香したことを伝えている．本文204ページ参照）

はしがき

弘仁《こうにん》十四年（八二三）四月十日、嵯峨天皇《さがてんのう》は突如として宮中から京内の冷然院《れいぜいいん》（左京二条二坊三〜六町）に遷《うつ》った。右大臣《うだいじん》藤原冬嗣が召喚され、嵯峨から詔《みことのり》が下される。

皇太弟《こうたいてい》（大伴親王《おおともしんのう》）に譲位《じょうい》しようと思う。これは宿志であり、今こそそれを果たすべきときだ。もはや宮中には戻らない。

冬嗣は嵯峨（神野《かみの》親王）の東宮《とうぐう》時代に春宮坊官人《とうぐうぼうかんじん》として仕え、即位後の薬子《くすこ》の変の際には新設の蔵人頭《くろうどのとう》として嵯峨を助け、嵯峨朝後半期の長期に及ぶ深刻な被災期も筆頭公卿《くぎょう》として嵯峨を支え続けた。まさしく側近中の側近である。嵯峨の長年の宿志を知らなかったはずはない。その冬嗣でも、いざ嵯峨の口から譲位の意志を伝えられたとき、当惑の色を隠せなかった。

聖人のみが聖人を知ります。今陛下がまさに聖人に皇位をお伝えになるのは天下の大いに幸いとするところであります。

と、その意志を尊重しつつも、「ただし……」と言葉を継いで、嵯峨を諫める。

近年、いまだに作物の稔《みの》りは回復しておりません。そのようなときに、もし一人の天皇と二人の上皇《じょうこう》がいらっしゃることになれば、天下が持ちこたえられなくなる。私が恐れるのはそのことです。今しばらく稔りが回復するのをお待ちいただけないでしょうか。譲位はその後でも遅くはないと存じます。

温厚をもって知られた冬嗣だから口ぶりは穏やかである。しかし、「一天皇二上皇では天下が持ちこたえられない」とは歯に衣《きぬ》着せぬ直言である。嵯峨朝後半期以降、連年のように列島を襲った自然災害に対処し、悪化の一途を辿《たど》る国家財政の建て直しに筆頭公卿として心を砕いてきた。今なおその状況は厳しい。新たな上皇が生まれると、多額の財政支出が必要となる。財源の逼迫は必至だ。「このような時期に一天皇二上皇などとんでもない」と諫言《かんげん》したのは財政上の懸念が大きい。冬嗣はリアリストである。

しかし、それだけではない。より重大な政治的懸念があった。冬嗣の脳裏には、過去に出現したいわゆる「二所朝廷《にしょちょうてい》」の苦い経験がよぎったはずだ。それは嵯峨天皇と平城《へいぜい》上皇との間に惹起した王権分裂の危機であった。

「一天皇」(大伴親王)のほかの「二上皇」とは、平城上皇と嵯峨新上皇だが、平城はすでに政治の世界から身を退いて久しい。嵯峨もかつての当事者として、冬嗣同様、あるいはそれ以上に「二所朝廷」を苦い経験として胸に刻んでいた。冬嗣の懸念は杞憂かもしれない。それでも、彼にとって、「二所朝廷」の経験は重く、二度とあってはならないものだった。

長期の災害による国家の窮地から脱しきれていない状況の下、財源の逼迫に加えて、王権分裂の危機まで招来するような種子は播《ま》きたくない。国政を預かる政府の最高責任者として、万に一つの危険であっても摘み取っておきたい。「天下が持ちこたえられない」とは義憤の響きすらある強い諫言であった。

しかしながら、結局嵯峨は譲位の宿志を貫く。

大伴親王のような賢人が君主として政治に臨むのだから、作物の稔りがいまだ回復していないことなどどうして憂える必要があろうか。

煙に巻くような観念論だが、冬嗣自身「聖人だけが聖人を知る」などと嵯峨を称えた手前、このように言われては、もはや嵯峨の翻意を諦めるほかなかった。嵯峨も理知に長けた天皇である。冬嗣の諫言に耳を傾けながら、その冬嗣の言葉を巧みに利用して彼を説き伏せたのである。

譲位の詳細についてはのちにあらためて述べよう。右のやりとりで読者に強調しておきたいことは、冬嗣が嵯峨にとってもっとも信頼すべき側近であったこと、これである。時に嵯峨の意向を知りつつも、あえて率直な諫言をも辞さない。そのような冬嗣の姿勢に嵯峨もまた厚い信頼を寄せていたであろう。それゆえ、真先《まっさき》に冬嗣を召して、譲位の意志を自ら伝え、冬嗣の同意を得ようとしたのである。

冬嗣といえば、摂政良房《せっしょうよしふさ》・関白基経《かんぱくもとつね》の父・祖父であり、自身天皇家との姻戚関係を積極的にとり結ぶことによって、のちの摂関家《せっかんけ》隆盛の基礎を築いた人物として知られる。初代の蔵人頭、勧学院《かんがくいん》の創設者、興福寺南円堂《こうふくじなんえんどう》の創建者としても名高い。それらはすべてその通りだが、冬嗣という一人の貴族が奈良末から平安初めにかけての時代、遷都と政変と自然災害に大きく左右されたこの時代をどのように生きたのか。五十二年にわたるその生涯の全体像については案外知られていない。というより、一般にはさほど関心がもたれていないというべきであろう。

繰り返すが、冬嗣は嵯峨天皇の側近中の側近だった。平安初期において、その積極性と唐風文化への傾斜からひときわ光彩を放った嵯峨天皇の政治は、この側近冬嗣の存在なしにはありえなかった。

冬嗣は人としての器量が温かくかつ広く、見識も豊か、文武の才を兼備し、対応も柔軟、物事には寛容に接し、よく人々の歓心を得たという（『公卿補任《くぎょうぶにん》』弘仁二年条冬嗣尻付《しつけ》）。嵯峨は東宮時代からこのような逸材に日々接し、やがてこれを重用して厚い信頼を寄せた。それゆえ、ことに冬嗣が筆頭公卿となった嵯峨朝後半の政治は嵯峨の政治であると同時に冬嗣の政治でもあった。

その冬嗣がどのようにして嵯峨の側近となり、どのようにして嵯峨を支え、やがて嵯峨とともにどのような政治を進めていったか。嵯峨朝ひいては平安初期の政治を正しくまた豊かに理解するためには、人格・才能ともに秀でたこの冬嗣という政治家の実像に何としても迫《せま》らねばならない。それゆえ、本書ではいきおい政治家としての冬嗣に多くの紙数を費やすことになるだろう。この点、あらかじめお断りしておきたい。

しかし、むろん政治家冬嗣が冬嗣のすべてではない。彼はまた藤原氏の族長（氏上《うじのかみ》）でもあった。藤原氏といえば、ともすれば権力の中枢にあって栄華や富貴を誇った人々を思い浮かべがちであるが、それはごく一部である。すでに平安初期においても、同族中に貧しく生活に困難を来すような人々が多く存在した。冬嗣は族長としてそのような人々を救済する策を進んで講じたほか、藤原氏一族に多大の貢献を行った。この族長としての側面にも筆を及ぼしたい。

さらに、冬嗣の生きた時代はいわゆる文章《もんじよう》経国思想《けいこくしそう》の隆盛期であった。彼も嵯峨や他の多くの貴族・官人同様、詩歌《しいか》をよくする当代一流の文人であった。ばかりか、その邸宅閑院《かんいん》はしばしば詩宴の場ともなった。本書ではこの文人としての側面も忘れるわけにはいかないだろう。

その文人冬嗣は実は薫物《たきもの》の合香家《ごうこうか》でもあった。薫物とは各種の香料を合香（調合）して作る練香《ねりこう》のことで、平安時代の香といえばこの薫物である。源氏物語《げんじものがたり》などにもしばしば描き込まれ、平安貴族社会の文字通り香り高い文化そのものだ。冬嗣は後世、その薫物の調合を考案する合香家の嚆矢《こうし》と目された。薫物の歴史は実に冬嗣に始まるという認識である。本書では今日あまり知られてはいないこの合香家冬嗣についてもふれてみたい。

さらに、冬嗣は自身仏教に深く帰依したが、平安仏教の二大祖師、天台宗《てんだいしゅう》の最澄《さいちょう》と真言宗《しんごんしゅう》の空海《くうかい》にとっては、特に有力な外護《げご》（支援者）の一人でもあった。冬嗣が天台教団の独立や真言密教《みっきょう》の宣布に果たした役割についても、できる限り述べることとしよう。

なお、本書では典拠の掲出は必要最小限にとどめる。また、掲出する際は煩を避けて略称を用いる場合がある（続日本紀《しょくにほんぎ》→続紀、日本後紀《にほんこうき》→後紀、続日本後紀→続後紀、日本文徳天皇実録《にほんもんとくてんのうじつろく》→文実、日本三代実録《にほんさんだいじつろく》→三実、類聚国史《るいじゅこくし》→類史、日本紀略《にほんきりゃく》→紀略、公卿補任《くぎょうぶにん》→補任、類聚三代格《るいじゅさんだいきゃく》→三代格）。

目　次

口絵

挿図

挿　表

第一　父・内麻呂の時代

一　南家の隆盛と北家の退転

藤原冬嗣は宝亀《ほうき》六年（七七五）に父・内麻呂《うちまろ》の第二子として生まれた。母は飛鳥部奈止麻《あすかべのなどま》呂《ろ》の女《むすめ》、百済永継《くだらのえいけい》である。同母兄に真夏《まなつ》がいる。

内麻呂

内麻呂は房前《ふささき》の孫、房前の三男真楯《またて》（もと八束《やつか》）の子である。房前に始まる北家《ほっけ》の三世代目にあたる。天応《てんおう》元年（七八二）に二十六歳で正六位上《しょうろくいのじょう》から従五位下《じゅごいのげ》を授けられ（これを叙爵《じょしゃく》という）て、名実ともに貴族に列し、平安京に遷都した延暦《えんりゃく》十三年（七九四）十月、参《さん》議《ぎ》に任じられて廟堂《びょうどう》（太政官《だいじょうかん》の公卿《くぎょう》組織）に入った。これは同年七月に同じ北家の従兄大《だい》納言《なごん》小黒麻呂《おぐろまろ》が死去したことによる補充人事である。ただ、同じ日、さらに藤原氏から真友《まとも》と乙叡《たかとし》の両名が参議に就いた。ともに南家《なんけ》である。この時期の太政官首班はやはり南家の右大臣藤原継縄《うだいじんふじわらのつぐただ》。両名のうち、乙叡は継縄の子である。継縄によるお手盛り人事であった。

南家

南家は八世紀半ばに仲麻呂《なかまろ》（恵美押勝《えみのおしかつ》）が彗星のように現れて叔母の光明皇太后《こうみょうこうたいごう》を後ろ盾に実権を掌握する。彼は廟堂では太師《たいし》（太政大臣《だいじょうだいじん》）にまで昇りつめ、子息三人（訓儒《くず》麻呂《まろ》・真先《まさき》・朝狩《あさかり》）を参議に任用するなど公卿人事を専行。しかし、光明が死に、政僧道《どう》鏡《きょう》と結んだ従妹の孝謙上皇《こうけんじょうこう》が反目し、自らの実権が衰勢に向かうと、ついに叛旗を翻してむなしく敗走、捕らえられて子息らともども処刑されてしまう（恵美押勝の乱）。

ところが、この仲麻呂の疾風怒濤というべき台頭と敗死は南家にはほとんどダメージを与えなかったのである。これは仲麻呂の兄、右大臣豊成《とよなり》が弟と間隙《かんげき》を生じて、仲麻呂政権下に左遷されていたことが大きい。豊成は仲麻呂の敗死後、名誉を回復。廟堂に右大臣として復帰する。以後、南家はこの豊成および豊成の弟乙麻呂《おとまろ》の子・孫ら二名、時として三名がつねに廟堂に座を占めるのが慣例となる。

北家

一方、北家は仲麻呂政権期にすでに廟堂入りしていた永手《ながて》と弟の真楯（冬嗣の祖父）、清河《きよかわ》が仲麻呂敗死後もそのまま廟堂にとどまり、永手が道鏡の下で廟堂首班となったあとは、遣唐使《けんとうし》として在唐中の清河も含めて、永手の弟や早逝《そうせい》した鳥養《とりかい》の子ら三名がつねに廟堂に座を占める慣例となった。

式家

式家《しきけ》は天平《てんぴょう》十二年（七四〇）の広嗣《ひろつぐ》の乱で、広嗣・綱手《つなて》の兄弟が処刑され、ほかの兄弟も連坐《れんざ》して流罪に処されたほか、その後中央に復帰した良継《よしつぐ》（もと宿奈麻呂《すくなまろ》）が反仲麻呂派の有力メンバーでクーデタ計画を謀議したかどで官人身分を剝奪されたことなどが大きく影響した。祖の宇合《うまかい》が天平九年（七三七）に病死したあと、実に三十年近くも廟堂の外に置かれる憂き目にあった。天平神護《てんぴょうじんご》二年（七六六）に四十五歳の田麻呂《たまろ》が参議としてようやく廟堂に入り、神護景雲《じんごけいうん》四年（七七〇）、兄の良継が五十五歳で続く。高齢ではあったが、この良継が永手の死後、内臣《ないしん》に就いて廟堂の実質的な首班となると、それまで廟堂入りは二名（良継・田麻呂）だった式家からもう一名百川《ももかわ》を参議として入れたのである。以後、式家は「政《まつりごと》を専《ほしいまま》にして志を得、昇降自由なり」（続紀宝亀八年九月丙寅条）といわれた良継の下、光仁《こうにん》朝半ばにかけて最盛期を迎える。宝亀五年（七七四）には、さらに蔵下《くらじ》麻呂《まろ》が参議に就いて廟堂に四名が座を占めるにいたる。

魚名の罷免

その間、北家も慣例にそって三名の廟堂入りを続け、また廟堂の実質的な首班であった式家の良継が宝亀八年（七七七）に死去すると、その地位を北家の魚名《うおな》が襲い、内臣・忠《ちゅう》臣《しん》から内大臣《ないだいじん》、さらには左大臣《さだいじん》にまで昇り、桓武《かんむ》朝を迎える。ところが、その魚名が天応二年（七八二）六月、突如として左大臣を罷免され、大宰帥《だざいのそち》に左遷される。『続日本紀《しょくにほんぎ》』

は「事に坐《つみ》せられて、大臣を免ぜらる」（あることで罪に問われ大臣を解任された）としか記していない。諸説あるが真相は不明である。ただ、一つだけ確かなことがある。この事件以後、北家の廟堂入りは慣例だった三名から二名に抑制されたことである。

田麻呂

魚名の罷免にともない新たに参議として廟堂入りしたのは北家ではなく、式家の種継《たねつぐ》だった。当時式家はすでに最盛期を過ぎて、廟堂に座を占めていたのは大納言田麻呂一名のみであったが、ここでやや勢いを盛り返した形である。これは田麻呂が右大臣に昇任し、魚名に代わり廟堂の首班となったことによるだろう。

もっとも、その田麻呂が翌延暦二年（七八三）三月に死去しても、式家からの補充人事は行われなかった。また罷免された魚名は発病のため、実際には大宰府《だざいふ》に赴任せず摂津《せっつ》の別業《べつぎょう》にとどまったが、田麻呂死去後の五月には老病を理由に帰京を許され、七月には没する。その死去に際してはかつての左大臣が贈られ、名誉回復の処置も講じられた。にもかかわらず、北家からの補充人事も行われていない。

京家

なお、京家《きょうけ》は祖の麻呂《まろ》が天平九年（七三七）に死去したのち、廟堂入りを果たしたのは宝亀三年（七七二）に参議に就いた浜成《はまなり》（浜足《はまたり》）だけである。しかも、その浜成も天応二年（七八二）には氷上川継《ひかみのかわつぐ》の謀反事件に川継の岳父《がくふ》として連坐《れんざ》。都を追われ、復帰することなくそのまま左遷先の大宰府で没する。その後京家からは二度と廟堂にその座を占めることはなかった。

廟堂内の四家

結局、延暦二年（七八三）には、廟堂の首班は南家の右大臣是公《これきみ》、藤原四家の構成は南家二名、北家二名、式家一名、京家なしの計五名となる。そして、同四年六月、参議家依《いえより》（北家）の死去に際しても、また同九月の中納言《ちゅうなごん》種継（式家）暗殺に際しても、北家・式家または藤原氏他家からの補充はなく、廟堂における藤原四家の構成は南家二名、北家一名、式家なし、京家なしの計三名と一段と縮小する。

雄依の不祥事

この時期北家にとって大きな蹉跌《さてつ》となったのは、家依の兄弟・雄依《おより》の不祥事だった。種継暗殺は実は重大なクーデタ計画の一環であった。雄依は謀議を主導した大伴《おおとも》・佐伯《さえき》両氏らの一味として逮捕され、死刑は免れたが、隠岐国《おきのくに》に二十年もの間流された。事件において重要な役割を担ったと考えてよい。北家に本格的な逆風が吹きはじめる。試練の時期であった。

南家の隆盛

延暦八年（七八九）に右大臣是公が没すると、同じ南家の継縄が右大臣に就任、廟堂首班となるとともに、南家から雄友《おとも》を参議に任じて、南家二名・北家一名計三名の体制がさらに続いてゆく。

先に述べたように、冬嗣の父内麻呂が延暦十三年（七九四）に参議として廟堂入りしたのはこのような体制の下、つまりわずか一名となってしまった北家の公卿枠を埋める形によってであった。しかも、この年は首班の継縄（右大臣）のお手盛り人事により、南家の公卿はそれまでの二名から四名に倍増し、北家以下の三家を圧倒した。この年以降継縄の死去までおよそ二年ほどの間は、かつての仲麻呂政権期を別にすれば、南家の最盛期であった。

一方、北家は延暦四年（七八五）以来長く公卿枠一名に甘んじた。ばかりか、南家の圧倒的な優勢にも耐えねばならなかった。

かつて、北家は天平二十年（七四八）に内麻呂の父（冬嗣の祖父）真楯（八束）が参議に任じられ、さらに翌天平勝宝《てんぴょうしょうほう》元年（七四九）に清河が参議に任じられて以来、つねに廟堂に二名以上の座を占め続けてきた。激動の仲麻呂政権期も反動の称徳《しょうとく》・道鏡政権期もそれはまったく変わらない。仲麻呂政権期には四名のことすらあった。政権はどうあれ、廟堂のなかで絶えず堅実に複数の座を確保する。その平衡感覚と巧みな政治力は見事であった。

北家の退転

しかし、その北家が桓武朝に入って魚名・雄依の不祥事で躓《つまづ》き退転する。三名、時として四名あった公卿枠は、すでに述べたように二名、やがて一名となり、南家の圧倒的優勢を許すにいたる。明らかに低迷期に陥ったのである。

内麻呂とは、このような北家低迷期に、北家よりただ一人廟堂に入った公卿だった。大臣を輩出した名家に生まれ、若いときから世評の高かった人物である（後紀弘仁《こうにん》三年十月辛卯条）。当然北家の将来を託されたであろう。事実、内麻呂はその期待によく応える。低迷期の北家を再興させるたしかな道筋を作り、冬嗣に引き継いでゆくのである。内麻呂が右大臣となり廟堂首班として立つまでを少し詳しくみてゆくことにしよう。

二　内麻呂と雄友

官歴

内麻呂は天平勝宝八歳（七五六）生まれ。十二歳のときに父真楯（大納言）を喪《うしな》っている。逆境にあっても自ら活路を切り拓いてゆこうとする内麻呂の姿勢はこのような生い立ちに培われたものか。

叙爵は先に述べた通り、天応元年（七八一）、二十六歳のときであったが、それ以前に律《りつ》令《りょう》に定める蔭位《おんい》の法により、無位《むい》から正六位上に直叙《ちょくじょ》されていたと考えられる。

藤原内麻呂像（国文学研究資料館蔵『前賢故実』3〈CCBY-SA4.0〉より）

叙爵以前の官歴はわかっていない。ただ、これも律令の定めるところにしたがい、二十一歳を迎える宝亀七年（七七六）ごろまでには、貴族の子弟が最初に就く内舎人《うどねり》（天皇《てんのう》の親衛隊）に任じられ、時の光仁天皇に近く仕えたものと思われる。

そして、この内舎人任用前後、おそらく光仁の後《こう》宮《きゅう》に女孺《めのわらわ》（下級女官《にょかん》）として仕えていた百済宿禰《すくね》永継との間に、宝亀五年（七七四）に一男真夏、翌六年に二男冬嗣を儲けるのである。冬嗣の母となる百済永継についてはのちにあらためて述べよう。

さて、土田直鎮の研究によれば、内舎人に任用された貴族子弟はその後、諸官庁の判《はん》官《がん》クラスの官職に就くのが一般的である（「奈良時代に於ける舎人の任用と昇進」）。内麻呂もそのような官職に就いたかもしれないが、伝わっていない。伝わっている最初は、叙爵後の天応二年（七八二）に任じられた甲斐守《かいのかみ》である。二十七歳であった。以後、延暦三年（七八四）に右衛士佐《うえじのすけ》、翌年には中衛少将《ちゅうえのしょうしょう》、同八年には右衛士督《かみ》と武官の次官・長官を歴任、その間越前介《えちぜんのすけ》、ついで越前守と大国の次官・長官も兼ねた。同九年には内蔵頭《くらのかみ》、同十一年には刑部卿《ぎょうぶきょう》といった文官の寮・省クラス官庁の長官にも就任する。まずは順調な官歴を辿《たど》ったといえよう。

ライバル雄友

ただ、順風満帆というわけではなかった。内麻呂のような貴族官僚の場合、往々にして同世代のライバルがいる。後述するように、冬嗣にも式家の緒嗣《おつぐ》という終生のライバルがいたが、父の内麻呂にもいた。南家の雄友である。

雄友は内麻呂より四歳年長であったが、叙爵（従五位下）は内麻呂より二年遅い。しかし、雄友が延暦二年（七八三）に叙爵されてから以降は、位階《いかい》の昇進について、二人は完全に歩調をともにする。延暦四年（七八五）の従五位上《じゅごいのじょう》、同五年の正五位上《しょうごいのじょう》、同六年の従四《じゅし》位下《いのげ》、二人はすべて同日に昇進するのである。

雄友の先行

年長でありながら叙爵で遅れた雄友が内麻呂に追いつき、そのまま離されることなく並走した格好だが、これは当時の廟堂首班にして雄友の父であった右大臣是公の意向による。そして、やがて、その雄友が内麻呂を追い越す日が訪れる。延暦九年（七九〇）、内麻呂に先んじて参議に任じられ、廟堂入りを果たすのである。是公の死去にともなう公卿の補充人事であったが、当時の廟堂首班、やはり南家の継縄の意向が働いたとみてよい。さらに、延暦十三年（七九四）正月には、位階も従四位上《じゅしいのじょう》に昇進して内麻呂を一歩リードする。

すでに述べたように、内麻呂が参議として廟堂入りするのはこの年十月、北家低迷期の只中のことであった。内麻呂個人にとってみると、その公卿の地位はライバル雄友に遅れること四年にしてようやく手にしたものであり、位階の上でも雄友の後塵を拝していたのである。

雄友と並ぶ

内麻呂と雄友のライバル関係はなおも続く。しかし、内麻呂はここから先輩参議の雄友との差を徐々に詰めてゆくのである。まずは延暦十五年（七九六）正月に従四位上に昇進して雄友と並ぶ。高齢の右大臣継縄が死去する半年前、それまで最盛期にあった南家もさすが勢いが衰えつつあった。

ついで、雄友が同年七月九日に正四位下《しょうしいのげ》に昇進してまた一歩リードすると、継縄の死後まもない同月二十八日、内麻呂も正四位下に昇進。さらに、同十七年（七九八）閏五月には正四位上《しょうしいのじょう》に昇進して、ここで雄友をいったんは追い抜く。

しかし、同年八月になると、二人一緒に従三位《じゅさんみ》中納言に昇進・昇任。新任右大臣神王《みわおう》を首班とする廟堂において、しばらく二人の並走状態が続く。延暦二十三年（八〇四）十月、雄友が桓武天皇の摂津・和泉《いずみ》両国への行幸に摂津守として奉仕したことにより正三位《しょうさんみ》に昇進。ここでまた雄友が一歩リードするが、長くは続かなかった。

同二十五年（八〇六）、桓武天皇崩御《ほうぎょ》後の四月、平城《へいぜい》新天皇の下でともに大納言に昇任したのち、五月十八日には内麻呂も正三位に昇進。翌十九日には四月に死去した神王の後任として五十二歳で右大臣に昇任し、ついに雄友を抑えて廟堂首班の座を占めるにいたったのである。

雄友を追い越す

ライバル雄友との差を詰め、追いつき、追い越して決定的な優位に立っただけではない。内麻呂は年来北家が耐えてきた廟堂での南家の優位をも解消する。桓武が崩御する延暦二十五年（八〇六）三月、それまで廟堂では南家は中納言雄友と権中納言《ごんのちゅうなごん》乙叡の二名、対する北家は中納言内麻呂一名であったが、新たに北家から葛野麻呂《かどのまろ》と園人《そのひと》が権参議として廟堂に入り、北家は三名、南家は二名とついに逆転するのである。

北家の優位

もっとも、このときは式家も二名（参議縄主《ただぬし》・同緒嗣）が廟堂に列していたので、南家だけではなく、式家をも凌いだことになる。中納言内麻呂が意図し、死を目前にした右大臣神王を通して、あるいは直接生前の桓武や践祚《せんそ》前の平城に働きかけた結果であった。

内麻呂がこのように雄友を追い越し、南家の優位を解消することができたのは、南家の是公・継縄が世を去ったことが大きい。この両名こそが相次いで右大臣として廟堂を支配し、南家の最盛期を現出したからである。両名の死後、南家が衰勢に傾くのはむしろ自然であった。

天皇の信頼

内麻呂がその趨勢を追い風としたことは間違いない。しかし、それだけではない。内麻呂は桓武とこれを継いだ平城、さらには嵯峨《さが》の三代にわたる天皇に重臣として仕えたが、天皇の下問に答える際、あえて天意に沿うようなことを言わず、かといって天皇が聞き入れないことがあっても、それ以上自説を押し通してその機嫌を損じるようなこともしない。この主上《しゅじょう》に対するバランスのとれた対応は、先に述べた嵯峨譲位の際の冬嗣の対応からわかるように、冬嗣も父からしっかり引き継いだようだが、内麻呂はこれでどの天皇からも厚い信頼を得たという（後紀弘仁三年十月辛卯条）。

近衛大将

その結果、たとえば、彼は参議在任中の延暦十六年（七九七）、近衛府《このえふ》の長官（近衛大将《このえのだいしょう》）を兼任する。近衛府は内裏《だいり》であれ、行幸先であれ、つねに天皇の直近で警衛にあたる。その長官は天皇の全幅の信頼を得た者でなければ務まらない。その近衛大将に内麻呂はその後の桓武朝、ついで平城朝も在任し（衛府改革により、左近衛《さこのえ》大将）、さらには嵯峨朝に入っても死去するまで、つまりは終生在任し続けたのだった。在任は十五年の長きにわたる。

ちなみに、雄友も延暦十五年（七九六）十二月、参議のまま今一つの親衛軍組織であった中衛府《ちゅうえふ》（のちの右近衛府《うこのえふ》）の長官（中衛大将）に起用されるが、早くも翌年三月には任を解かれ、大宰帥に転任となる。大宰帥も顕官《けんかん》（重要な官職）だが、天皇直近を守る親衛軍の長として、桓武が雄友より内麻呂に信を置いていたことを物語る。平城も同様に信を置いた。

徳政相論の上卿

桓武天皇からの信頼を示す例としては、延暦二十四年（八〇五）十二月に行われた天皇御前での有名な天下徳政相論《とくせいそうろん》もある。詳しくは後述するが、その場には中納言内麻呂が臨席した。儀式や政務の執行責任者となる公卿のことを上卿《しょうけい》という。内麻呂はこの相論の上卿を務めたのである。

当時の廟堂の首班は右大臣神王だったが、七十間近の高齢である。神王に次ぐ者は中納言の雄友と内麻呂の両名。上卿は原則として中納言以上だったから、神王に障りがあれば雄友と内麻呂のどちらかが務めるしかない。桓武の国政を問うまことに重大な相論。その緊迫した相論の上卿を務めたのは、年長で公卿年数でも上回る雄友ではなく内麻呂だった。桓武が雄友より内麻呂を信頼していた結果である。

一方、ライバル内麻呂に追い越された雄友は、翌大同《だいどう》二年（八〇七）に入ると、伊予親王《いよしんのう》の変に連坐し、その正三位大納言の地位を剝奪された上、京からの追放という憂き目にあう。

三　伊予親王の変

伊予親王の変とは、桓武第三皇子であった伊予親王が謀叛を企てたとして母の吉子《よしこ》ともども飛鳥《あすか》の川原寺《かわらでら》に幽閉され、母子ともに毒を仰いで命を絶った事件である。雄友は吉子の兄で伊予親王の伯父（外舅《がいきゅう》）であったことから連坐して伊予国に配流され、同じく南家の中納言乙叡は解任、また雄友の弟友人《ともひと》は下野《しもつけ》守に左遷といった処分をうけるなど、政界を大きく揺るがす政変となった。

しかし、これは謀略による冤罪事件であった。首謀者は平城天皇の側近、式家の仲成《なかなり》とされている（後紀弘仁元年九月丁未条）。仲成の妹薬子《くすこ》を溺愛する平城と仲成ら側近のために、彼らの対立者を陥れようとしたともいわれている（佐伯有清「新撰姓氏録編纂の時代的背景」）。

たしかに、当時の、そしてのちの薬子の変まで続く基本的な対立構図として、平城天

南家の一掃

川原寺跡

皇と皇太弟《こうたいてい》神野《かみの》親王（のちの嵯峨天皇）との対立があった。

　しかし、この事件は平城天皇派による神野親王派の追い落としといった単純なものではない。不明なことも多いが、確実なこともある。この謀略事件の結果、廟堂から南家が一掃されたことである。

　しかも、以後弘仁七年（八一六）に嵯峨側近の三守《みもり》が参議に就任するまでの九年ほどの間、南家は廟堂に一人も列することができなかった。伊予親王に連坐した南家の公卿以下がもし神野親王派として排除されたのであれば、神野が嵯峨天皇として即位した時点で南家は廟堂に復帰してよいはずである。だが、そうはならなかった。

流刑に処された雄友は弘仁元年（八一〇）に赦《ゆる》されて京に戻り、もとの正三位を与えられると、ただちに弾正尹《だんじょうのいん》、翌年には宮内卿《くないきょう》といった高官に就任する。こうして、中央政界への復帰は果たしたのだが、廟堂への復帰はついにかなわなかった。廟堂はすでに昔日のそれではなかったのである。

北家の廟堂支配

この事件の前年、延暦二十五年（八〇六）三月に内麻呂が北家の公卿枠を一名から三名に増やし、南家の二名を超えたことはすでに述べた。翌大同二年に伊予親王の変を経て、廟堂から南家が一掃されたのち、同三年から四年にかけて、廟堂では右大臣内麻呂に次ぐ公卿として、中納言に北家の葛野麻呂、園人が並ぶ体制となる。

中納言には今一人、対蝦夷《えみし》戦争の将軍坂上田村麻呂《さかのうえのたむらまろ》が在任するとはいえ、北家による露骨な廟堂支配が着々と進行した。しかも、同四年には内麻呂の一男真夏が山陰道観《さんいんどうかん》察使《さつし》（のち参議に復旧）として廟堂に入る。以後北家の公卿枠は四名にまで増えるのである。むろん、これらもすべて内麻呂が北家隆盛のためにしたことである。廟堂はすでに彼を筆頭とする北家が支配するところとなり、雄友が復帰すべき場所などどこにもなかったのである。

伊予親王の変はおそらく多面的な性格をもつ事件である。仲成が薬子と共謀して、劣勢の式家を再興するために、南家を政治の中心から追い出そうとした事件だという説もある（大塚徳郎「平安初期の政治」）。南家の駆逐はこの事件のきわめて重要な一面である。しかし、駆逐を企てたのは仲成や薬子ではない。

内麻呂の企て

南家が駆逐されたあと、大同五年（八一〇）に仲成が参議として廟堂に入り、式家は公卿枠を三名に増やすが、従前より参議として廟堂に列していた縄主も、そして緒嗣も、中納言への昇進はなかった。異例の若さで桓武より参議に抜擢された緒嗣はともかく、内麻呂より五歳年少ですでに五十歳前後に達していた縄主ですら昇進していない。南家の廟堂からの駆逐は式家にそれほど恩恵をもたらしてはいないのである。縄主の中納言昇進は参議在任十五年目の弘仁三年（八一二）、右大臣内麻呂の死後のことであった。南家の駆逐を企てた者は内麻呂である。

逆襲劇

おそらくは桓武に続き平城の信頼をも得ていた内麻呂が仲成と手を組み、すでに抜き去ったライバル雄友をさらに追い打ちをかけるように完膚なきまでに叩き潰し、南家を廟堂から駆逐する。北家の停滞期に雄友の後塵を拝しながら公卿となり、南家の隆盛に耐えながら右大臣にまで登った内麻呂が南家にとどめを刺す逆襲劇であった。

しかも、たんなる逆襲ではない。桓武天皇の晩年から平城即位にかけての時期、内麻呂と雄友がともに中納言ついで大納言だったころ、廟堂で内麻呂の上位を占めた公卿は神王（右大臣）、壱志濃王《いちしの》（大納言）、和家麻呂《わけのいえまろ》（中納言）の三名だった。みな七十前後の高齢であり、この時期相次いで世を去っている。廟堂の首班はもはや内麻呂か雄友のどちらかだったが、やがて内麻呂に大命が下った。しかし、彼はそれに決して満足していなかった。

雄友（大納言）の父は是公、乙叡（中納言）の父は継縄。どちらもかつての右大臣という毛並みの良さである。内麻呂に何かあれば、かわってこの南家の公卿たちが大臣に登る。北家隆盛の道は再び閉ざされ、わが子真夏や冬嗣の廟堂入りもおぼつかない。南家の駆逐には、北家隆盛の道筋を確保する目的があった。その目的からすると、式家にも必要以上に果実を与えることはできなかったのである。

伊予親王の排除

駆逐の対象は廟堂の南家だけではない。内麻呂にとっては、伊予親王もまた排除すべき存在だった。

かつて内麻呂は、やはり桓武天皇の晩年、平城（安殿親王《あて》）が皇太子のとき、一男真夏を春宮権亮《とうぐうごんのすけ》として東宮《とうぐう》に送り込み、安殿に近侍《きんじ》させている。これによって真夏は安殿の側近となり信を得て、即位後の平城の下で廟堂入りする。内麻呂は布石を打ったのである。皇太子のうちにわが子を近侍させ、将来廟堂内での地位の確保につなげようという目論見である。

そして、内麻呂は平城即位後の大同元年（八〇六）十月、再び布石を打つ。今度は二男冬嗣。春宮大進《だいしん》として皇太弟神野親王の東宮に送り込む。翌年正月、冬嗣は春宮亮に昇進。目論見も前回と同じである。ところが、その目論見を危うくしかねない人物がいた。伊予親王である。

長屋王の変

伊予親王は無実の罪を着て母と毒を仰いだ。なるほど叛意はなかっただろう。しかし、叛意がなくても、他者から危険人物とみなされて抹殺されることは珍しくない。著名な先例としては神亀《じんき》六年（七二九）の長屋王《ながやおう》の変がそうだ。無実の長屋王は内麻呂の祖父房前ら藤原氏の謀略によって家族もろとも滅ぼされた。一族の血統をうけた者を聖武《しょうむ》天皇以後の皇嗣に据えようとしていた藤原氏にとって、有力皇族だった長屋王はきわめて危険な排除すべき存在だったのである。

伊予親王の声望

父帝桓武譲りの豪放磊落《ごうほうらいらく》にして遊興を好む性格をもち、かつてその父からも寵愛された伊予親王（目崎徳衛「平城朝の政治史的考察」）。その悲運の死を人々は哀れんだという。それほど声望もあった。この事件は北家の宗成《むねなり》（家依の孫）が親王に謀叛を勧めたことが発端である。当人に叛意はなくとも、一挙にことを起こすだけの実力や人脈があるとみなされたのである。内麻呂にとって、伊予親王は皇太弟神野親王を脅かしかねない危険な存在だった。

仲成の役割

仲成と伊予親王との関係は不明である。『日本後紀《にほんこうき》』は嵯峨天皇の言葉として、仲成が「虚偽のことで伊予親王母子を凌辱し、邸宅から追い出して車に乗せ、さまざまな辛苦を与えた」と伝えている。叛意のない伊予親王母子に謀叛の罪を着せる謀略を計画し、京の邸宅から川原寺への車での護送と幽閉を指揮した。幽閉はたんなる幽閉ではない。飲食を与えなかったのだから、餓死が目的だった。緩やかではあるが残酷な処刑を意味する。この謀殺計画の最終地点が大和《やまと》国の川原寺となったのは、当時仲成が大和守であったからだろう。しかし、この謀殺計画の立案と護送・処刑は仲成の独断ではない。命じられたのである。命じたのはむろん、右大臣内麻呂であった。

平城の怒り

この事件に平城天皇が積極的に関与したかどうかはわからない。ただ、伊予親王は皇嗣の神野親王のみならず、平城にとっても不気味な存在であったはずだ。おそらく内麻呂や仲成が巧みに言いくるめたのだろう、親王の「謀叛」の報をうけるや、平城の怒りは凄まじく、親王号の剝奪を命じた。周囲は伊予親王の無実を知りながら、一人阿倍兄《あべのあに》雄《お》を除き誰もあえて諫めようとしなかった（補任大同三年阿倍兄雄条）。

平城はともかく、仲成が内麻呂の命にしたがって謀殺に手を染めたのは、伊予親王の排除が内麻呂と利害を同じくしたからであろう。

伊予親王の抵抗

この事件では、北家の宗成が伊予親王に謀叛を勧め、それを耳にした雄友が内麻呂に告げると、そのことを知った伊予親王はただちに平城に対し、「宗成が自分に謀叛を勧めた」との奏上を行う。まだ嫌疑をかけられる前から、右大臣内麻呂にではなく、天皇に直接無実を訴えたのである。このとき、おそらく親王には「内麻呂に陥れられた」との不覚の思いがあった。親王自身、内麻呂や仲成らから危険視されていることを自覚していたのであろう。身に危険が迫るのを察知して、懸命の防御策を講じたのであるが、謀略は計画通り進み、ついに悲劇的な結末にいたる。

非常手段

伊予親王の謀殺。これもまたこの政変の重要な一面である。内麻呂が二男冬嗣と北家隆盛のためにとった非常手段であった。

このように内麻呂は強権をもって伊予親王を排除し、返す刀で廟堂から南家を駆逐した。現天皇の平城に皇太子時代から近侍した一男真夏、現皇太弟の神野に伺候《しこう》する二男冬嗣、この二人の息男の今後の栄達をたしかなものとし、あわせて北家の廟堂支配を盤石なものとする。内麻呂こそが伊予親王の変の真の主役であり、勝利者であった。内麻呂が営々として築き上げてきた北家隆盛の道筋は、この政変を跳躍台として一段と確実なものとなり、やがて二男冬嗣に引き継がれる。

それにしても、内麻呂が断行した粛清は非情だった。処罰されたのは伊予親王や雄友のような内麻呂や北家にとって邪魔な者たちだけではなかった。同じ北家の宗成もそうである。

宗成の粛清

宗成は「もともと才学もなく、すこぶる邪佞《じゃねい》（心がねじけ、へつらう者）といってよい」人物だった（文実天安二年五月丁亥条）。だから内麻呂に協力したのか、この事件では親王に謀叛を勧め、逮捕後は一転「親王が首謀者だ」と供述。謀略の成否を決する重要な役割を担った。にもかかわらず、内麻呂はこの陰の功労者を一味として流刑に処す。その後赦されて都に戻るが、一件のために長く世の中から顧られなかった。一人右大臣清原《きよはらの》夏野《なつの》だけは若いころ昵懇《じっこん》だったので、この旧友公卿から仕事を仰せつけてもらい、五位の位階も与えられるが、仕官はできず、散位《さんい》のまま貧窮のうちに世を去る。内麻呂はその隆盛を願った北家の人間であっても、必要とあれば躊躇なく謀略に利用し、不要となれば容赦なく切り捨てたのだった。

内麻呂の人柄

内麻呂は「徳量温雅《とくりょうおんが》にして士庶悦服《ししょえつぷく》す」（徳が高く穏やかで奥ゆかしく、人々は誰しも喜んで心からしたがう）とまで言われる温厚な人柄と伝えられる（後紀弘仁三年十月辛卯条）。それはやはり温厚と評された冬嗣にもほぼそのまま受け継がれている。ところが、伊予親王の変での内麻呂はまるで別人だ。おそるべき冷徹と剛腕の持ち主でもあった。

「非常の器」

そういえば、内麻呂については、次のようなエピソードも残されている。それは宝亀二年（七七一）か三年、内麻呂がまだ十七、八の少年のころのこと。当時の皇太子他戸《おさべ》親王が「桀跖《けつせき》の性」（凶暴で悪賢い性格）から名家の御曹司に手傷を負わせることを好み、内麻呂に一頭の馬に乗れと命じた。この馬は乗る者を踏みつけては囓《かじ》り付くたいへんな暴れ馬で、他戸は内麻呂が馬からどんな深手を負うかとほくそ笑んでいたのだが、くだんの馬は内麻呂が乗ってもただ頭を垂れたまま抗いもせず、彼の鞭にしたがって、大人しくその場をぐるぐると廻るだけだった。いまだ若くして、人々に「非常の器」との思いを抱かせる一件であった（同上）。

ただ温厚なだけではない。馬は乗り手の性格を読むという。暴れ馬を掣肘《せいちゅう》して屈服させた内麻呂には、すでに少年時代より他者に畏怖と屈従を強いる何かが備わっていたのである。後年の冷徹と剛腕に通じる何かである。子の冬嗣にはこのようなエピソードはないが、温厚とともに、やはり畏怖と屈従を強いる父譲りの性格を内に秘めていたのではないか。

北家隆盛の道筋

ともあれ、内麻呂は北家隆盛のたしかな道筋を作り、一男真夏や二男冬嗣の栄達に向けた環境整備を着々と、また時には非常手段を用いて一挙に進めていった。摂関家《せっかんけ》隆盛の礎を築いたと称えられる冬嗣も、この父なくしてはその名を歴史に刻むことはなかった。その点で内麻呂はもっと世に知られてよい人物であるが、ここでは彼の右大臣就任と伊予親王の変で勝利者となったことまでを述べて一区切りとし、その後の内麻呂については冬嗣や真夏との関連においてふれることにしよう。

四　母・百済永継と良岑安世

冬嗣の母百済永継は宝亀五年（七七四）に兄真夏を生み、翌六年に冬嗣を生んだ。永継の父、冬嗣らの外祖父《がいそふ》は、『公卿補任』によれば飛鳥部奈止麻呂。ほかに安宿奈杼麻呂《あすかべのなどまろ》、百済安宿公奈登麻呂《きみなどまろ》ともみえている。

飛鳥戸氏

安宿は飛鳥部、本来は飛鳥戸《あすかべ》を好字で表した嘉名である。飛鳥戸氏は河内《かわち》国安宿郡

（現大阪府羽曳野《はびきの》市東南部、柏原《かしわら》市南部、南河内郡《みなみかわちぐん》太子町《たいしちょう》の一部）を本拠とする百済からの渡来氏族である。本貫の河内国安宿郡に居住する者のほか、奈止麻呂のように京に貫附《かんぷ》され、平城京に居住する者もいた。

飛鳥戸氏に与えられたカバネとして知られるものは、伴造《とものみやつこ》に由来する造（ミヤツコ）が多いが、奈止麻呂は地方首長に与えられる公（キミ）であったから、奈止麻呂の一族は飛鳥戸氏のなかでも本拠地においてもっとも有力な一族であったようだ。

河内国は畿内のなかでも中下級官僚を多く出した国柄である。奈止麻呂の一族がいつから京に住まう京戸《きょうこ》となったか不明だが、奈止麻呂も朝廷に出仕して官職に就き、位階も与えられた。

反仲麻呂派

この奈止麻呂は仲麻呂政権下にあって実は反仲麻呂派の一員であった（岸俊男「日本における「戸」の源流」）。出雲掾《いずものじょう》在任中の天平勝宝八歳（七五六）、奈止麻呂は朝集使《ちょうしゅうし》として上京、自宅に宴を設けて安宿《あすかべ》王らの来訪をうけ、王の弟で奈止麻呂の上司にあたる出雲守山背《やましろ》王（のち藤原弟貞《おとさだ》）の作歌を伝えたという（『万葉集《まんようしゅう》』四四七二番歌題詞、四四七三番歌左注）。実は安宿王も山背王も反仲麻呂派の有力皇族だった。翌年発生した橘《たちばなの》奈良麻呂《ならまろ》の変では、山背王は同志を裏切って密告し、安宿王は捕らえられて流刑に処される。当時、都は戒厳令下であったが、奈止麻呂は彼らの連絡役を務めていたとされる。当然、彼も仲麻呂政権から何らかの処分をうけただろう。

追い風

ところが、仲麻呂敗死による政権崩壊後、かつての反仲麻呂派が政権に復帰するなか、奈止麻呂にも追い風が吹く。天平神護元年（七六五）には称徳即位（重祚《ちょうそ》）の特別昇叙により、正六位上から外《げ》従五位下に昇進。その後、正五位上まで昇る。娘の永継がいつから後宮に出仕したかは不明である。ただ、永継の後宮出仕が奈止麻呂の五位以上昇進と無関係であるはずはない。これまた追い風の余恵であろう。もし、奈止麻呂が反仲麻呂派などでなかったら、冬嗣はそもそもこの世に生を享《う》けていなかったかもしれない。

百済宿禰

さて、飛鳥戸氏は平安時代になると、百済宿禰の姓を与えられる者が現れる。知られるなかでもっとも早い例は弘仁三年（八一二）の右京人飛鳥戸造《みやつこ》善宗《よしむね》と河内国人飛鳥戸造《みやつこ》名継《なつぐ》（後紀弘仁三年正月辛未条）である。彼らのように、それまでの姓を改めて新しい姓を与えられることを改賜姓《かいしせい》というが、奈止麻呂自身は改賜姓されていないから、奈止麻呂の死後、娘の永継（およびその親族）が初めてこの姓を与えられたのであろう。

永継離婚して桓武と

その契機は永継が冬嗣を生んで十年ほどしてから桓武天皇の子を宿したことにあるとみられる。延暦四年（七八五）前後のことである。この間、内麻呂は永継と離婚。坂上苅田《かりた》麻呂《まろ》の女、登子《のぼるこ》と婚姻関係を結んだ（栗原弘「藤原冬嗣家族について」）。

一方、後宮に仕えていた永継は艶福家《えんぷくか》として知られた桓武に見初められたのであろう。百済系渡来氏族出身の女性（高野新笠《たかののにいがさ》）を母にもつ桓武が同じく百済系渡来氏族出身の永継に特別の好意を抱いたものか。

ともあれ、永継への改賜姓はこの桓武との関係が契機となった。そうだとすれば、飛鳥戸氏の百済宿禰への改賜姓は先の弘仁三年の例を十五年以上さかのぼる。最初はまさに永継から始まって、しだいに他の飛鳥戸氏に及んでいったのではないか。

異父弟良岑安世

永継が延暦四年に桓武の皇子《おうじ》安世《やすよ》を生んだとき、真夏は十二歳、冬嗣は十一歳だった。当時子供は母方の氏族によって養育されたから、安世は真夏・冬嗣兄弟とともに飛鳥戸公氏のもとで生育した。冬嗣は十歳年少の同母弟をいたく可愛がったようだ。

安世は延暦二十一年（八〇二）に桓武より良岑朝臣《よしみねのあそん》の姓を賜って臣籍に降下、平安右京に貫附《かんぷ》され、弘仁七年（八一六）には参議として廟堂に列する。その後、嵯峨朝後半期の冬嗣政権の下、やがて冬嗣、緒嗣に次ぐナンバー3の地位を占めるにいたるのだが、これはむろん、兄・冬嗣が引き上げたことによる。

天長《てんちょう》三年（八二六）七月、その冬嗣が死去すると、安世は哀しみのあまり、病と称して朝廷に参上せず、淳和《じゅんな》天皇がみかねて再三勅使《ちょくし》を送って朝参《ちょうさん》を促すも、宮中に入ろうとはしなかった（補任天長三年条良峯安世尻付）。安世の冬嗣に対する深い敬慕を物語る。幼少時より四十年余、兄より注がれた親愛の情はいかばかりであったか。

安世は幼いころより鷹や犬を好み、騎射に励む一方、長ずるに及んで初めて孝経《こうきょう》（孔《こう》子が曽子《そうし》に孝道《こうどう》を説いた書）を読み終えると、いきなり書を放り上げて「これこそ儒教の神髄である」と感嘆したという。それまでに四書五経《ししょごきょう》など儒教の多くの書物に親しんできたからこそであろう。また、彼はのち、淳和より漢詩集『経国集《けいこくしゅう》』の撰定を命じられ、自身も詩をよくした。要するに、文武の才を兼ね備えた人物であった。武人気質は父帝の桓武譲りでもあろうが、やはり「才文武を兼ぬ」といわれた兄冬嗣の薫陶と影響も見逃せない。遊猟を好み、唐文化への著しい傾倒でも知られた一つ年下の異母弟嵯峨天皇とも気脈を通じたであろう。事実、安世は嵯峨朝後半期の冬嗣政権を支える重要人物であり、同母兄冬嗣の忠実な追走者であった。冬嗣の生涯を描く本書でも、以下折にふれて、この安世が登場することになる。

第二　官僚としての冬嗣

一　官僚冬嗣の誕生

冬嗣の幼年期や少年期のことは不詳である。養育先は河内《かわち》の母方の故地か、平城・長岡・平安三京にあった外祖父《がいそふ》奈止麻呂《などまろ》の家か、そのどちらかだろう。そこで安世《やすよ》をまじえた兄弟たちと育ったことは間違いないが、それ以上のことはわからない。

内舎人

おぼろげながらも、冬嗣の経歴について語ることができるのは、彼が二十一歳となった延暦《えんりやく》十四年（七九五）以降のことである。祖父の真楯《またて》が正三位《しようさんみ》であったから、この年、あるいはすでにそれ以前に、三位の孫として無審査で内舎人《うどねり》の官職《かんしよく》を得ていたはずだ。彼の官僚生活は桓武天皇《かんむてんのう》の親衛隊として仕えることから始まった。

蔭　位

このように官職を得て官僚の世界に入ることを出身《しゆつしん》という。しかし、出身しても位《い》階《かい》（官僚のランクを標示）がただちに授与されるわけではない。冬嗣のような貴族は父祖の位階に応じて最初から高い位階（蔭位《おんい》）が与えられる。彼の場合、祖父の房前《ふささき》が贈正一《ぞうしょういち》位《い》だったので、律令法《りつりょうほう》により位階は無位《むい》から正七位上《しょうしちいのじょう》に直叙《ちょくじょ》される特権があった。

しかし、従来この蔭位を実際に与えられるためには、まずは内舎人として最低四年間勤務する必要があった。だから、たとえば二十歳で内舎人となったとしても、正七位上を与えられるのは早くて四年後の二十四歳のときということになる。それまでは無位のままである。

二十一歳で叙位

ところが、冬嗣は幸運だった。ちょうどこの延暦十四年に蔭位の授与を早める法令が発令され、蔭位対象者は二十一歳になれば無条件で蔭位を与えられるようになったからである。その前年には父の内麻呂《うちまろ》が参議《さんぎ》として廟堂《びょうどう》入りしているので、冬嗣や兄真夏《まなつ》の蔭位授与を早めるために作らせた法令かとも疑われるが、新米議政官にそこまでの力はない。

ともかくも、冬嗣はこの年、その法令にしたがって、おそらくは正七位上を授与された。その後の官歴は不詳であるが、『公卿補任《くぎょうぶにん》』によれば、延暦二十年（八〇一）閏正月、二十七歳のときに大判事《だいはんじ》に任命されたという。大判事とは司法行政を担う刑部省《ぎょうぶしょう》にあって裁判を担当する要職だ。

しかし、冬嗣のこの時点での大判事任官は疑問である。大判事の官位相当は正五位下《しょうごいのげ》。このときの冬嗣の位階は不明だが、従五位下《じゅごいのげ》への叙爵《じょしゃく》はのちの大同《だいどう》元年（八〇六）のことであり、さらに正五位下への加階《かかい》はそれから三年後のことであった。延暦二十年当時、正七位上から多少の昇進はしていたとしても、まだ六位である。官位相当という制度は厳密に遵守されたわけではないが、六位以下の者が五位以上の官職に任官することは通常ありえない。「大判事」は「中判事《ちゅうはんじ》」（正六位下《しょうろくいのげ》）または「少判事《しょうはんじ》」（従六位下《じゅろくいのげ》）の誤写・誤伝だろう。

貴族子弟が内舎人（場合によっては大舎人《おおとねり》など）として出身し、叙爵されるまでに就く官職には、先にもふれたように諸官庁の判官《はんがん》クラスの官職が多い。しかし、中判事、少判事も珍しくない。たとえば、奈良時代には、仲麻呂《なかまろ》政権を支えた石川年足《いしかわのとしたり》（大納言《だいなごん》）や、光仁《こうにん》朝の実力者式家《しきけ》の良継《よしつぐ》（内大臣《ないだいじん》）がともに少判事であったし、平安時代に入っても冬嗣より年長で先任の参議だった紀広浜《きのひろはま》もやはり少判事、同じく後任の参議だった多治比《たじひ》今麻呂《いままろ》は中判事を経験している。

律令格式に精通

中少の判事も職掌は大判事と同じである。裁判を担当するから、刑法である律に通じていることはもちろんのことだが、行政法である令についても詳しくなければならなかった。時として諸機関から律令条文上の疑義につき問い合わせをうける立場でもあったからだ。先にあげた判事経験者のうち、石川年足は後年、律令の施行細則を『別式《べっしき》』二十巻に編纂したと伝えられる。実は冬嗣もまた、弘仁《こうにん》十一年（八二〇）撰進の『弘仁格式《きゃくしき》』、および翌年撰進の『内裏式《だいりしき》』の編纂にあたった。冬嗣が若いときから律令格式に明るい人物であったことはたしかだ。

武官歴任

もっとも、冬嗣の少判事（中判事）在任は短かった。翌延暦二十一年（八〇二）三月には右《う》衛士大尉《えじのだいじょう》（従六位下）、ついで五月には左衛士大尉《さえじのだいじょう》（同上）と武官を歴任する。大尉は衛士《えじ》府《ふ》の判官である。冬嗣の武才が考慮されたかもしれないが、一般にも衛府の判官を経験する者は少なくない。

美都子と婚姻

なお、この時期、冬嗣は正妻となる藤原《ふじわらの》美都子《みつこ》と結ばれたらしい。冬嗣が二十七、八歳、六歳年少の美都子が二十一、二歳のころである。美都子は南家《なんけ》の出身。のちに冬嗣とともに嵯峨《さが》の「藩邸の旧臣」（皇太子《こうたいし》時代に春宮坊官人《とうぐうぼうかんじん》として近侍《きんじ》して以来の近臣のこと）となる三守《みもり》の妹である。延暦二十一年（八〇二）に一男長良《ながら》、同二十三年（八〇四）には二男良房《よしふさ》を生んでいる。さらに大同四年（八〇九）には女《むすめ》順子《のぶこ》、弘仁四年（八一三）には三男良相《よしみ》を生む。

冬嗣には美都子をふくめて、少なくとも五人ないし六人の妻がいたことが知られている。美都子のほかには、百済仁貞《くだらのじんてい》の女、安倍雄笠《あべのおがさ》の女、嶋田清田《しまだのきよた》の姉（嶋田村作《むらつくり》の女か）、大庭《おおば》王の女であり、また古子《ふるこ》という女を生んだ女性もいるが、いずれも名は伝わらない。名が伝わるのは美都子だけだ。

美都子は弘仁五年（八一四）四月、夫とともに閑院《かんいん》に嵯峨の行幸を仰いで詩宴《しえん》を催し、冬嗣が従三位《じゅさんみ》を授けられたとき、彼女も無位から従五位下を授けられた。この前後に後《こう》宮《きゅう》で女官《にょかん》としての地位も得たらしい。のちには従三位という高位に達し、女官最高の地位である尚侍《ないしのかみ》にまで昇っている。まぎれもなく冬嗣の正妻であった。美都子が生んだ子女たち、さらにほかの妻たちが生んだ子女たちについてはのちにあらためて述べることにしよう。

従五位下

さて、冬嗣は文武の官職に就き、正妻美都子とも男女の契りを交わしたのち、大同元年（八〇六）十月、従五位下に叙爵され、名実ともに貴族の一員となる。時に三十二歳であった。

この従五位下という位階は、昇進に際して越階《おっかい》されない位階である。越階とは、たとえば、正五位下の位階から一階上の正五位上《しょうごいのじょう》を飛び越えて従四位下《じゅしいのげ》となるような場合をいう。ところが、正六位上の者が昇進して五位ラインを突破するときは、従五位下を越階して従五位上《じゅごいのじょう》とか正五位下を与えられることはない。つまり、従五位下は貴族に列せられる者が誰でも必ずスタートラインとして立たねばならない位階であった。

スタートラインというのは貴族としてここから出発するという意味である。だから、従五位下に到達すると、通常さほどときを措かず、この位階に相応しい官職に任じられるのである。

春宮大進

冬嗣も叙爵直後に新たな官職に就く。それは春宮大進《とうぐうのだいしん》だった。春宮坊の判官（三等官）で、本来は従六位上《じゅろくいのじょう》相当の官職である。従五位下の帯位《たいい》に対して見劣りする格下の官職のようだが、そうではない。

先に、官位相当制が厳密に遵守されたわけではないと述べた。七世紀末に定められた大宝令の官位相当制は、いわば机上のプランである。だから、たとえば、同じく従六位上相当と定められた官職でも、時代の経過とともに、実勢の格差が生じてくる。厳密な遵守とならないのはそのような要因があったからである。

春宮大進の場合、八世紀後半には本来の従六位上から実勢として従五位下相当の官職に格上げされていた。冬嗣以前にも、また以後においても、しばしば従五位下帯位者がこの官職に任じられた。判官の大進だけではない。実は次官の春宮亮《すけ》も従五位下から従五位上ないし正五位下に格上げされた。つまり、春宮坊の官職があげて有望な顕官《けんかん》とみなされたのである。次期天皇である皇太子（皇太弟《こうたいてい》）と近しい人間関係を築くことができる。そういう実利があれば実勢のランクが上昇するのも不思議ではない。

内麻呂押し込む

この年（延暦二十五年＝大同元年）は三月に桓武天皇が崩御《ほうぎょ》し、五月に皇太子安殿親王《あてしんのう》が平城《へいぜい》天皇として即位、神野《かみの》親王が皇太弟に立てられた。同時に冬嗣の父内麻呂が右大臣《うだいじん》に就任して廟堂の首班となった。皇太弟が立てられると、春宮坊も設置される。その春宮坊に内麻呂は二男冬嗣をここぞとばかりに押し込んだ。

すでにふれたように、かつて内麻呂は一男真夏を皇太子安殿親王の春宮坊に権亮《ごんのすけ》（のち亮、次官）として送り込んだ。真夏は安殿が即位するまで春宮亮として仕える。今また、内麻呂は二男冬嗣を新たな皇太弟神野親王の春宮坊に大進として送り込んだのである。

春宮亮

やがて冬嗣は翌大同二年正月には坊内で昇任し、春宮亮（次官）の地位を得た。さらに二年以上その地位にあって、神野親王とのより強固な信頼関係を築き上げる。一方で、冬嗣は大同四年（八〇九）正月には侍従《じじゅう》をも兼任した。定員八名の侍従の職掌は天皇に近侍して細々としたことまで天皇を補佐することである。平城天皇とも疎遠にならぬようにという父内麻呂の配慮であろう。

右少弁

その翌月には春宮亮・侍従在任のまま、太政官の事務局ともいうべき左右弁官《さゆうべんかん》の右少弁《うしょうべん》にも就く。参議以上の公卿《くぎょう》（議政官）と内外の諸官庁との間に立つ要職で、将来公卿となる者の多くがこの弁官（大中少弁《だいちゅうしょうべん》）を経験する。冬嗣もまた公卿への道を着実に歩みはじめたといえよう。これら一連の人事はみな右大臣内麻呂がその権力を行使した結果とみるべきである。

即位時特別昇叙

やがて、内麻呂の周到な用意が功を奏するときがやってくる。しかも、予想外に早く来た。この大同四年の四月一日、正月以来病に臥していた平城が突如として皇太弟に譲位したのである。在位はわずか三年であった。神野親王は二度にわたって固辞するも平城はついに聞き入れず、同十三日、嵯峨天皇が大極殿《だいごくでん》で即位。平城は太上天皇《だいじょうてんのう》（上皇《じょうこう》）となる。

この日、嵯峨は早速「仕え奉《まつ》る人どものなかに、その仕え奉る状《さま》の随《まにま》に、冠《かがふり》位《くらい》上げ賜う（仕えてくれている者たちのなかから、その仕えてくれたさまに応じて、位階を上げる）」との詔《みことのり》を発して、特別に七名の官人の位階を引き上げた。

このような即位時の特別昇叙《しょうじょ》は嵯峨に限ったことではない。嵯峨以前にも聖武《しょうむ》天皇以降代々行われ、嵯峨以後も例外なく行われた慣例だった。

しかし、嵯峨の特別昇叙はその前後と比べると特異であった。この慣例は天皇の代替わりごとに昇叙者数を増やしつづけ、嵯峨の前後では三〇名から四〇名ほどを昇叙対象とする。嵯峨の父の桓武は三八名、弟の淳和《じゅんな》は三三名である。兄の平城は昇叙者数不明だが、『公卿補任』を手掛かりにすると、公卿になった者だけでも八名を数える。全体ではやはり数十名に達しただろう。嵯峨の七名は異常に少ないのである。

冬嗣はその七名の一人に入った。二階特進して正五位下に昇進。ほかの六名は藤原園《その》人《ひと》（従三位から正三位へ）、巨勢野足《こせののたり》（従四位上《じゅしいのじょう》から正四位下《しょうしいのげ》）、林《はやしの》娑婆《さば》（従五位下から正五位下）、藤原浄縄《きよただ》（正六位上から従五位下）、佐伯《さえきの》永継《ながつぐ》（従七位上《じゅしちいのじょう》から従五位下）、小野岑守《おののみねもり》（同上）である。

東宮時代の近臣

当時の官人たちは五位以上だけでも優に一〇〇名を超える。そのなかでこれらの人々が嵯峨の即位に際して特別に昇叙されたのは、彼らが東宮《とうぐう》（皇太弟）時代の神野に近しく仕え、厚い信頼を得た人々であったからだ。

先に述べたように、冬嗣は大同元年五月、神野の立太子《りったいし》（弟）以来、春宮大進ついで春宮亮として神野に近侍した。

同じ北家《ほっけ》出身で父内麻呂と同年の年長者、藤原園人も立太子以来の皇太子（弟）傅《ふ》であった。皇太子傅は皇太子を道徳をもって輔導する。園人は神野の師範であった。

七名中の最年長者（六十歳）、巨勢野足は桓武天皇の時代、坂上田村麻呂《さかのうえのたむらまろ》とともに蝦夷《えみし》征討戦で名を馳せ、その後も衛府の要職を歴任した武人である。実は彼もまた大同三年十一月より春宮大夫《だいぶ》（春宮坊の長官）として神野を支えた。

また、林娑婆も立太子以来の皇太子（弟）学士《がくし》であった。皇太子（弟）学士とは皇太子に古典を教授する家庭教師である。多感な二十代初めの青年神野に唐文化への傾倒を促したのはこの娑婆であったか。

さらに、小野岑守も当初神野の侍読《じとう》として皇太弟に漢籍を講じ、のちには春宮少進《しょうしん》として仕えた。彼もまた神野の唐風趣味に一役買ったかもしれない。

藤原浄縄と佐伯永継については、残念ながら、それまでの官歴が不明である。しかし、昇叙前の位階からみて、やはり春宮坊の大進・少進または大属《だいさかん》・少属《しょうさかん》だった可能性大である。

他天皇との違い

他の天皇の特別昇叙の多くは、即位に尽力したり支持勢力となった官人たちを中心としつつも、その対象は広範である。自らの即位を祝って祝儀袋を配るかのような叙位である。これに対し、嵯峨の場合は、東宮時代からの近臣、いわゆる「藩邸の旧臣」のなかから、特に厚い信頼を寄せた少数の人々を選別している。これまでの近侍に謝意を表し、即位後も変わらず支え続けるよう懇請するもので、ご祝儀を超えた実質的な意味合いが強い。これと比較的近いのは聖武天皇の場合である。

聖武が神亀《じんき》元年（七二四）、弱冠二十四歳で即位したときの特別昇叙は六名の重臣（議政官）に対象を限っている。中継ぎの女帝二代をはさんで十七年ぶりの男帝。治世の安定を図るためには議政官たちの協力が不可欠だったのだろう。

嵯峨の協力要請

同様のことは兄からの早すぎる譲位をうけて即位した嵯峨にもいえる。嵯峨は今後の治世への協力要請を、聖武とは異なり「藩邸の旧臣」七名に求めた。彼らを即位後も近侍させブレーンとして重用する方針を示したのである。嵯峨がのちに冬嗣と巨勢野足を蔵人頭《くろうどのとう》に任じたのはその方針の具現化であった。

もっとも、嵯峨は議政官組織を頼りにしなかったわけではない。廟堂の首班は右大臣内麻呂であった。嵯峨は内麻呂の助言の下にこの特別昇叙を行ったであろう。

こうして、冬嗣は父内麻呂の周到な用意によって東宮時代の嵯峨に近侍し、即位後の嵯峨をも支える側近グループの中核となった。そればかりではない。位階の昇進もここから一気に加速する。

従四位下

嵯峨即位時の特別昇叙によって、従五位下から二階特進して正五位下になったのも束の間、その翌日には再び二階特進して従四位下に到達する。大同元年の叙爵のあと、三年足らずの間に四階もの昇進を遂げたのである。

参議は四位以上

従五位下が越階されないのと同じく、この従四位下も越階されない。五位と六位以下との断層ほどではないにせよ、四位と五位との間にも断層があった。それは八省の長官（卿）は必ず四位以上の者が就き、五位は就かないということにも現れるが、もっとも顕著なのは、四位は公卿になることができるが、五位は絶対になれない点である。これは公卿の末端である参議が四位以上を位階上の厳密な任命要件とした（虎尾達哉「参議制の成立」）からある。

従四位下となったとしても実際に参議に任命されなければ、むろん公卿ではない。しかし、参議となって廟堂入りするためには、ともかくも従四位下に達していなければならない。時に三十五歳。この時代の参議就任は早くて三十代後半、一般には四十代であるから、まだ慌てる必要はない。

にもかかわらず、内麻呂は冬嗣の昇進を急いだ。急ぐ理由があったのだ。藤原緒嗣《おつぐ》の存在である。ここで、冬嗣の生涯のライバルともいうべき緒嗣についてふれておこう。

二　参議緒嗣の存在

式家の緒嗣は宝亀《ほうき》五年（七七四）生まれ。冬嗣より一歳年長、兄真夏とは同年である。父は桓武天皇擁立に殊功のあった百川《ももかわ》だった。父は同十年（七七九）に亡くなるが、桓武は百川の旧功を忘れず、息緒嗣に過剰なまでの著しい恩寵を施す。

その一つが叙爵で、緒嗣は延暦十年（七九一）、十八歳の若さで従五位下に昇進する。同世代の冬嗣の叙爵は三十二歳、真夏は三十歳である。これとても決して遅いわけではない。緒嗣の昇進が異例にすぎるのである。

桓武天皇像（平安神宮所蔵）

しかも、異例の昇進はまだ続く。同二十一年（八〇二）六月、桓武は神泉苑《しんせんえん》での宴で、緒嗣を「宿恩に報いる」として参議に任命する。時に緒嗣二十九歳。桓武自身「緒嗣は参議とするにはまだ年が若く、臣下から異論も出ることは承知しているが」と断わっている（補任延暦二十一年条緒嗣尻付《しつけ》）。それほど異例な人事だった。ちなみに冬嗣の参議就任は三十七歳、真夏の山陰道観察使《さんいんどうかんさつし》（参議の後身）就任は三十六歳で、これらも特に遅くはない。

当時の廟堂首班は右大臣神王《みわおう》である。彼が直接桓武の勅命《ちょくめい》をうけ、緒嗣に参議任命のことを伝えたが、その場に臨席していたはずの中納言《ちゅうなごん》内麻呂は心中穏やかではなかっただろう。内麻呂の男子二人（真夏・冬嗣）は緒嗣と同年あるいはほぼ同年だったからだ。

真夏・冬嗣の昇進

大同元年（八〇六）五月、兄真夏は平城即位時の特別昇叙によって従四位下に昇進する。冬嗣が叙爵後三年足らずで四階昇進したことは先述した。実は冬嗣に先んじて、すでに真夏が叙爵後三年で四階昇進していたのである。むろん、父右大臣の意向による。

内麻呂は桓武天皇による緒嗣の異例の昇進にただ手を拱《こまね》いていたわけではない。桓武が崩御《ほうぎょ》し平城が即位すると、右大臣としての立場を利用し、まずは一男真夏の廟堂入りの条件を整える。真夏は延暦二十二年（八〇三）に従五位下に叙爵されたのち、早くも大同元年（八〇六）には一挙に従四位下に昇進。彼を側近として恃《たの》む平城とともに父内麻呂の意向が強く働いた結果である。やがて、内麻呂は同四年には真夏を山陰道観察使（のち参議に復旧）として自らが首班として立つ廟堂に入れる。

ついで、内麻呂は先述のように、二男冬嗣の昇進も加速させて従四位下とし、こちらも廟堂入りの条件を整え、弘仁元年（八一〇）、薬子《くすこ》の変で真夏を解任せざるをえなくなると、翌年今度は弟の冬嗣を参議として廟堂に引き入れたのである。

一方で、内麻呂は緒嗣の昇進を不当に抑制することはなかった。緒嗣は延暦二十五年（八〇六）四月に従四位下から従四位上に昇進するが、この昇進は桓武の崩御後であり、薨去直前の右大臣神王でないとすれば、当時中納言ながら廟堂での実権を掌握していた内麻呂の意向によるものである。さらに、右大臣内麻呂の下で、緒嗣は大同三年（八〇八）十一月には正四位下に昇進している。時に冬嗣はまだ従五位下、兄真夏もようやく従四位下だったが、内麻呂は緒嗣の昇進を認めている。

緒嗣の評価

緒嗣は桓武の格別の恩寵を得て、弱年のうちに高位高官に進んだが、「政術に暁達《ぎょうたつ》して王室を臥治《がじ》し、国の利害、知りて奏せざるなし（政治の方法をよく心得て国政を容易に進めることができ、国家の利害について知りえたことはすべて天皇に奏上した）」（続後紀 承和《じょうわ》十年七月庚戌条）と伝えられる通り、国政を指導する官人貴族としての才能・器量も豊かに備え、天皇への直言をも辞さない忠良の臣下であった。そのことを示すエピソードとして、ここでは先にもふれた桓武朝晩年の天下徳政相論《とくせいそうろん》について述べよう。

この相論は延暦二十四年（八〇五）十二月、内裏《だいり》の正殿《せいでん》（のちの紫宸殿《ししんでん》）で行われた。勅命により、緒嗣と菅野真道《すがののまみち》の両参議が、桓武の面前でその天下統治が徳政であるか否かを論じることになったのである。

このとき緒嗣は、それまで恩寵を蒙ってきた桓武に少しも憚ることなく「今天下の苦しむところは軍事と造作となり。この両事を停《や》むれば百姓《ひゃくせい》安んぜん（今天下の民を苦しめているのは軍事と造作であります。この二つを止めれば人々は安穏をえられるでしょう）」（後紀延暦二十四年十二月壬寅条）と主張する。

軍事と造作

「軍事」とは長年続いていた東北地方での対蝦夷戦争、「造作」とは長岡京・平安京の造営工事をさす。いずれも桓武朝を代表する一大国家事業である。緒嗣は人々に多大の負担を強いる両事業は徳政ではないと断じ、ただちに中止すべしと直言したのである。これに対し、真道は桓武の施政を擁護する立場から、執拗に異議を唱えて緒嗣の主張を認めなかったが、当の桓武は緒嗣に軍配を上げ、両事業の中止が決まった（ただし対蝦夷戦争の終息は六年後）。この相論を聞いた有識者たちはみな緒嗣に感嘆したという。

正四位下まで

その場で上卿《しょうけい》を務めた中納言内麻呂は若い緒嗣の才能や器量、その忠臣ぶりを眼前にみせつけられた恰好だが、ほかの有識者同様、やはり感嘆せざるをえなかっただろう。

この一件に限らず、内麻呂は緒嗣が国政指導者としてきわめて有為な逸材であると認めていたはずである。だから、緒嗣は先述のように大同三年（八〇八）に正四位下となるが、そこまでの昇進も内麻呂は順当な処遇と考えたのであろう。

しかし、内麻呂はそれ以上の昇進は認めなかった。この点も見過ごせない。緒嗣が正四位下から従三位に進むのは弘仁六年（八一五）、参議から権中納言《ごんのちゅうなごん》に昇るのは同七年（八一六）、いずれも内麻呂没後になってからである。

もっとも、緒嗣が参議となったのは延暦二十一年（八〇二）、二十九歳のときだった。ほかに比べて大方十年前後は早い。参議からは中納言に昇格するのが一般だが、この当時の中納言は全員五十代であり、緒嗣はまだ三十代半ばにすぎなかった。バランスを考えてしばらく参議にとどめたともいえる。そうなると、位階も進める必要はなくなる。位階の昇進は官職の昇進につながるからだ。

昇進に消極的

ただ、右大臣内麻呂が参議緒嗣の国政指導者としての才能・器量をより積極的に評価していたとすれば、緒嗣を昇進させることもありえた。結局、内麻呂は不当に緒嗣の昇進を抑制したとまではいえないが、少なくともその昇進には消極的だった。反面、先にみた通り、その間にあって、冬嗣や真夏の昇進は加速させる。若くして高位高官に進んだ緒嗣のその後の昇進をあえて急がず、その間を利用して冬嗣・真夏らとの差を詰めようとしたのである。

陸奥出羽按察使

さらに、緒嗣の処遇についてはもう一つ注目すべき事実がある。陸奥出羽按察使《むつでわのあぜち》としての多賀城《たがじょう》赴任である。

実は緒嗣が任じられた参議は、平城が即位した大同元年（八〇六）には諸道観察使を兼ねることになり、さらに翌年には参議が廃止されて専任の観察使となった。地方行政の監察にあたる観察使の設置はもともと緒嗣の献策によるとも伝えられる（補任大同三年条緒嗣尻付）が、緒嗣自身は当初山陰道観察使、ついで畿内観察使を兼ね、大同二年にはそのまま専任の畿内観察使として、畿内の行政監察にあたっていた。

緒嗣辞退

ところが、翌年五月、東山道《とうさんどう》観察使に配置換えとなり、あわせて陸奥出羽按察使兼任を命じられると、このほかに刑部卿《ぎょうぶきょう》と右衛士督《かみ》も兼ねていた緒嗣はただちに上表《じょうひょう》して陸奥出羽按察使を辞退しようとする。そして、これが平城天皇より却下されると半月後には刑部卿・右衛士督の辞任を願い出、刑部卿のみ認められる。しかし、緒嗣の本意はあくまでも陸奥出羽按察使の辞退にあったようで、半年後、再びその辞退の旨を上表するが、結局これも却下されてしまうのである。

多賀城跡

高官や栄誉ある地位にある者が、天皇に再三上表して辞任を願い出るのは珍しいことではない。そのほとんどはむろん、天皇から優詔《ゆうしょう》（慰留の詔）が下されることを見込んだ上での謙譲である。

しかし、緒嗣の場合は明らかに謙譲ではない。謙譲に事寄せながら、本心から辺境・前線の地への赴任を忌避しているのである。

上表文は言う。「自分は軍事に不向きである。都育ちで地方での教化に馴れていない自分には、陸奥国のようなまだ野蛮で教化の困難な地方は堪えられない。封戸《ふこ》や官職はすべてお返しするので、どこか教化が進んで治めやすい国の長官に任じていただきたい」と。

当人はいたって真剣であるが、あけすけである。親の七光りで若くして高官に登ったエリート官僚らしいひ弱さと傲慢さもある。呆れた物言いとは思うが、「生来視力が弱く、長年脚気《かっけ》にも悩まされている」というくだりを読むと、さすがに同情を禁じえない。

問題は、それでも平城は辞退を認めなかったことだ。弱視や脚気を押してでも多賀城に行けと命じたのである。これはいささか非情にすぎはしないか。平城がそこまで非情に徹する理由はない。今は亡き東宮時代の妃で、即位後に「皇后《こうごう》」号を贈った藤原帯子《おびこ》は緒嗣の姉（または妹）である。平城にとって、緒嗣は義理の兄弟にあたる。また、平城も緒嗣の父百川に対して、父帝桓武ほどではないにせよ、多少の恩義は感じていただろう。父帝の崩御後、掌《てのひら》を返すように冷たい仕打ちに転ずるとは考えにくい。

だとすれば、この辞退却下の真の出どころは平城ではなく、おそらくはその下問をうけた右大臣内麻呂である。内麻呂こそが緒嗣を体よく京から僻地に追い払ったのである。

それにしても、緒嗣の前任は坂上田村麻呂、後任は文室綿麻呂《ふんやのわたまろ》の両武人である。対蝦夷戦争の終息後ならともかく、いまだ交戦中の時期に文弱の徒ともいうべき緒嗣の陸奥出羽按察使は、どうみても適材適所とはいえない。本人も上表文のなかで懸念する通り、

真夏廟堂に

国益を損ないかねない。

しかし、そういうリスクを冒してでも、内麻呂はあえて緒嗣を国政審議の場から遠ざけ、少壮議政官として活躍する機会を奪った。筆者はそう考える。緒嗣が大同四年三月に内裏で天皇に辞見《じけん》(赴任の挨拶)して京を去ると、待っていたかのように内麻呂は一男真夏を山陰道観察使として、また仲成《なかなり》を北陸道《ほくりくどう》観察使として、ともに廟堂に引き入れる。

憶測ではあるが、緒嗣は真夏や仲成ら平城側近グループと折り合いが悪かったのではないか。緒嗣は大同四年三月に赴任、翌年九月には文室綿麻呂と交替しているから、在任は二年足らず、現地赴任一年半ほどで呼び戻される。これもその間の薬子の変で平城派が一掃されたことによると考えれば辻褄《つじつま》が合う。だとすれば、緒嗣の陸奥出羽按察使は真夏ら平城派の議政官就任に向けた地ならしだったといえる。むろん、それは一男真夏を公卿の一員にとの目論見《もくろみ》をかなえようとするものでもあった。

誤解のないように断っておくと、右大臣内麻呂自身は平城派ではない。一男真夏を安殿(平城)のもとに送り込んだが、二男冬嗣は対立する神野(嵯峨)のもとに送り込んでいる。天皇が誰であれ、北家と自らの子孫がつねに栄誉ある地位を占め続けることがもっとも大切であった。だから、平城の時代には真夏ら平城側近グループの廟堂内での台頭を認める一方、嵯峨が即位すると、薬子の変を契機に平城側近グループを一掃し、冬嗣ら嵯峨側近グループの廟堂進出を認めるのである。

このように、内麻呂が冬嗣を廟堂に引き入れた契機は、大同四年（八〇九）九月の薬子の変にあった。冬嗣が参議となったのは兄真夏がこの事件で失脚したからである。その意味で、薬子の変は冬嗣にとっては大きな転機となる政変だったが、この政変については次節で述べることとし、ここでは変後に帰京した参議緒嗣と新たに参議となる冬嗣との地位関係の推移を展望しておきたい。冬嗣が没する天長《てんちょう》三年（八二六）までの半生を見通してみよう。

冬嗣の躍進

この両人の地位関係については、実は弘仁年間以降に顕著な傾向が現れる。位階・官職ともに、緒嗣の後塵を拝した冬嗣がやがて緒嗣を追いかけ、追いつき、追い越してゆくのである。

前節では、冬嗣が嵯峨天皇即位時の特別昇叙によって正五位下となり、さらに翌日には従四位下に到達したと述べた。参議緒嗣はすでに正四位下に昇っている。その後両者の関係はどうなったか。位階と廟堂内での地位（官職）に限ってみてみると、緒嗣はしばらく正四位下参議にとどまったままだが、冬嗣の方は目覚ましい昇進を遂げる。従四位下に到達した翌弘仁元年（八一〇）には従四位上、その翌年に参議として廟堂入りを果たしたあと、同三年には正四位下に昇進。ここで、ついに冬嗣は緒嗣と並び、さらにその二年後の弘仁五年には従三位に昇進して、緒嗣の位階を追い越す。

表　冬嗣と緒嗣の地位関係

		冬　嗣		緒　嗣	
年次	西暦	位階	議政官	位階	議政官
延暦10	791			従五位下	
16	797			正五位下	
				従四位下	
21	802				参議
大同元	806	従五位下			
3	808			正四位下	
4	809	正五位下			
		従四位下			
弘仁2	811		参議		
5	814	従三位			
6	815			従三位	
7	816		権中納言		
8	817		中納言		権中納言
9	818	正三位	大納言	正三位	中納言
12	821		右大臣		
13	822	従二位			
14	823	正二位		従二位	
天長2	825		左大臣		右大臣
3	826	死去			
9	832				左大臣
10	833			正二位	
承和10	843			死去	

緒嗣に先行

ただ、緒嗣も翌弘仁六年には従三位に昇進して再び冬嗣と並ぶが、冬嗣は今度は官職で緒嗣に先んじるようになる。同七年には参議から権中納言に昇任。翌八年二月には正《せい》官《かん》の中納言に転じる。同年十月には緒嗣も中納言となって並び、翌九年には二人同時に正三位に昇進するが、このとき冬嗣はさらに大納言に昇任する。以後、冬嗣は同十二年右大臣、同十三年従二位《じゅにい》、同十四年正二位《しょうにい》、天長二年（八二五）左大臣《さだいじん》と昇任・昇進を重ねるが、それはつねに緒嗣の一歩先を行くものであった。この冬嗣の緒嗣に対する優位は結局天長三年に彼が世を去るまで続くのである。

キャリア調整

すでに述べたように、緒嗣の異例の位階昇進と参議就任は桓武の恩寵によるものであった。桓武が崩御し、平城・嵯峨の時代を迎えると、桓武在世時のような昇進・昇任は当然期待できない。大同三年（八〇八）に正四位下に昇進後、弘仁六年（八一五）に従三位に昇進するまでの七年間、緒嗣は位階昇進も廟堂内での官職昇任もなかった。ただ、これは冷遇ではない。若くして叙爵され、また若くして参議となった緒嗣に対するキャリア調整の意味合いが強い。ただ、そのキャリア調整はいかなる必要によって生まれたか。それはもちろん冬嗣の存在である。

嵯峨の意向

その七年間は緒嗣にとっては停滞の時期であったが、冬嗣にとっては対照的に飛躍の時期だった。位階の昇進が繰り返され、参議として廟堂にも入った。そこに、すでに述べたように、父・右大臣内麻呂の関与があったことは疑いない。だが、内麻呂は弘仁二年、冬嗣を参議にすると生涯を閉じる。ところが、冬嗣はその後も昇進・昇任を重ねた。内麻呂にかわって同じく北家から廟堂首班となった右大臣園人の意向が働いたかもしれない。しかし、やはり何といっても嵯峨天皇である。冬嗣を側近中の側近とした嵯峨の意向を抜きにしては考えられない。

嵯峨天皇像（宮内庁所蔵）

むろん、嵯峨も父帝桓武が寵愛した参議緒嗣の深い学識や高い能力を認めていた。だからこそ、緒嗣はやがては従三位に昇進し、廟堂内でも中納言以上に昇任してゆく。しかし、嵯峨はどちらに一日の長を認めていたか。それはいうまでもなく冬嗣である。

東宮時代からの近臣であり、文才のみならず、武才も兼ね備えている。緒嗣も才人ではあるが、武才には恵まれず、文弱で実際にも病弱だった。嵯峨は三筆《さんぴつ》の一人で『凌雲集《りょううんしゅう》』以下勅撰漢詩文集にも名をとどめるなど、文人天皇としてのイメージが強いが、父帝に似て遊猟を好み、精悍《せいかん》な武人天皇としての一面もある。嵯峨の冬嗣に対する評価が緒嗣を上回ったのは彼の武才も預かったのではないだろうか。

また、冬嗣の「度量が広く物事に寛容に接する」人柄も嵯峨の彼に対する評価を高めたことだろう。一方の緒嗣の人柄には実は偏屈なところもあって、たとえば、あることをめぐって、先に述べた者の意見が俗説で、あとに述べた者の意見が真説であったとしても、前者の説を盲信して後者の説をまったく受け入れず、ために批判を招くことがあったという（続後紀承和十年七月庚戌条）。

嵯峨にとって、才能も人柄も冬嗣の方が好もしく、より信頼できる近臣だった。もっとも、冬嗣に対するそのような人物評価や信頼は、結局のところ、東宮時代から彼を側近としてきたことによって醸成されたのである。

「藩邸の旧臣」

たしかに、当初は緒嗣というほぼ同年の、しかしきわめて早熟で有能なライバルが存在した。しかも、大きく水をあけられていた。にもかかわらず、父・内麻呂の周到な戦略と政治力に支えられ、東宮時代から「藩邸の旧臣」として嵯峨に仕えるなかで、徐々に彼自身の才能と人柄を嵯峨（神野）に認めさせ、信頼すべき側近中の側近としての地

後塵を拝した緒嗣

位を築いてゆく。そして、ついには緒嗣を凌ぐにいたる。

冬嗣は弘仁九年（八一八）、大納言に昇ってからは実質的な廟堂首班として国政を指導し、緒嗣はつねにナンバー2として冬嗣の後塵を拝す。緒嗣が廟堂首班となるためには冬嗣が亡くなる天長三年（八二六）を待たねばならなかった。ただし、生来病弱で後年はほとんど病臥《びょうが》した緒嗣であったが、それでも冬嗣の死後十五年ほどを永らえ、齢七十を数えてなお廟堂首班の地位を占め続けた。歴史の皮肉というべきか。

三　蔵人頭就任

冬嗣が嵯峨側近中の中核七名に列せられたのは、先にも述べたように大同四年（八〇九）四月、嵯峨即位時の特別昇叙のときであった。そこからさらに側近中の側近としての地位を確立するのは、同五年三月の初代蔵人頭就任によってである。

この蔵人頭就任はいわゆる二所朝廷《にしょちょうてい》の状況の下で行われた。二所朝廷とは嵯峨天皇と平城上皇との間に生じた王権分裂の危機的状況をいう。まずはこのことについて、やや詳しく述べておこう。

平城の譲位

生来「風病《ふうびょう》」（ノイローゼなどの神経性の病気か）に苦しみ、さらには重い病を得て不予に陥った平城は、もはや皇位に堪えないとして、在位わずか三年余りで嵯峨に譲位。だが、その時期にはまだ両者の間に深刻な状況は生じていない。ばかりか、平城の不予《ふよ》はなお譲位後も続き、嵯峨は兄の病気平癒に心を砕く。同四年七月には内裏小安殿《しょうあんでん》で七ヵ日の薬師法《やくしほう》（薬師如来《にょらい》を本尊とする病気平癒のための密教修法《みっきょうしゅほう》）勤修《ごんしゅ》まで催すのである。また、即位直後、皇太子には兄の子高岳《たかおか》親王を立てていた。

太上天皇宮の建設

その後、平城は恢復《かいふく》に向かい、遷《うつ》り住んでいた左兵衛府《さひょうえふ》や東院《とういん》で嵯峨の朝覲《ちょうきん》をうけたり、皇太子（高岳親王）や右大臣内麻呂、内蔵寮《くらりょう》からの奉献《ほうけん》をうけ、終日宴を設けるまでになる。そして、本格的な居所（太上天皇宮）の地を宮外に求めて動き出す。

この年十一月、真夏、藤原真雄《まかつ》、田口息継《たぐちのおきつぐ》、藤原真本《まもと》らが摂津国豊島《せっつのくにてしま》（現大阪府池田《いけだ》市）、為奈《いな》（現兵庫県伊丹《いたみ》市・尼崎《あまがさき》市）および旧平城京の地を視察。その結果、もとの平城宮を太上天皇宮とすることが決定し、仲成と息継が現地で造営指揮にあたることになった。

従来、太上天皇は居所を天皇とともに宮内に置いてきた。平城のように宮外、しかも旧都に設けるのは異例である。ただ、このときはまだ王権奪還を意図していたわけではない。右の真夏や真雄、仲成は平城側近だが、息継は嵯峨派と目されている。

ところが、同年十二月に入ると、平城はあたかも躁状態に入ったかのように活発な動きをとるようになる。

まだ殿舎がほとんど何もできていないのに、都から船で木津川《きづがわ》を遡《さかのぼ》ってわざわざ平城の地に行幸。故右大臣大中臣清麻呂《おおなかとみのきよまろ》の邸宅に入り、摂津・伊賀《いが》・近江《おうみ》・播磨《はりま》・紀《き》伊《い》・阿波《あわ》六国の米稲を造平城宮料に指定したり、そこで畿内諸国の工匠《こうしょう》や人夫を二五〇〇人も雇役して太上天皇宮の造営を急ピッチで進め出す。これらは天皇の命によるものではない。太上天皇の命による。当時の太上天皇は天皇と同等の権限をもっていたから、その権限を行使したまでともいえる（春名宏昭『平城天皇』）。

しかし、都を離れ、旧都の旧宮を改作して大規模な太上天皇宮を短期間で造営しようというのはいかにも尋常ではない。

平安宮内裏の模倣

現在、この太上天皇宮（平城西宮）の遺構は平城宮跡第一次大極殿院地区から検出されている。橋本義則はその遺構配置と平安宮古図に描かれた平安宮内裏とに慎重かつ鋭い比較考察を加え、平城が造営した太上天皇宮が空間構成の上でも、組織の上でも、平安宮内裏（天皇の宮）のほとんど完全な模倣であり、まさしく「二所朝廷」を現出させようとして造営した宮であると指摘している（『日本の古代宮都』）。あえて王権分裂をも辞さない。そんな大胆な政治的意志を平城は抱きはじめたのである。

この間いったい何があったのか。それは嵯峨天皇の病臥である。不予を脱して恢復した平城と入れ替わるように、今度は嵯峨が病を得て、ついには不予に陥ったのだ。

嵯峨の不予

わずか八ヵ月ほど前、平城は病気を理由に嵯峨に皇位を譲った。自らはその後不予を脱したが、譲位した相手の嵯峨が不予とあらば、重祚《ちょうそ》の可能性が浮上する。すでに皇太子（高丘親王）はいる。だが、まだ日は浅い。しかも、わが子。行く手を阻《はば》まれることはあるまい。重祚、つまり王権奪還への意志は嵯峨の病臥・不予を契機として抱懐されたのである。

嵯峨の不予で迎えた翌大同五年（八一〇）、太上天皇宮造営工事は着々と進捗し、早くも四月には完成の目途が立ったようだ。造営に携わった自派官人たちの労に位階昇叙で報いている。

重祚への疑心

一方、嵯峨も一時期の不予を脱して小康を得たようだが、万全ではない。それどころか、自分が病床で重篤な状態にあるときを見計らったように、兄が都を捨て旧都に遷御《せんぎょ》し、彼の地で平安宮内裏を模した太上天皇宮の造営を急ピッチで進めている。そして、その兄の下に中央諸官司の分局が置かれ、官人たちが分直して仕える異様な事態となっている。史上に例をみない二所朝廷が刻々と既成事実化してゆく。兄が重祚を意識していることは疑いない。嵯峨の心痛と心労は察して余りある。不予は脱しても体に障らなかっただろうか。

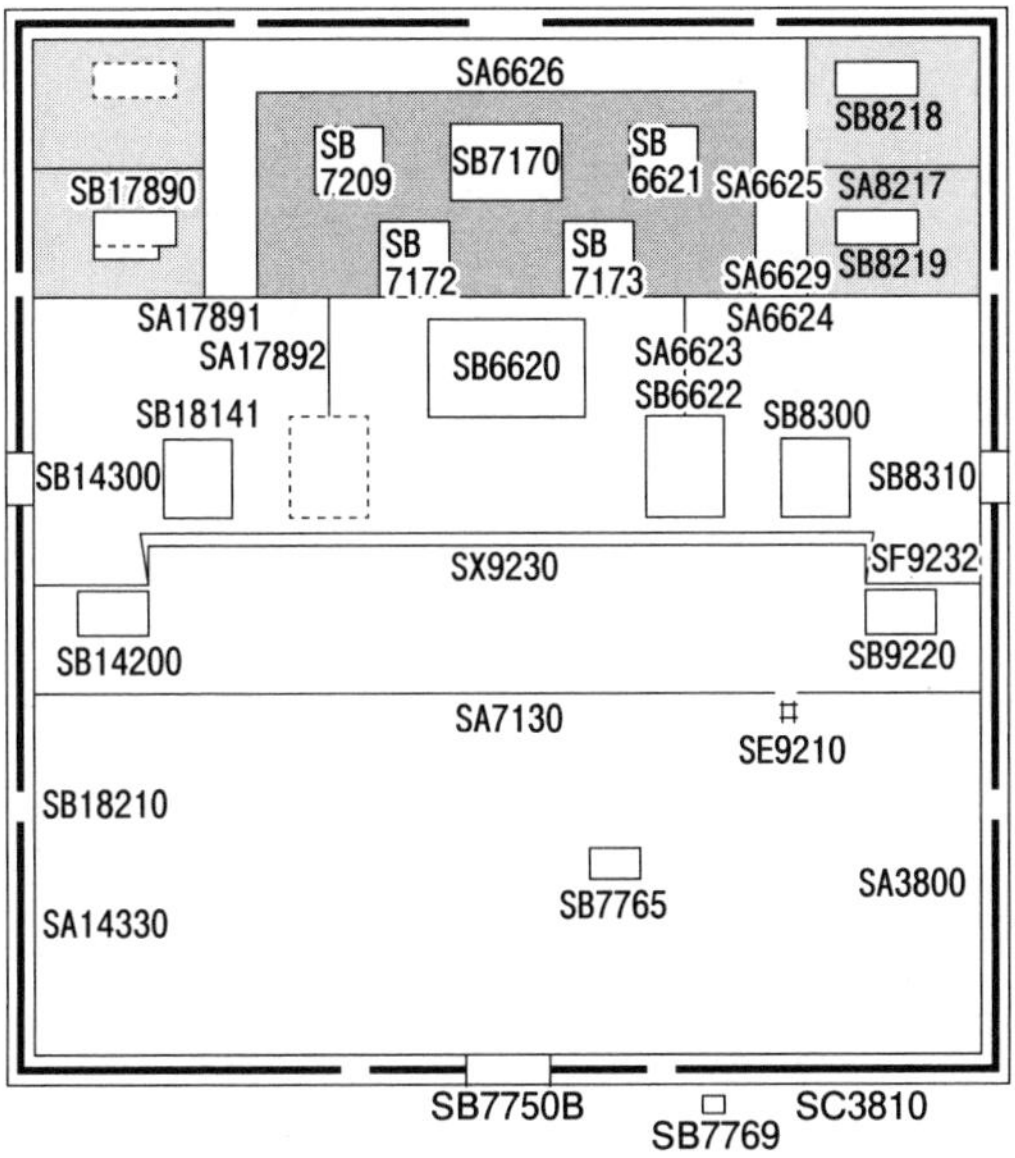

平城太上天皇宮遺構図「平城西宮」

（橋本義則「日本の古代宮都」『古代宮都の内裏構造』所載の図に奈良文化財研究所『平城宮第一次大極殿院跡』の知見を加えて作成）

三月、嵯峨が冬嗣と巨勢野足を蔵人所《くろうどどころ》の長官（蔵人頭）に任じたのはこのような状況のなかであった。

佐藤全敏の蔵人所研究

その蔵人所とはどんな機関であったか。諸説行われてきたが、最近の佐藤全敏の学説がもっとも説得力に富んでいる。実は、これより以前、すでに奈良時代から蔵人所が存在したことは知られていた。佐藤によれば、これは従来から内裏内において天皇御物《ぎょぶつ》の管理・保管を職能とする機関であった。そして、嵯峨はこの従来からあった蔵人所をその職能を残したまま、「近侍伺候者《しこうしゃ》集団」いう新たな性格の組織に再編し、同時に初めて蔵人頭を任命したのだという（「蔵人所の成立」）。

佐藤のいう「近侍伺候者集団」が嵯峨側近グループであることはいうまでもない。要するに、嵯峨は側近グループを自らの常《つね》の御殿《ごてん》（のちの清涼殿《せいりょうでん》）に隣接する殿舎（のちの校《きょう》書殿《しょでん》）内に伺候させたのである。むろん、蔵人たちは御物の管理・保管にあたるだけではない。これも佐藤がいうように、天皇に恒常的に伺候し、「顧問」と「要籍駆使」（特別の能力発揮への期待）に応えることが求められた。嵯峨の本意も実にそこにあったとみてよい。

二所朝廷への対処

嵯峨にとって、この蔵人所とは、信任厚い側近グループを彼の居住殿舎の近くに常駐させておく方便であり、内裏内における側近たちの拠点であった。

冬嗣と野足

これが嵯峨による二所朝廷への対処であったことは明らかである。かくして、蔵人所は内裏の御物が平城側に横流しされるのを防ぎ、尚侍として旧都から平安後宮に睨《にら》みをきかせている薬子の影響力を排除することも任務としたが、何より、病床の嵯峨の執務を日常的に支えることを主務としたはずだ。

この再編された蔵人所の初代長官に冬嗣は野足とともに任じられた。冬嗣も野足も先の嵯峨の即位時特別昇叙の対象となった七名、嵯峨側近グループの中核に列せられたが、ここでは蔵人として伺候する側近グループの統率を任されたのであり、今や側近中の側近たる地位を確立したのであった。

このとき、冬嗣は従四位下、三十六歳。今一人の野足は正四位下、六十二歳。野足は先にも述べたように、桓武朝以来の武人であり、大同三年には春宮坊長官（大夫）として嵯峨（神野親王）を支えた。冬嗣は当時次官（亮）であったから、上司と下僚の関係になる。その両人がこの蔵人所では同じく長官（頭）として並んだ。冬嗣が嵯峨からとりわけ高く評価されていたことがわかる。同時に、かつての上司下僚であったことも斟《しん》酌《しゃく》して、若手の俊英冬嗣に老練な武人野足を配するあたり、嵯峨も年少に似ず、なかなか優れたバランス感覚の持ち主である。

蔵人頭は非公卿

それはともかく、二人ともすでに四位に進んではいたが、いまだ公卿になってはいなかった。当時、嵯峨派の公卿としてはやはり即位時特別昇叙の対象となった大納言園人がいたし、中納言坂上田村麻呂もいた。田村麻呂はかつて野足の上官でもあった武人だ。

しかし、嵯峨はここでは同じ側近でも、公卿ではない先の二人を蔵人頭に据えた。当時議政官組織には中納言として葛野麻呂《かどのまろ》、観察使として縄主《ただぬし》、仲成、真夏、多入鹿《おおのいるか》といった平城派がいて、平安・平城両都間で分局状態にあったから、ここで嵯峨派の公卿を蔵人頭に起用すれば、二所朝廷は一層抜き差しならぬ事態に陥る。そこで議政官はあえて避けた上で、まだ議政官でこそないが遜色ない実力をもつ側近両名を天皇執務の補佐にあたらせたのだろう。

それにしても、天皇の執務を支える組織として、議政官組織や侍従などの律令官制上の組織とはまったく別建てのものを新たに作り、長官以下を自らの側近をもって構成するという嵯峨の手法は画期的であった。

嵯峨の「模索」

佐藤全敏は嵯峨が「天皇にも天皇位から相対的に独立した個人の領域があることを打ち出し、それにもとづいた経営形態を模索し、定着させていった」とし、蔵人所の再編もその「模索」の一環と評価しているが、まことに慧眼である。

さかのぼれば、実は先にみた即位時特別昇叙もそうだった。側近グループの中核だけを対象とする異例の昇叙だったが、これも「模索」の一環である。冬嗣が嵯峨朝の政界に高い地歩を占めたのは、嵯峨の側近中の側近として重用されたことによるが、それは佐藤のいう嵯峨の「模索」の賜物といえる。嵯峨が在世中冬嗣に支えられたことは疑いないが、冬嗣もまた、この嵯峨なしにはありえなかっただろう。

昇任ルート

なお、蔵人頭にはその後も五位官人とともに四位官人が任用されるが、公卿がこの官職を兼ねることはない。逆に、野足は早くも同年九月には蔵人頭から参議に昇任し、冬嗣も翌年には同じく参議に昇任した。彼らを初例として、この蔵人頭を経た者が公卿となるという昇任ルートが開かれる。たとえば、野足・冬嗣の後任となった良岑《よしみね》安世も藤原三守も、また冬嗣の子の良房、孫の基経《もとつね》も、みな同様にして公卿に昇った。かくして、蔵人頭は貴族官僚が廟堂入りするための重要なステップとなってゆくのである。

四 薬子の変

観察使を参議に復旧

ここで、冬嗣らが大同五年（八一〇）三月、蔵人頭になって以後の政局に目を転じよう。

この年六月、平城は詔を発して現行の観察使を参議に復旧することを命じた。前年四月、即位直後の嵯峨は諸国の損失・疲弊と百姓の貧困・窮乏を理由に、暫定措置として観察使の給与（食封《じきふ》二〇〇戸）を停止し、かわりに国司を兼任させた上で、その給与（公廨稲《くげとう》）を給与とすることとしていた。観察使は給与面では地方官並みとなった。

平城の勅命はこれを覆すものであった。嵯峨の施策に対するあからさまな対抗である。観察使はもともと平城が天皇在位中に設けた地方監察制度だから、彼は自分が作った制度をわが手で葬ったことになる。しかも、嵯峨のとった措置はむしろ平城朝の緊縮政策を継承するものだった。平城は自家撞着《じかどうちゃく》ともいうべき挙に出たのである。

重祚の布石

そうまでして平城が表白したかったのは、「観察使はあくまで公卿の官であって、地方官とすべきではない」という強い異議である。実は当時、観察使現任八名のうち、平城派は半数の四名（縄主、仲成、真夏、入鹿）を数えて平城旧都の分局にあり、対する嵯峨派は一人もいなかった。平城はこの四名を旧来の参議（食封八〇戸）に戻すことによって純然たる公卿とし、わが分局の議政官組織を充実化しようとしたのだろう。重祚に向けた体制の足固め、いわば布石を打ったのである。

嵯峨再び不予

一方の嵯峨はといえば、これに対抗しようにも、まったくそれどころではなかった。

というのも、一時は小康状態にあったものの、このころ再び病状が悪化していたからである。七月にはついに不予に陥る。先の平城の布石も、おそらくはその病状悪化に乗じたものだろう。

この月から翌八月にかけてのひと月ほどの間、不予の天皇を救うために、ありとあらゆる手立てが講じられた。川原寺《かわらでら》・長岡寺《ながおかでら》（乙訓寺《おとくにでら》か）での誦経《ずきょう》、高畑山陵《たかばたけさんりょう》（桓武皇后藤原乙牟漏《おとむろ》陵）の鎮祭、浄行の看病禅師の屈請《くっしょう》、天下諸国の七ヵ日の殺生禁断、一三〇人の大量得度《とくど》、川原寺での法華経《ほけきょう》写経、伊勢神宮《いせじんぐう》・石上神宮《いそのかみじんぐう》への奉幣《ほうべい》、そしてかつては平城を救うために行った薬師法を一五〇人の僧を太政官に屈請して勤修、と文字通り矢継ぎ早であった。

これらを実際に指揮・運営したのは筆頭公卿であった右大臣内麻呂や嵯峨派の公卿たちであっただろう。むろん、蔵人頭として近侍した冬嗣や野足も主上《しゅじょう》の病気平癒のため東奔西走したに違いない。

退位を表明

この間にあって、執政もままならず、身命すらも危くなった当の嵯峨は、さすがにもはやこれまでと悟った。側近の大納言園人を通じて、兄平城に対し、神璽《しんじ》（鏡・剣）を奉《ほう》還《かん》したいと伝えた。退位の意志を表明したのである。その退位は皇太子（高丘親王）への速やかな譲位を意味した。ただ、皇太子に直接譲位するのではなく、まずは平城に退位の意を伝えたのは、太上天皇が天皇と並んで国政を総攬《そうらん》すべき立場にあったからだ。退位後、皇太子が即位するまでの間、たとえ短時日であれ、平城に唯一の総攬者として全権を委ねる必要があったのである。

平城拒否

しかし、平城はこれを認めなかった。わが子高丘への譲位に対し、父としてまずは謙譲してみせたということかもしれないが、このとき平城はすでに重祚を射程に収めていたのだろう。嵯峨の退位を受け入れて、高丘即位へのプロセスが始まってしまうことを恐れたのではないか。

遷都宣言

いずれにせよ、平城は嵯峨に退位の意志があり、病状からみてもその在位が長く続かないとの判断にいたったはずだ。重祚が近いと踏んだ平城は、九月を迎えると、勅を発して大和国の田租《でんそ》と地子稲《じしとう》を平城宮諸経費の恒久財源に充て、さらに勅を発してついに平城京に遷都することを宣言した。そして、田村麻呂、冬嗣、紀田上《きのたうえ》の三名を造宮使に任命したのである。

完成の目途は立ったとはいえ、平城宮（太上天皇宮）の造営工事はまだ竣工したわけではない。しかも、遷都したとあれば、この宮が国家の中枢となるのだから、その工事はなおのこと急がねばならない。そのための責任者を定めるのは当然である。

切り崩し工作

しかし、ここで目を惹くのは、この三名のうち、田上は平城派の官人であるからよいとして、ほかの二名が田村麻呂と冬嗣であることだ。いうまでもなく、嵯峨の側近である。これはむろん、切り崩し工作である。嵯峨派の最高公卿である中納言田村麻呂と側近中の側近である蔵人頭冬嗣。平城はいよいよ嵯峨派の懐にまで手を突っ込みだすのである。

嵯峨の同意を得ることなく遷都宣言を行い、さらにこのようなあからさまな切り崩しにも着手できるという状況判断が平城側にあったのである。それにしても、冬嗣は平城側からみても、田村麻呂とともに、切り崩しの効果甚大と期待されていた。つまり、これを切り崩せば嵯峨派の崩壊を招く、それほどの重要人物と高く評価されていたことがわかるのである。

嵯峨の反撃

しかし、この平城側の状況判断はいささか甘かった。九月には嵯峨も不予の窮地から持ち直したらしい。平城の重祚への野心を確信した嵯峨はその月十日、ついに反撃に転じる。

平城の遷都宣言によって人心の動揺を招いたとして、伊勢・近江・美濃《みの》三国の国府《こくふ》と故関《こげん》（鈴鹿《すずか》・逢坂《おうさか》・不破《ふわ》の三関）に野足らの使者を派遣して、厳戒態勢をとらせる。これは中央での叛乱者が東国に入って軍勢を整え、中央に攻め上ることを防止するためだ。万一の事態に備える伝統的な措置である。嵯峨側は相手がそのような行動をとることもありうると考えたのである。

次に嵯峨側がとった反撃は平城派の要人仲成の逮捕・拘禁である。この日、この平城の側近中の側近がどうして容易に敵の手に落ちる場所にいたのか不明だが、ともかく仲成の身柄確保は嵯峨側にとっては幸先の良い立ち上がりとなった。

その上で、嵯峨は詔を発して、平城の「君側《くんそく》の奸《かん》（君主の傍らの邪悪な臣下）」たる仲成と薬子兄妹の非を糾弾、薬子の位官（正三位尚侍）を解いて後宮より追放し、仲成を佐渡《さど》国の権守《ごんのかみ》に左遷する（権守は左遷用のポスト）処分を発表した。

また、父帝桓武の柏原山陵《かしわばらさんりょう》に使者を派遣し、仲成・薬子兄妹の数々の罪状（伊予《いよ》親王の変も）をあげ、両名を処分した旨の報告も行った。

宮中では厳戒態勢のなか、慌しく授位《じゅい》と任官が行われる。授位は嵯峨派と思われる官人（福井俊彦「薬子の乱と官人」）の従四位下と従五位下昇叙に限った授位（藤原雄友《おとも》の正三位復位も）で、嵯峨の権力基盤の強化が図られた。任官は嵯峨・平城両派官人を対象とした

平城の東国進発

柏原山陵

が、平城派に対しては、真夏や入鹿の参議解任、両名を含む多くを権官国司《ごんかん》に左遷するといった露骨な粛清人事であった。一方、嵯峨派に対しては、大納言に中納言田村麻呂を昇任させ、参議に秋篠安人《あきしののやすひと》を復任、野足を新たに任ずるなど、権力基盤強化の方向が明らかである。

翌十一日、薬子処分の報が伝わるや、平城は激怒し、使者を派遣して畿内および紀伊国の兵を徴発。薬子と同輦《どうれん》して川口道《かわぐちみち》より東国に入ろうとする。平城宮分局の官人たちや衛府の兵たちはみなこれにしたがったという。平城は嵯峨の朝廷に対する叛意を剝き出しにし、歴代の叛乱者たちが辿《たど》った典型的なパターンをとりはじめる。

これより先、平城派の要人、真夏と文室綿麻呂が嵯峨に召喚されて平城宮から到着。綿麻呂はただちに左衛士府に拘禁されるが、真夏は右大臣内麻呂の子ということもあってか、拘束は免れた。結果的にはこの召喚で真夏は平城の蜂起に従軍せず、叛乱者の汚名を着ずに済んだ。召喚は内麻呂や冬嗣の深謀遠慮であったか。これとは別に、平城宮からは分局詰めの大外記《だいげき》上毛野穎人《かみつけののかいひと》が急遽早馬を駆って上京、平城一行の東国進発、つまり叛乱軍としての行軍を告げた。

嵯峨の迎撃

これに対して、嵯峨は武人坂上田村麻呂に精兵を率い美濃道を通って迎撃するよう命じた。このとき田村麻呂は拘禁中の綿麻呂の同行を願い出て許可される。幾度もの対蝦夷戦を経験した武才であるというのがその理由である。

捕囚《ほしゅう》の身から放たれたばかりか、ただちに正四位上・参議に引き上げられた綿麻呂は喜び勇んで馬上の人となった。人たらしともいうべき嵯峨の人心収攬《しゅうらん》ぶりであるが、もともと綿麻呂を召喚しておいたのはこのためであった。この召喚も冬嗣ら嵯峨派の要人や内麻呂が智慧《ちえ》をつけたものだろう。また、木津川・淀川《よどがわ》の要衝に駐屯兵を置くことや、この日の夜、拘禁中の仲成を敵の戦意を挫《くじ》くため、にわかに射殺（処刑）したことにも、彼らの勧めがあったとみてよい。

騒動の終息

そして翌十二日、以上のような嵯峨側の機先を制した迅速な反撃により、この叛乱騒動はあっけなく幕を閉じる。
この日、平城一行は大和国添上郡《そうのかみぐん》越田村《こしたむら》にいたったところで、すでに進路が重武装した嵯峨側の兵によって塞がれたとの報をうけ、進軍を諦めざるをえない状況となる。同行の葛野麻呂（中納言）や藤原真雄（左馬頭《さまのかみ》）はこの機をとらえて、これ以上の進軍を強く諫めるのだが、平城は聞き入れず、進軍続行。しかし、時に利あらずと離反者が続出したようで、平城はついに進軍を止め、平城宮に引き返し、剃髪《ていはつ》して仏道に入った。薬子は服毒して果てる。かくして、騒動は短時日のうちに終息し、二所朝廷は解消される。
翌十三日、平城の子高丘親王は皇太子を廃され、平城・嵯峨の異母弟大伴《おおとも》親王が皇太弟に立てられた。高丘親王が皇太子としてとどまった場合、またぞろ平城が大権奪還を目指して蠢動《しゅんどう》する可能性がある。その芽を摘んだのであろう。

「太上天皇の変」

「薬子の変」の名で広く知られたこの政変は、今日学界では「平城太上天皇の変」などと平城を冠した名で呼ばれることが多くなっている。橋本義彦の学説（「〝薬子の変〟私考」）以降、その傾向は顕著だ。橋本はこの政変の責めは平城にあって薬子・仲成にはない、『日本後紀《にほんこうき》』は平城を擁護するためにあえてその非にふれず、薬子や仲成に責めを負わせたのだと説いた。

平城がこの政変に大きく関わったことは疑いない。責めを負うべき一人ではある。しかし、薬子や仲成が『日本後紀』によって濡れ衣を着せられた無辜《むこ》の兄妹だったというのは行き過ぎである。橋本にしたがえば、嵯峨側は叛乱を起こした敵方の平城をわざわざ擁護し、無実の仲成を急遽首謀者に仕立てて処刑したことになる。のちの正史に天皇家の汚点を残さぬよう慮った偽装工作だろうか。それにしても、考えにくいことである。

西本昌弘の再検討

近年、この政変を再検討した西本昌弘は、平城が主体的に関わったことは否定できないとしながらも、政変にいたる平城側のさまざまな動きのなかで薬子・仲成がもっとも中心的な役割を果たしていたことを浮き彫りにしてみせた（「薬子の変とその背景」）。

西本が指摘した変後の次の事実はとりわけ重要だ。政変に連坐《れんざ》して左遷（配流）された官人のほとんどは天長元年（八二四）八月、嵯峨太上天皇の勅によって入京を許される。だが、仲成の息男たちと平城の蜂起に呼応して挙兵しようとした越前《えちぜん》国司安倍清継《きよつぐ》・百済愛筌《あいせん》両名に限っては、なお入京を許されなかった（近国に移配）。また、薬子の息男貞《さだ》本《もと》は入京は許されたものの、それは特別の計らい（理由不詳）によるものだった。変後十余年を経て連坐者の多くが赦されるなか、二人の息男たちはなお、母や父の罪を償い続けねばならなかった。薬子・仲成はそれほど重い責めを負うべき張本であった。

だからこそ、嵯峨側は仲成を処刑したのである。単純な理由だが、史実はつねに複雑だとは限らない。薬子にしても、実は無実であったが自決して名誉を守った、などといった類のものではない。平城をそそのかして叛乱を起こした首謀者であった。だからこそ、進退きわまり兄と同じ苛酷な運命が身に迫ったことを悟ると、毒を仰ぐほかなかったのである。薬子の変をあえて「平城太上天皇の変」などと呼びかえる必要はない。

嵯峨クーデタ説

また、逆に春名宏昭はこの政変を嵯峨側が平城太上天皇の専制的国政運営を押し止めるために起こしたクーデタとする新説を提起している（『平城天皇』）。この新説にも賛同者が見受けられる。

しかし、先の西本は政変直前に平城派官人が衛府や要衝国の国司に任じ、かつて北陸道観察使であった仲成らが越前方面などで平城派の勢力拡大に努めていた事実も明らかにしている。平城側は嵯峨側の「クーデタ」をうけて万やむなく挙兵したのではない。それ以前から蜂起に向けて着々と準備を進めていたのである。嵯峨側がこれに対する防衛策をとったのは当然であって、それまで「クーデタ」と呼ぶのはいささか牽強付会《けんきょうふかい》にすぎよう。

第三　冬嗣政権への道

一　参議就任

平城派の粛清

薬子《くすこ》の変は嵯峨《さが》側によって短時日のうちに鎮圧され、王権分裂の危機であった二所《にしょ》朝廷《ちょうてい》は解消された。平城《へいぜい》は僧形《そうぎょう》となって旧都に引きこもり謹慎。政界から身を退いた。

政変終結の翌日、嵯峨は詔《みことのり》を発して、叛乱軍に同行した者たちの罪は問わないと宣《せん》した。しかし、平城派官人たちは、刑事罰こそ免れたものの、粛清は行われた。その多くは地方官への左遷である。

公卿《くぎょう》も例外ではない。すでに述べたように、参議《さんぎ》の仲成《なかなり》は処刑され、真夏《まなつ》・入鹿《いるか》も左遷された。もっとも、真夏の左遷先は当初の伊豆権守《いずのごんのかみ》から備中《びっちゅう》権守へと比較的近い国に変更された。父内麻呂《うちまろ》や実弟冬嗣の意向が汲まれたものかもしれない。さらに真夏は早くに左遷の地から帰京を許されたようであるが、その後は平城旧都にあって終生旧主に忠誠を尽くす。

葛野麻呂と縄主

また、叛乱軍に同行した中納言葛野麻呂《ちゅうなごんかどのまろ》はかねて薬子と情を交わしており（後紀弘仁《こうにん》元年九月庚戌条）、厳罰に処されるべきところ、越田村《こしたむら》で平城を諫止《かんし》しようとした殊功《しゅこう》が認められて赦《ゆる》され、廟堂《びょうどう》からの左遷もなかった。参議縄主《ただぬし》も薬子の夫として連坐《れんざ》は免れがたかったが、平城派としての活動はさほどでもなかったのか、これまた咎められず、左遷対象ともならなかった。

ただし、葛野麻呂も縄主もその後の嵯峨朝廟堂内での昇任は決してはかばかしくなかった。結局、葛野麻呂は終生中納言のままだったし、縄主も一度だけ中納言への昇任はあったものの、それにとどまった。平城派官人としての過去は左遷されなかった公卿にも暗い影を落としたのである。

一方の嵯峨派は田村麻呂《たむらまろ》が大納言《だいなごん》に昇進し、野足《のたり》と安人《やすひと》が参議となったこと、さらに、もと平城派の武人綿麻呂《わたまろ》が嵯峨側に拘束されるも、叛乱軍追討に参議となって加勢したこと、すでに述べた通りである。

廟堂構成

これらの結果、政変直後の廟堂構成はどうなったか。二所朝廷が一本化され、元号も大同《だいどう》から弘仁に改まって、いよいよ本格的に嵯峨天皇の時代が始まろうとしていた。その嵯峨の下での国政最高指導部は以下の面々である（昇任などの特記なきものはすべて留任）。

右大臣《うだいじん》　藤原《ふじわら》内麻呂（北家《ほっけ》）　五十五歳
大納言　藤原園人《そのひと》（北家）　五十五歳
　　　　坂上《さかのうえ》田村麻呂　五十三歳　昇任
中納言　藤原葛野麻呂（北家）　五十六歳
参議　藤原縄主（式家《しきけ》）　五十一歳
　　　　菅野《すがのの》真道《まみち》　七十歳
　　　　藤原緒嗣《おつぐ》（式家）　三十七歳
　　　　吉備泉《きびのいずみ》　六十八歳
　　　　紀広浜《きのひろはま》　五十二歳
　　　　文室《ふんや》綿麻呂　四十六歳　新任
　　　　巨勢《こせ》野足　六十二歳　新任
　　　　秋篠《あきしの》安人　五十九歳　復任

平均年齢

一二名の公卿の平均年齢は五十五歳、六十代以上が四名いる。年齢で一人目をひくのは、とびぬけて若い三十七歳の緒嗣だが、公卿歴は内麻呂・縄主についで二番目に長く、すでに八年に及ぶ。時に嵯峨は二十五歳。青年天皇を高齢あるいは在任年数の長い経験豊かな公卿が支える体制となっている。二所朝廷で分裂しかけ混乱した政治状況をまずは正常化することが急務であった。

野足と安人廟堂へ

この弘仁元年（八一〇）、冬嗣はまだ廟堂の外にいた。右大臣内麻呂にしてみれば、真夏が廟堂より左遷された以上、一刻も早く冬嗣を引き上げたかっただろう。末端公卿である参議は大同年間の観察使《かんさつし》が八名（畿内・七道）だったことから、このころには定員八名と定まったらしい。

薬子の変で仲成が処刑されて抜けたが、綿麻呂がその穴を埋めた格好となった。これは綿麻呂を追討軍に起用するためだったから、やむをえない。だが、変後に真夏・入鹿両名が左遷で抜けたあとの欠員二名については、冬嗣を充てる選択もあったと思う。しかし、実際には野足と安人を充てた。

ともに六十代前後の高齢。野足は叛乱制圧まで蔵人頭《くろうどのとう》として嵯峨に近侍《きんじ》し、安人はかつて参議に在任した経歴をもつ。青年天皇を支える経験豊かな公卿としては、若い冬嗣よりこちらの年配者二人の方が適任だった。その年齢からみて、長期にわたる忠勤奉仕を求めてはいない。当座の一、二年から数年、彼らの力（経験）が必要とされたのである。

野足が蔵人頭から参議に就任した際、欠員補充はなされなかったから、冬嗣は翌年正月に参議に任命されて離任するまで蔵人頭を一人で務めることになる。もともと蔵人所《くろうどどころ》の再編と頭の設置は二所朝廷への対処として行われたものである。しかし、そのような状況が解消されても、蔵人所や頭の存在意義は薄れなかった。嵯峨は蔵人所を側近グループ（藩邸の旧臣）の拠点として位置づけたからだ。

冬嗣はここでしばらく側近中の側近として嵯峨に近侍する。嵯峨は一方で親子以上に年の離れた公卿たちと公務の場をともにし、一方で一回り上とはいえ、比較的年の近い冬嗣を身近に伺候《しこう》させた。案外、冬嗣を廟堂に入れるより、蔵人頭として身近にとどめておきたかったのかもしれない。

本官

ところで、蔵人頭に就く者には本官がある。本官とは、何か官職を兼ねるとき、当人がすでに就いている本来の官職のことで、五位以上の位階《いかい》をもつ官人の場合、それは通常弁官《べんかん》や八省《はっしょう》・衛府《えふ》の長官・次官など中央の高官である。言い換えれば、そういう本官に就いている者が蔵人頭を兼ねるわけである。

冬嗣がかつて内舎人《うどねり》から中判事《ちゅうはんじ》（少判事《しょうはんじ》）、左右衛士大尉《さゆうえじのだいじょう》を経て春宮大進《とうぐうのだいしん》、ついで春宮亮《とうぐうのすけ》となって皇太弟神野《こうたいていかみの》に近侍し、一方で侍従《じじゅう》を兼ねて平城にも仕えたことは先に述べた。その後、大同四年（八〇九）四月、神野の即位によって春宮坊《とうぐうぼう》は停止。特別昇叙《しょうじょ》とその後の加階《かかい》により従四位下《じゅしいのげ》に昇進すると、新たに左衛士督《さえじのかみ》となり、初めてまずは武官の長官職に就き、ついで大舎人頭《おおとねりのかみ》（大舎人寮の長官）も兼ねて文官の長官職にも就いた。同年十二月には大舎人頭から中務大輔《なかつかさたいふ》となり、翌五年正月には備中《びっちゅう》守を兼ねた。このように在京のまま収入源として国司を兼ねることを兼国《けんごく》という。

中務大輔

かくして、この年三月、初代の蔵人頭に任用された時の冬嗣の本官は中務大輔兼左衛士督であり、備中守も兼ねていた。中務大輔は八省の筆頭であった中務省《なかつかさしょう》（天皇・後宮《こうきゅう》関係事務を所掌）の上級次官。この省の実勢の格付けは式部省《しきぶしょう》には及ばないが、残る七省のなかでは高位である。中国で文官武官を同等としたのとは異なり、日本の律令《りつりょう》国家は文官を主、武官を従としたが、冬嗣はその文官において、まずは順調な官歴を歩んでいたといえよう。

左衛士督

また、武官においても、左衛士督就任は順調である。実は父内麻呂もかつて従四位下に達したあと、二年ほどしてからだが、この官に就いた。同じく三十五歳のときである。偶然の一致ではあるまい。父が冬嗣の今後のキャリアについて、自らの官歴を重ね合わせて考えた結果だろう。

それはともかく、冬嗣は蔵人頭に任命されるまでに、すでに文武の長官・次官職に就いていていた。本書では冬嗣が嵯峨の側近中の側近であったことを繰り返し強調してきたが、むろん、同時に、律令国家の官僚、いわゆる律令官人であった。だから、たとえば中務大輔として天皇・後宮関係事務を決裁し、また、たとえば左衛士督として宮城警衛を指揮した。そのような律令官人としての本官に就いたまま、冬嗣は蔵人頭に起用されたのだった。

式部大輔

やがて、起用後の七月には兼国を備中守から美作《みまさか》守とし、九月の薬子の変直後には中務大輔から式部大輔に転じた。これは事実上の昇任である。人事や儀式を担当する式部省は実勢上、中務省より格上で、八省中のトップだった（虎尾達哉「律令官人制研究の一視点」）。古来、長官・次官には名だたる有力官人が名を列ね、人事・儀式において大幅な権限と裁量が認められてきた（虎尾達哉「弘仁六年給季禄儀における式兵両省相論をめぐって」）。文官として、式部大輔は申し分のない顕官《けんかん》である。

このように、冬嗣は嵯峨側近としては蔵人頭、律令官人としては式部大輔と左衛士督に就き、収入源として美作守を兼国とした。位階も十一月には従四位下から従四位上《じゅしいのじょう》に進められる。

参議就任

その冬嗣が満を持して父内麻呂の待つ廟堂に入ったのは翌弘仁二年（八一一）正月のことであった。参議菅野真道の致仕《ちし》（本人の申し出による退官）にともない、欠員一名を補う形で参議に任命されたのである。時に三十七歳、当時の廟堂にあっては最年少の公卿だった。これにより、公卿の平均年齢は五十三歳となり、二歳ほど若返ったが、先輩公卿の多くは五十代後半や六十代であった。

しかし、冬嗣にとっては比較的居心地のよい廟堂ではなかったか。首班は父の右大臣内麻呂、次席は嵯峨派の大納言藤原園人、その他も多くは嵯峨派。もとより近しい関係にある。中納言葛野麻呂と参議縄主はもと平城派であるが、その過去ゆえに勢いはない。

世代交代期

そして、何より、その大半を五十代後半や六十代の老公卿が占めていたことが冬嗣の将来をむしろ明るくした。この年初めて廟堂入りを果たした冬嗣がその後昇任を重ねて廟堂首班となるのは弘仁九年（八一八）、わずか七年後のことである。時に、四十四歳。もちろん、冬嗣自身の高い行政能力と嵯峨天皇からの厚い信頼があってのことだが、それだけではない。この七年の間に老齢の六名の先輩公卿たちが次々に死去して廟堂から去っていったこと、つまりはちょうど世代交代を迎えようとする時期に若手のホープとして廟堂に入ったこと、これも彼にとっては幸運だった。

なお、冬嗣の参議就任にともない、蔵人頭には新たに藤原三守《みもり》と良岑安世《よしみねのやすよ》の両名が起用さされた。いずれも嵯峨の側近である。先に述べたように、安世は嵯峨の異母弟にして冬嗣の異父弟でもあり、三守は嵯峨の皇太弟時代には春宮坊主蔵署《しゆぞう》の長官として仕えた「藩邸の旧臣」にして冬嗣の義兄（妹美都子《みつこ》が冬嗣の妻）でもあった。この両名はのちに廟堂入りして冬嗣を支えることになる。

また、冬嗣は弘仁二年十月、本官の一つであった式部大輔から春宮大夫《とうぐうだいぶ》に転じた。大伴親王《おおともしんのう》が皇太弟に立てられたことにともなう人事で、かつて皇太弟神野親王の春宮亮であった経験が買われたものだろう。あるいは、現天皇嵯峨の次を睨《にら》んだ父右大臣内麻呂の布石かもしれない。かくして、冬嗣は参議左衛士督兼春宮大夫美作守となった（翌月、左衛士督は左衛門督《さえもんのかみ》に改称）。

二　内麻呂の死

およそ史上に成功者として名を遺した者はしばしば幸運にも助けられる。だが、その幸運は時に悲哀をもともなう。次々に死去した六名の先輩公卿のなかには、父の内麻呂も含まれている。冬嗣の参議就任の翌年、弘仁三年（八一二）十月、内麻呂死去。享年五十七だった。

直前の九月、致仕を願って嵯峨にあてた内麻呂の上表文《じょうひょうぶん》によると「のどが渇き目も見えず、両足の疼痛激しく歩行困難」で右大臣の任に堪えない状態だった（後紀弘仁三年九月丙子条）。糖尿病である。しかも末期の重症だった。優詔《ゆうしょう》により致仕は許されず、翌月、在職のまま世を去った。

かつて、北家不遇の時期に廟堂に入り、優勢を誇った南家《なんけ》に勢力挽回の闘いを挑んで勝利を収め、右大臣にまで登りつめた。廟堂首班としては、一男真夏を参議に引き上げ、政変で真夏が失脚すると、二男冬嗣を同じく引き上げる。すでに述べたように、そのための準備も周到だった。準備といえば、二人の息男だけではなく、女《むすめ》の緒夏《おなつ》を嵯峨天皇の後宮に納《い》れている。嵯峨との間に外戚関係を結んで、冬嗣の地位をより盤石にしようとしたのだろう。もっとも、緒夏は父の死後、弘仁六年（八一五）に嵯峨の夫人《ぶにん》に立てられるのだが、皇子女を儲けるにはいたらなかった。

このように北家を再興し、真夏・冬嗣を公卿に引き上げ、のちの摂関家《せっかんけ》興隆への道筋を築いたのが内麻呂であった。その内麻呂が一四人儲けたとされる子女（『尊卑分脈《そんぴぶんみゃく》』）の

興隆への道筋

なかで、もっとも寵愛したのは誰であったか。意外にも実は冬嗣ではない。また、真夏でもない。それは十男の衛《まもる》だった。

衛は延暦《えんりゃく》十八年（七九九）生まれ。冬嗣にとっては二十四歳年少の異母弟である。母親は同じ北家の左大臣《さだいじん》永手《ながて》の女。内麻呂の従姉（妹）にあたる。ところが、その母親は衛が二歳のときに亡くなり、母を知らずに育った衛は五歳のころ、「母上はいつ亡くなったの」と尋ねて母を哀慕し、人々の同情を誘った。これを憐れんだ父内麻呂は衛を嫡嗣に立てたという（文実天安《てんあん》元年十一月戊戌条）。延暦二十二年（八〇三）ごろの挿話である。時に一男真夏は三十歳、従五位下《じゅごいのげ》に叙爵《じょしゃく》されており、二男冬嗣も二十九歳、すでに従六位《じゅろくいの》下《げ》や従六位上《じゅろくいのじょう》の位階を与えられ、左衛士大尉に就いていた。

この二人や他の息男たちを差し置き、内麻呂はわずか五歳の幼い衛を嫡嗣に立てたのである。時に内麻呂は四十九歳、従三位《じゅさんみ》中納言だった。律令の定めによれば、三位以上の嫡嗣は嫡妻の長子となっている。内麻呂の嫡妻は不明である。ただ、真夏・冬嗣兄弟の母百済永継《くだらのえいけい》と衛の母藤原永手女を比較すれば、永手女の方がはるかに嫡妻に相応しいし、その可能性は高い。結局、内麻呂は嫡妻の長子ということで、衛を嫡嗣に立てたのかもしれない。

しかし、それにしても、先の挿話はそのような法規を超えて、老境を迎えつつあった父内麻呂の母亡き幼子に対する深い情愛を伝えている。同時に、彼はこの前後から大同年間、弘仁初年にかけて、真夏・冬嗣兄弟に対する昇叙と公卿昇任といったお手盛り人事を行うのだが、これらはあくまで北家の再興や内麻呂流の興隆のための戦略であったことがわかる。もっとも、往時北家を代表した伯父永手の女を娶って息男を儲け、これを嫡嗣にしている。晩年の子であった衛に対する父親らしい情愛とはまったく質を異にしているのだから、ここにもまた内麻呂の戦略的意図がなかったとはいいきれない。

冬嗣の引き立て

この内麻呂流の嫡嗣である一世代年少の異母弟を冬嗣はどのように遇したか。衛は早くも七歳にして大学《だいがく》に学び、十八歳にして文章生《もんじょうしょう》試《し》に合格した秀才だった。その文才は中国の賈誼《かぎ》（前漢《ぜんかん》の文人）にも例えられ、中判事《ちゅうはんじ》、そして大学助《だいがくのすけ》（大学寮次官）を歴任。弘仁十三年（八二二）には二十四歳の若さで従五位下に叙爵された。抜群の秀才ゆえもあろうが、当時の廟堂首班、右大臣冬嗣の引き立てもあっただろう。内麻呂に生前託されていたかもしれない。

良吏

翌年には遠江《とおとうみ》守として赴任。当時、民情に配慮しつつ優れた治績をあげて人々から崇敬された国司を良吏《りょうり》と呼んだが、彼もその評価を博した一人だった。その後、帰京した衛は、右少弁《うしょうべん》・式部少輔ついで同大輔と重要な官職につき、位階も順調に昇進して四位に達する。ところが、内麻呂の嫡嗣にして秀才の誉れ高かった衛であったが、ついに公卿となることはなかった。

実質的な嫡嗣

冬嗣は衛の遠江守在任中に没したので、帰京後の官歴には直接関与していない。しかし、北家の内麻呂流においては、衛が公《おおや》けには嫡嗣であっても、現実には冬嗣が内麻呂を継ぐべき地位、いわば実質的な嫡嗣となっていた。それどころか、北家を率い、藤原氏を束ねる氏上《うじのかみ》にもなっている。そこから、自らの足元、つまり冬嗣流の興隆を図ろうとしたとしても、それは当然のことである。冬嗣には衛と同世代の息男（衛の甥）として一男長良《ながら》（衛の三歳下）と二男良房《よしふさ》（同じく五歳下）がいた。かりに冬嗣が廟堂首班として長命を保ったとしても、両名を差し置いて衛を公卿に引き上げることはなかっただろう。

要するに、冬嗣は嫡嗣・異母弟の衛に対し、若年での叙爵は認めたものの、さらに引き立てて将来公卿に引き上げようなどとはおそらく考えもしなかった。それよりも、自らの権勢を子孫にいかに引き継がせるか、そこに関心を集中させたはずだ。

内麻呂の実質的な嫡嗣である冬嗣が廟堂首班として立ち、氏上として藤原氏を率いるようになると、かつて内麻呂が憐憫の情から立てた嫡嗣のことなどさして問題とはならない。それが現実だった。しかも、冬嗣をそこまで押し上げた原動力はほかでもない、父内麻呂の周到な準備と政治力であった。これもまた、歴史の皮肉である。

服解

さて、ここでその内麻呂の死に話を戻そう。弘仁三年（八一二）十月の死去にともない、冬嗣は喪に服するために、在任の官職をすべて解かれる。むろん、冬嗣だけではない。内麻呂の子で官職に就いている者はみな解官《げかん》する。これを服解《ふくげ》または喪解《そうげ》という。

律令の規定によれば、父母の死による服喪《ふくも》期間（服紀）は一年である。この規定にしたがうと服解は一年ということになる。しかし、忌引きが一年も続けば行政に支障を生じかねない。そこで、実際の服解はもっと短く一、二ヵ月程度で終わらせ、もとの官職に復任するのが一般である。冬嗣も一月と二十日余りで服喪を切り上げ、早くも翌十一月には参議左衛門督兼春宮大夫美作守への復任を命じられた。

このとき、復任したことが知られるのは冬嗣と異母弟の桜麻呂《さくらまろ》（四男）と福当麻呂《ふたきまろ》（五男）だけであるが、これらはすでに五位以上であったから史書に載せられた（六国史《りっこくし》で個人名を記すのは原則五位以上の者のみ）までで、愛発《あらち》（七男）などすでに出身はしてもまだ六位以下だった異母弟たちも、同じく復任を命じられたはずである。

ただ、兄真夏だけはこれより十日ほど遅れた。しかし、遅れたとはいえ、この時期復

南円堂

南　円　堂

任したということは、内麻呂が亡くなる直前までには真夏が帰京を許され、中央で官職を得ていたのである。

なお、冬嗣は翌弘仁四年（八一三）、興福寺《こうふくじ》境内に八角円堂《はっかくえんどう》の南円堂《なんえんどう》を建立。亡父内麻呂発願《ほつがん》の不空羂索観音像《ふくうけんじゃくかんのんぞう》を本尊とした（『興福寺縁起』）。南円堂の北方には北円堂《ほくえんどう》が相対する。これはかつて養老《ようろう》五年（七二一）、時の元明太上天皇《げんめいだじょうてんのう》・元正《げんしょう》天皇母子が前年に死去した王権の庇護者、藤原不比等《ふひと》の供養のため建立したものである（現在の両堂はともに後世の再建）。

藤原氏本宗

養老年間とは状況を異にするものの、冬嗣が内麻呂を不比等にも匹敵する藤原氏の統率者ととらえていたことがわかる。それは同時に、いまだ四十歳にも満たない新人公卿冬嗣が、その胸中に内麻呂流こそが藤原氏本宗という強烈な本流意識を宿していたことを物語る。むろん、冬嗣にはすでにその本流を受け継ぐ者は自分以外にはいないという強い自負があった。

冬嗣は後世興隆を誇った摂関家の祖と称される。しかし、彼は系譜上たまたま摂関家の祖に据えられたわけではない。北家の内麻呂流を藤原氏本流として受け継ぎ、自家を本宗家としてその興隆を図ろうとした。いわば、自ら進んで摂関家の祖への道を歩んだのである。それは早く亡父内麻呂が切り拓いた道でもあった。

三　園人首班体制

冬嗣復任後の十二月、欠員となっていた右大臣に就任して廟堂の首班となったのは大納言の園人であった。亡父と同い年、嵯峨派の重鎮として嵯峨からの信頼も厚い。

民政家

園人は国司や観察使としての経験が長く、民情に通じており、卓越した民政家であった。その政道観は仁政主義・徳治主義である（角田文衛「山科大臣藤原園人」）。冬嗣はこのあと、園人が弘仁九年（八一八）十二月に死去するまでのおよそ六年間、参議・権中納言《ごんのちゅうなごん》・中納言・大納言として園人を廟堂で支えることになる。

儒教的政道観

仁政主義・徳治主義は中国の儒教的政道観である。天命をうけた有徳の天子が天下の人民に自らの徳を及ぼす、つまり善政（徳政）を行うことを旨とする。観念的と思われるかもしれない。しかし、古代においてはむしろきわめて現実的な対応を為政者に迫った。それは、政治がつねに天によって評価され、その評価結果が具体的に示されると考えられたからである。為政者が善政を行っていないと判断したときの具体的な評価結果は苛酷な自然災害の発生として示される。この災異説は日本古代の政治にたいへん大きな影響を与えた。

仁政主義・徳治主義はこの考え方と結びつく。日本列島は往古より夥《おびただ》しい自然災害に見舞われてきた。現代の私たちにとって、それはあくまでも自然現象が惹き起こした災禍だが、古代の為政者たちにとってはそうではない。彼らの失政に対して天が示したおそるべき譴責のサインなのである。現実の猛威を振るう災害を鎮めるものは現実の善政（徳政）以外にない。

為政者としての立場に立つ者は多かれ少なかれ、仁政主義・徳治主義の政道観を身につけることが求められた。冬嗣も例外ではない。彼が身近に接した右大臣園人の仁政主義・徳治主義はどのようなものであったか。具体的な方策を二つみてみよう。

賤民戸外放棄の禁

一つ目は、弘仁四年（八一三）六月に公布された太政官符《だいじょうかんぷ》（太政官が作成・下達する法令文書）

である。これは右大臣園人が嵯峨天皇に奏上《そうじょう》して認められた法令を太政官符として公布したもので、京・畿内を対象に、病気になった賤民《せんみん》を家の外に放置して餓死させることを禁じたものである。この場合の賤民は家人《けにん》・私奴婢《しぬひ》といった個人が所有する賤民である。もちろん、一般の人々には賤民を所有する余裕はない。この法令が対象としているのは貴族や官人、あるいは一部の富裕な者たちである。所有主である彼らは賤民を物として扱うから、不要となれば破れた草履《ぞうり》のように捨て去ることも厭《いと》わない。それにしても酷いことをするものだ。平生はその身を酷使しておきながら、病気で使えなくなった途端、家から放り出して路上で餓死するにまかせる。園人は「儒教の先哲の遺訓には旧労を思いこれに報《むく》いよとある。生を重んじ命を慈しむことに貴賤の別はない」と主張し、このような非道を禁止して賤民にも天寿を全うさせるべきだと訴えた。園人の仁政主義・徳治主義が色濃く表れた禁制である。

利己的正倉運用の禁

二つ目は弘仁五年（八一四）九月の太政官符である。これもやはり右大臣園人が嵯峨に奏上して認められた法令で、諸国の一般財源や国司の給与のために運用される稲を官稲と官稲《かんとう》というが、この法令はその官稲を本来収納すべき正倉《しょうそう》に収納するよう命じたものである。正倉は各郡に設置されており、郡司《ぐんじ》が管理した。諸国の官稲はそのおよそ半分が国政の一般財源のために人々に出挙《すいこ》（強制的貸付）され、もう半分が国司の給与である公廨《くげ》のためにやはり出挙される。一般財源も公廨もこの出挙の利稲《りとう》で賄われるのである。各郡の正倉には一般財源用の官稲と公廨用の官稲がともに収納され、毎年作成される正税帳《しょうぜいちょう》（官稲の収支決算書）には各郡の正倉ごとに収支状況が記載された。ところが、園人によれば、国司のなかにはその任に相応しくない者たちもおり、正税帳の記載とは異なり、実際には自分の公廨を確保しようと国司が住む国府《こくふ》からほど近い郡の正倉に公廨用の官稲をまとめて収納し、財源用の官稲はみな国府からほど遠い郡の正倉に収納しようとする利己的な正倉運用を行う者が現れた。一国のなかでは、人口は当然国府近郡の先進地域に多く、遠郡の後進地域では少なくなるから、そのような正倉運用の下では、出挙に際して、国府近郡に住む多くの農民が自郡で出挙をうけられず、稲の貸付・償還のためにわざわざ遠郡まで往来しなければならない。園人はそのような農民たちについて、出挙を「遠く他郡に授かり、徒《いたず》らに往還に疲《つか》る」と気遣ってみせる。仁政主義・徳治主義の政道観をここにも認めることができる。

利己的運用のリスク

しかし、それだけではない。この法令のなかで、園人はこのような偏った正倉の運用が、大きなリスクをともなうことにも言及する。話を思い切って単純化しよう。かりに

ＡＢ二郡からなる国があるとする。Ａ郡の正倉をＡ倉、Ｂ郡の正倉をＢ倉とすると、本来はＡＢ両倉ともに一般財源用の官稲と公廨用の官稲が半分ずつ収納されていなければならない。それを国司の利己的運用でＡ倉には公廨用官稲だけ、Ｂ倉には一般財源用の官稲だけを収納した場合、かりにＢ倉が自然災害や失火などで全滅してしまうと、一般財源用の官稲は一挙になくなってしまい、その国の行政は立ち行かなくなる。そういう重大なリスクがあるというのである。しかも、それは杞憂ではない。現に発生していたのだ。園人によれば、当時国司による正倉の利己的運用がもっとも顕著に行われていたのは出雲国《いずものくに》だという。その出雲国で、この地に強制集団移住させられていた俘囚《ふしゅう》（朝廷に帰順した蝦夷《えみし》）たちによる叛乱（荒橿《あらかし》の乱）が二月ごろ起こっていた。正税帳の記載とは異なり、実際には一般財源用の官稲がまとめて収納されていた正倉に火の手が上がる。官稲は灰燼に帰したのである。

地方赴任の経験

かつて、長く国司・観察使として赴任し地方の実情に通じていた園人は、朝廷から遠く離れた地方において、国司がいかに中央の目を欺《あざむ》き、自らの得分や余得の確保に汲々としているかを知っていた。その利己的行動が一般の農民たちを踏み台にしてなされることにも、彼は目を逸らしてはいない。自らの政道観に照らして、それは許されることではなかった。しかし、園人はたんなる仁政主義者、徳治主義者ではない。

リスクの分散

園人は出雲の叛乱を起こした俘囚たちを「狂賊」と呼んだが、この法令で俎上に上せたのは国司である。国司らが利己的な正倉運用を行い、帳簿の上では諸倉を満たしていたはずの官稲の実物を叛乱によって失なった。それを「公家《こうけ》の損、これに過ぐるはなし」と園人は嘆じた。国家的大損失の責めを負うべきは、不用意にリスクを高めた国司たちにあると園人は断じたのだ。災害・叛乱などの突発的な事態をも想定して、つねにリスクの分散を図らねばならないとする大局的で合理的な政治哲学。園人はそのような政治哲学をもって国政を指導したのだった。

右大臣園人の代表的な方策を二つ取り上げた。嵯峨が内麻呂についで、園人を頼りにしたことは間違いない。冬嗣も園人から国政指導者として身につけておくべき多くのことを学んだはずだ。特に、冬嗣は国司や観察使として地方に赴任した経験がない。園人の地方の国郡司対策の基本を学んだことは想像に難くない。

民政家緒嗣

また、その点ではライバルだった緒嗣の存在も見逃せない。かつて観察使や陸奥《むつ》出羽《でわ》按察使《あぜち》として現地に赴任し、園人同様、仁政主義・徳治主義を重んじた民政家である（角田文衞「山科大臣藤原園人」）。先輩公卿の緒嗣からも多くを学んだに違いない。園人首班の六年間は、先に述べたように、冬嗣が緒嗣に追いつき、追い越してゆく時期にあたっているが、緒嗣は冬嗣の後塵を拝するようになってからも、ぴたりと冬嗣を追走する。冬嗣にとっても、緒嗣は己れの足らざるところを補う有用にして必要な公卿であった。

安定した時代

ところで、園人が首班に立った嵯峨朝前半期は、実は比較的安定した時代だった。宮廷を中心とする詩文の興隆や唐風文化への著しい傾斜がみられるようになったのも、王権を統一した嵯峨天皇のもとに現出したこの安定期を背景としている。

弘仁四年（八一三）四月、嵯峨は皇太弟大伴親王の南池院《なんちいん》（淳和院、右京四条二坊十一〜十四町）に行幸し、文人たちに命じて詩を詠ませたが、このとき右大臣園人は「今日の日の　池のほとりに　ほととぎす　平《たいら》は千代と　啼《な》くは聞きつや」の歌を献上し、これに嵯峨は「ほととぎす　啼く声聞けば　歌主《うたぬし》と　ともに千代にと　われも聞きたり」と応じたという。平安の都が千代に栄えることを君臣ともに寿《ことほ》いだ、のんびりとした歌のやりとりである。この時期の安穏な気分が伝わってくる。

順調な天候

政治的に安定していただけではない。天候・自然環境もその前後と比べるとおおむね穏やかだった。むろん、時として災害に見舞われることはあったが、国政を左右するような決定的なダメージをうけることはなかったのである。

翌五年（八一四）の秋八月、嵯峨は詔のなかで次のように言っている。「近年は春に田をおこして米作りが始まると、しかるべきときに適度の雨が降って稲の花は開き、実りの秋には豊かに稲穂が垂れて、収穫しきれずに田に残すほどである。私はこの豊作をもたらしたすべての人々の勤労に報いたい」と。

閑院への行幸

また、この年の四月には、参議冬嗣の邸宅（閑院《かんいん》）への行幸もあった。嵯峨と陪従《べいじゅう》の公卿・貴族らを妻の美都子とともに迎えた冬嗣は詩会《しかい》の席を雅趣でしつらえ、人々に当代の「佳会《かかい》」と称えられたという。合香家《ごうこうか》でもあった冬嗣の薫物《たきもの》もその座に興を添えただろう。洗練された文化を享受し、風流を嗜む心のゆとりがみられる。

もっとも、そのようなときでも油断は禁物である。往年の凶作・不作の影響もあって、国家財政は依然として厳しい。のちに述べるように、弘仁五年（八一四）には天然痘《てんねんとう》の大流行もあった。疫病で多数の死者が出たとすれば、国家財源の減少は免れない。

重陽節会の中止

右大臣園人は、宮中で節会《せちえ》が開かれるごとに参加者に節禄《せつろく》が支給され、それが国家財源を圧迫していることを理由に、弘仁五年には重陽《ちょうよう》節会（九月九日）を節会ではなく詩会の形で開催することを嵯峨に提言して認められ、弘仁七年（八一六）には当年の端午《たんご》節会（五月五日）の中止を提言したが、これはなぜか認められなかった。たとえ豊作が続いていても、いつ不作・凶作に転ずるか知れたものではない。経費節減のためには天皇主催の節会すら見直そうとする。

園人のリアリズム

先に述べたように、園人は仁政主義者・徳治主義者であると同時に、大局的な合理主義者でもあったが、その合理主義の追求は天皇行事にまで及んだ。その点で園人は徹底したリアリストだった。

本書冒頭でふれたように、のちに冬嗣は財政上の懸念から嵯峨の譲位を諫止しようとする。そのリアリズムは園人から受け継いだものだ。受け継いだのも無理はない。冬嗣は嵯峨朝後半期には、園人存命中から否応なく彼の代役を務めることになるからである。しかも、大変厳しい状況でのかじ取りを迫られるようになるのである。

四　冬嗣政権の誕生

右大臣園人が六十三歳で死去するのは弘仁九年（八一八）十二月のことであるが、彼はその死の一年ほど前にはすでに病床にあったのか、国政指導の第一線に立つことはほとんどなかったようである。

弁官（太政官事務局）に太政官符や官宣旨《かんのせんじ》（官符より簡便な下達文書）の作成を命じる公卿も上卿《しょうけい》という。林陸朗によれば、桓武朝以後の上卿の多くは筆頭公卿がこれを務めている（「桓武朝の太政官符をめぐって」）。嵯峨朝前半期にあっては右大臣園人が圧倒的に多い。ところが、園人は弘仁八年（八一七）二月の官符で上卿を務めたあと、翌年末に死去するまでの間、九年五月の官符に一度現れるのみで、ほかにはまったくみえない。この時期、園人は上卿を務められない状態、つまり筆頭公卿としての責務を果たせない状況にあったのである。

その園人にかわって上卿を務めるようになったのが中納言冬嗣だった。早くも弘仁八年九月二十三日には上卿として官符や官宣旨の作成を命じている。このとき、冬嗣は先任公卿のうち、参議の緒嗣、文室綿麻呂、秋篠安人、紀広浜をすでに追い越している。ちなみに、参議は上卿にはなれない（土田直鎮「上卿について」）。

当時、右大臣園人の直下にあったのは着任順に葛野麻呂、冬嗣の中納言両名だった。ところが、先任中納言の葛野麻呂は園人より年長の六十三歳で、園人の代役を務めるどころか、翌年十一月には園人に先んじて死去してしまう。晩年は園人同様、老いと病を養う身となっていたのではないか。それでなくても、かつては平城派だった過去がある。

大納言に昇任することなく平城朝からの中納言にそのままとどめおかれたのはそのためであろう。葛野麻呂が筆頭公卿となる目は最初からなかった。

中納言昇任

一方、冬嗣は弘仁七年十月には参議から権中納言に昇任したが、これは先任公卿で中納言だった巨勢野足が六十八歳の高齢でおそらくは死の床にあったからである。野足を含めて中納言は三名の定員を満たしていたから、ここは定員外ということで便宜的に権中納言となった。その後まもなく野足は死去。翌八年二月、正式に中納言に昇任。結局、冬嗣は老中納言（野足）と老右大臣（園人）の来るべき事態に備えて昇任したのだが、このことにより、ライバル緒嗣をついに追い越し、冬嗣が将来の筆頭公卿となることが事実上決定した。そして、実際に園人の老病が進むと筆頭公卿の責務を代行するようになる。

大納言昇任

翌九年六月には、弘仁三年末に園人が右大臣に昇任して以来長く欠員だった大納言に昇任。冬嗣がやがて右大臣園人の後継者となることが一層明瞭な形で示される。むろん、これらはすべて嵯峨天皇や園人の意向によるものである。

もっとも、追い越された緒嗣も冬嗣のあとを追うように、弘仁八年十一月には中納言に昇任していったんは冬嗣と並ぶ。しかし、緒嗣が冬嗣と並んだのはこれが最後となる。翌年、冬嗣が大納言に昇任してからあとはついに並ぶことはなかった。追走はするが、つねに後塵を拝したのである。

冬嗣政権の誕生

このように、嵯峨朝後半期に入ろうとする弘仁七年から九年にいたるこの時期、冬嗣は廟堂内において事実上首班の地位を占めるようになる。彼のキャリアのなかでターニング・ポイントとなる時期であった。

もっとも、東宮《とうぐう》時代以来、嵯峨の厚い信頼を得ていた冬嗣であったが、園人の晩年期、園人の次の国政最高指導者が求められるようになったころにはまだ四十代前半だった。のちにもあらためて述べるが、これはいかにも若い。しかし、嵯峨はあえてその若い冬嗣を指名したのである。先輩公卿、先輩首班として冬嗣の能力や人柄を知る園人の意向もあったであろう。かくして、冬嗣政権が誕生する。

政権の構成

大納言冬嗣が名実ともに廟堂首班となったのは、弘仁九年十二月の園人の死去によってであった。翌十年三月、これ以前の他の逝去者もあわせて廟堂内に生じた欠員を補充するために新たに三名が廟堂入りするが、ここではこの時点での公卿の構成を冬嗣政権の当初メンバーとして掲げておこう。

大納言　藤原冬嗣（北家）　四十五歳
中納言　藤原緒嗣（式家）　四十六歳

参議
文室綿麻呂　五十五歳
秋篠安人　六十七歳
紀広浜　六十一歳
多治比今麻呂《たじひのいままろ》　六十七歳
良岑安世　三十五歳
藤原三守（南家）　三十五歳
春原五百枝《はるはらのいおえ》　六十歳　新任
藤原貞嗣《さだつぐ》（南家）　六十一歳　新任
安倍寛麻呂《あべのひろまろ》　六十三歳　新任

平均年齢

一一名の公卿の平均年齢は五十四歳。これは冬嗣が参議として初めて廟堂入りしたころとほとんど変わらない。その間、冬嗣より先任で年長の公卿が死去などで相次いで廟堂を去り、構成員の顔ぶれも半分ほど入れ変わっているが、その割には若返っていない。その点では、あえて高齢の参議を三人新任で入れていることが目を惹く。

若き首班

冬嗣はこの前年、四十四歳で廟堂首班となったが、これ以前はほとんど五十代から六十代で廟堂首班となっている。冬嗣の四十四歳は仲麻呂《なかまろ》の四十一歳についで、実は二番

表　廟堂首班到達時の年齢

年　次		西暦	官職	氏　名	年齢
大宝	元	701	右大臣	安倍御主人	67
	3	703	大納言	石上麻呂	64
霊亀	3	717	右大臣	藤原不比等	59
養老	4	720	大納言	長屋王	45
神亀	6	729	〃	多治比池守	?
天平	2	730	〃	大伴旅人	66
	3	731	〃	藤原武智麻呂	52
	9	737	〃	橘諸兄	54
天平感宝	元	749	右大臣	藤原豊成	53
	9	757	大納言	藤原仲麻呂	42
天平宝字	8	764	右大臣	藤原豊成（再任）	61
天平神護	元	765	大納言	藤原永手	52
宝亀	2	771	右大臣	吉備真備	78
			〃	大中臣清麻呂	70
天応	元	781	内大臣	藤原魚名	60
	2	782	右大臣	藤原田麻呂	61
延暦	2	783	大納言	藤原是公	57
	8	789	〃	藤原継縄	62
	15	796	〃	紀古佐美	64
	16	797	〃	神　王	61
	25	806	〃	藤原内麻呂	51
弘仁	3	812	〃	藤原園人	57
	9	818	〃	藤原冬嗣	44

目に若いのである。ちなみに三番目は長屋王《ながやおう》の四十五歳であるが、これは長屋王の生年を天武《てんむ》五年（六七六）とする説（寺崎保広『長屋王』）にもとづいた場合である。長屋王は生年を天武十三年（六八四）とする説もあって、この説によれば、彼は三十七歳で首班となったことになり、冬嗣の首班としての若さは三番目ということになる。

しかし、いずれにしても、こもごも嘱望と危険視に囲まれて異例の速さで政界の頂点まで登りつめた長屋王は、一代の風雲児として急成長し位人臣を極めた仲麻呂とともに激動期の首班である。両者ともに非業の死を遂げたことがその間の事情を物語る。

平時の首班

しかし、冬嗣はそうではない。いわば平時の首班である。その冬嗣が両者につぐか同じ若さで首班となった。その若い冬嗣の率いる廟堂が三十代半ばの若い天皇を支えるのである。平時の廟堂の構成においては、やはりバランスをとる必要があっただろう。高齢の参議三名の新任にはそのような意図が込められているとみてよい。

後任の公卿

さて、冬嗣より後任の公卿について、ここで簡単にふれておこう。すべて参議である。

良岑安世。安世はすでに述べた通り、桓武の皇子で嵯峨の異母弟、冬嗣の同母弟である。冬嗣のあとの蔵人頭を務め、弘仁七年（八一六）、冬嗣の権中納言昇任と相前後して三十二歳の若さで参議となった。やがて、冬嗣、緒嗣につぐ政権ナンバー3の地位を占める俊英である。

藤原三守。三守は南家の出であるが、かつて嵯峨の東宮時代には主蔵正《くらのかみ》を務めた嵯峨派であり、やはり冬嗣のあとの蔵人頭を務めたのち、安世と同じく弘仁七年に三十二歳の若さで参議となった。妻の橘《たちばなの》安万子《あまこ》は嵯峨の皇后《こうごう》嘉智子《かちこ》の姉、妹の美都子は冬嗣の妻であり、嵯峨・冬嗣双方と緊密な姻戚関係でつながる。蔵人頭・公卿を通じて安世とはライバル関係にあった。

多治比今麻呂。多治比氏はかつて皇族より分かれた名門氏族で、これまでも公卿を出してきた実績がある。父土作《はにつくり》もかつて参議だった。今麻呂は弘仁八年十月、参議として廟堂入りを果たした。彼も嵯峨派と目されている（福井俊彦「薬子の乱と官人」）。

春原五百枝。五百枝はもと五百枝王。皇族であった。天智《てんじ》天皇の玄孫《げんそん》、光仁《こうにん》天皇の孫にあたる。大同元年（八〇六）、臣籍に降《くだ》って春原朝臣《あそん》の姓を賜った。弘仁十年三月に参議として廟堂入りした。嵯峨とは祖父を同じくするが、それ以上の関係は不明。

藤原貞嗣。貞嗣も南家の出である。皇后宮大夫《こうごうぐうだいぶ》として嵯峨の皇后嘉智子に仕え、また弘仁七年には安世・三守のあとをうけて蔵人頭に起用されたから、嵯峨派の有力官人であったことは間違いない。弘仁十年三月に参議として廟堂入りした。

安倍寛麻呂。安倍氏も古来の名族で、かつては公卿を輩出したが、奈良時代後半以降は衰勢に向かった。ただ、近年では大同年間の兄雄《あにお》（畿内観察使）がいる。寛麻呂は五百枝や貞嗣と同じく弘仁十年三月に参議として廟堂入りした。嵯峨との関係は不明であるが、その子安仁《やすひと》はのちに嵯峨院別当として嵯峨上皇の信頼厚く、やはり廟堂入りする。すでに寛麻呂のころから嵯峨の信頼を得ていたことも考えられる。

第四　嵯峨朝後半期の冬嗣政権

一　災害頻発の国難

冬嗣が事実上の廟堂《びょうどう》首班として国政の最高指導者の責務を果たすようになるのは、すでに述べたように弘仁《こうにん》七年（八一六）から九年にかけてのことである。そこから天長《てんちょう》三年（八二六）七月に死去するまでのおよそ十年ほどが冬嗣政権の時代である。

そして、冬嗣は実にその滑り出しから苦境に立たされる。十年の大半を占めるのは嵯《さ》峨《が》朝後半期だが、この後半期は前半期とは打って変わって、天候が著しく不順となり、毎年のように容赦ない苛酷な自然災害が列島を襲ったからである。冬嗣政権はスタートとともにいきなり国難の時期を迎えたのである。

弘仁八・九年の大旱魃

とりわけ、冬嗣が事実上の首班として廟堂を率いはじめた弘仁八年・九年が最悪だった。旱魃《かんばつ》が猛威を振るったのである。夏季の長期の日照りは水稲耕作には致命的である。

弘仁八年（八一七）の六月には、興福寺《こうふくじ》僧修円《しゅうえん》を大和国宇陀《やまとのくにうだ》の室生山龍穴神社《むろうさんりゅうけつじんじゃ》に派遣し、またさらに二日後には天下諸国に使者を派遣して祈雨《きう》を行わせたが、その甲斐はなく、秋には豊かな穂をつけて収穫を待つはずの稲は日に焼かれて無残に枯れ朽ちた。飢饉の発生は時間の問題である。

凶作は翌九年にも甚大な影響を及ぼす。苗を育てて田植えをしようにも、苗代に播《ま》く種籾《たねもみ》がない。絶望的な状況が進行してゆく。しかも、おそるべきことに、日照りはこの年もまた人々を襲ったのである。

夏に入ると、祈雨のための使者が慌しく各地に派遣される。皇室の祖先神である伊勢《いせ》神宮《じんぐう》、祈雨・止雨《しう》で名高い丹生川上雨師《にうかわかみあまし》神社（大和国吉野郡《よしののぐん》）、貴船《きぶね》神社（山城《やましろ》国愛宕《おたぎ》郡）、室生山龍穴神社（大和国宇陀郡）、異変の際には奉告《ほうこく》して加護を乞う亡父桓武天皇《かんむてんのう》の柏原山《かしわばらさん》陵《りょう》（山城国紀伊《きい》郡）。

むろん、頼みとしたのは神々や先帝だけではない。南都《なんと》の諸大寺や畿内の諸寺・山林禅場において、経文の転読や仏像の礼拝を行い、また宮中「前殿《ぜんでん》」（紫宸殿《ししんでん》か）において護国経典である仁王経《におうきょう》の講説を催したように、法力にも縋《すが》った。三日間、天皇はじめ公卿《くぎょう》や官僚たちがみな揃って肉食を避け、仏に雨を祈ることもしている。

丹生川上神社

貴 船 神 社

弘仁地震

弘仁地震の痕跡（群馬県半田中原・南原遺跡．渋川市教育委員会提供）

この年には関東地方で地震（弘仁地震）も発生している。マグニチュード七・五以上と推定される巨大地震である（『理科年表』二〇一九）。相模《さがみ》・武蔵《むさし》・下総《しもうさ》・常陸《ひたち》・上野《こうずけ》・下野《しもつけ》の諸国では山が崩れ、谷が埋もれ、数え切れぬ人々が圧死した。せき止められた渓谷から洪水も発生し、人々の家や田畑を跡形もなく奪い去った。天皇は詔《みことのり》を発して、被害者への賑給《しんごう》（稲穀などの無償給付）と免税、家屋の修築支援、圧死者・水没者の速やかな埋葬を命じている。

天然痘

また、この年は追い打ちをかけるかのように、全国的に疫病《えきびょう》が流行した年でもある。古代の疫病といえば、天然痘《てんねんとう》である。のちの仁寿《にんじゅ》三年（八五三）、やはり天然痘の流行で多くの死者が出た。このときのことを記した正史は、それ以前にこの疫病が日本列島を襲った年として、天平《てんぴょう》九年（七三七）とともに弘仁五年（八一四）をあげている（文実仁寿三年二月是月条）。

天平九年

天平九年には、藤原四家の祖（藤原四子）が頓死したのをはじめ、全国で途方もない数の人々が命を失った。ウェイン・ファリスの推定では当時の日本の総人口の二五％から三五％が死亡した（*"Population, Disease, and Land in Early Japan, 645-900"*）という。奈良時代の総人口は推計六〇〇万人だから（鎌田元一「日本古代の人口」）、死者の数は一五〇万人から二〇〇万人である。国力を大きく損なったことはいうまでもない。

弘仁五年

弘仁五年の天然痘流行がどの程度の被害や損失をもたらしたかは定かでない。実は当時を伝える正史（『日本後紀《にほんこうき》』）には直接この疫病にふれた記事がない。ただ、翌弘仁六年の記事によれば、平安京の迎賓施設である東西の鴻臚館《こうろかん》に「疾病の民」が不法に入り込んで住み着いていることが問題となっている。これは天然痘に罹った人々が、周囲から死病と恐れられ、住む家を追われて、やむなく休館中の公館で雨露をしのいでいたということだ。この疫病が天平九年ほどではないにせよ、都をはじめ列島各地で猛威を振るったことは間違いない。

それから四年後の弘仁九年、またぞろ天然痘が流行しはじめる。たとえ時の経過とともに勢いが弱まり、ひとまずは鎮静化したようにみえても、むろん根絶するわけではない。現代のような種痘《しゅとう》もないから、疫病は必ず息を吹き返すのである。

この天然痘に対しても、諸国の国分寺《こくぶんじ》に僧侶を招いて、五日間にわたり金剛般若波羅蜜経《こんごうはんにゃはらみっきょう》(大乗《だいじょう》経典、とらわれを去り清浄の心に自らを置くことを説く)を転読《てんどく》させるとともに、疫病を除去する禊を勤修《ごんしゅ》。その一方で、伊勢神宮にも奉幣《ほうべい》して疫病除去の祈願を行っている。また、畿内七道諸国に対して、これまでに報告のあった弘仁八年以前の田租《でんそ》・出挙《すいこ》未納分の免除を命じ、さらに京を本貫地《ほんがんち》として居住する京戸《きょうこ》の田租については、これまで報告されていない未納分も含めてすべて免除とした。

飢　饉

弘仁八・九年に相次いだ旱魃、巨大地震、疫病。おのおのそれだけでも人々や国土に甚大な被害をもたらしたが、むろん、それにとどまらない。すべてのちには各地で飢饉という危機的状況を作り出す。当然、政府は飢饉対策として飢民への賑給を命じるが、無償で配給される稲穀も無限ではない。連年の凶作・不作と度重なる賑給とにより、底を尽くところも出てくる。

弘仁十年(八一九)春には、山城・美濃《みの》・若狭《わかさ》・能登《のと》・出雲《いずも》諸国で飢饉が発生。ところが、賑給を行おうにもすでに無償配給用の稲穀を使い果たし、やむをえず、国衙《こくが》の一般財源である正税《しょうぜい》から稲穀を支出。無利息だが有償の借貸という制度に切り替えて飢民に貸与し、急場をしのぐありさまだった。

井上内親王の崇り

しかも、自然災害はここで一息ついたわけではない。この年もまた、相変わらず天候不順だった。旱魃、さらに霖雨《りんう》（長雨）が列島を苦しめる。例によって、祈雨・止雨のため、伊勢神宮、丹生川上雨師神社や貴船神社に使者が派遣され、南都諸大寺や大和国定額寺《じょうがくじ》では住持僧《じゅうじそう》（各寺の主僧《しゅそう》）による三日間の大般若経《だいはんにゃきょう》転読が行われたほか、この年には大和国宇智《うち》郡の大后《おおきさき》の墓（宇智陵《うちりょう》）にも奉幣の使者が派遣された。

この大后とは井上内親王《いのえないしんのう》のことである。もと光仁《こうにん》天皇の皇后《こうごう》であったが、まもなく皇后を廃され、同じく皇太子《こうたいし》を廃された子の他戸《おさべ》親王とともに毒殺された。山部《やまべ》親王（のちの桓武天皇）の立太子《りったいし》を画策した藤原百川《ももかわ》（緒嗣《おつぐ》の父）らの謀略であり、桓武朝成立前史の陰の部分といってよい。井上はのち皇后に復され、さらに皇太后《こうたいごう》（大后）が贈られて、名誉回復がなされたが、朝廷はその祟りに苦しめられる。弘仁十年の旱魃に際しても、これを井上の祟りかと恐れる者が多くいたということだ。

のちに述べるように、古代において自然災害は天皇の不徳が招くと観念された。天皇の不徳による失政を天が咎め、災害によって譴責する。だから、災害の責めは天皇が負うべきものであった。しかし、弘仁八年以来、三年間にわたって続く異常気象である。神仏への祈りも、賑給・免税などの善政も、すべて通じなかった。さすがに、天皇の不徳だけではない、何かの祟りかもしれぬ、そんな疑念が広がったのだろう。ただ、なぜ「井上の祟り」なのか、それは不明である。

天候好転

このようにして、自然災害による不作・凶作はついに弘仁十年にも及ぶのだが、それでも八・九年に比べると、天候の方は最悪の状況を脱したらしい。翌十一年にはかなり落ち着いてきて、当年の作物は「五穀すこぶる熟せり」と、ようやく豊作となった。国難をかろうじて乗り越えたのである。

論功行賞

嵯峨をはじめ朝廷上層部の喜びはいかほどであったか。翌十二年（八二一）正月九日、廟堂内では一斉に公卿たちの昇任が行われた。大納言《だいなごん》の冬嗣は右大臣《うだいじん》に、中納言《ちゅうなごん》の緒嗣は大納言に、参議《さんぎ》の安世《やすよ》と貞嗣《さだつぐ》はともに中納言に、同じく参議の三守《みもり》は権中納言《ごんのちゅうなごん》に昇ったのである。国難克服にあたった公卿たちへの論功行賞である。彼らの喜びようが伝わってくる。

さて、この年も天候はおおむね順調だった。秋八月、嵯峨は稲が実をつけて穂首を垂れるまでに成長したことに安堵しながら、一方で用心も怠らない。勅《ちょく》をもって命じている。「ここで大風や大水に襲われてせっかくの豊かな稔《みの》りが損なわれないよう、名神に奉幣せよ」と。天皇をはじめ当時の朝廷がいかに天候の異変を恐れていたか。過去の過酷な災害経験が否応なく神経を尖らせる。

洪水

その用心の甲斐はあったかに思われた。晩秋九月には、冬嗣邸（閑院《かんいん》）に嵯峨天皇の行幸があり、文人を召しての詩宴《しえん》が開かれた。弘仁五年以来、実に七年ぶりである。無事稲刈りも終え、官民安堵のなか、天皇にも心の余裕が生まれたのだろう。

ところが、翌十月には暗転する。河内《かわち》・山城・摂津《せっつ》三国を流れる淀川《よどがわ》水系で大規模な洪水が発生。穫稲《かくとう》が浸水をうけ、大損害を被ったのである。嵯峨は被災地を経めぐって免税・賑給など対応措置を命じている。この被災地行幸には右大臣冬嗣も首班として陪従したはずだ。

結局、冬嗣政権にとって平穏無事の日々はほんの束の間だった。翌弘仁十三年（八二二）にはまたもや旱魃が列島を苦しめ出す。災害の頻発と穀物の不作に対して、朝廷は畿内諸社への奉幣、全国国分寺・国分尼寺《こくぶんにじ》での七日七夜の悔過《けか》、神社の修理・清掃と必死の対応を迫られる。

翌十四年には再び疫病（天然痘）の大流行である。多くの人々が命を落とす。この年三月には南都の東大寺において、一〇〇人の僧侶による薬師法の勤修が厳《おごそ》かに営まれたが、この死病をいかほど食い止めることができたか。

弘仁八・九年をピークとする旱魃や地震・疫病とこれらにともなう飢饉発生といった国難を何とか乗り切り、数年ぶりに温順な天候と豊かな稔りにも恵まれた。誰もがほっと胸を撫で下ろしただろう。その安堵をまるであざ笑うかのように、旱魃と疫病が再び日本を蹂躙する。人々の落胆はいかばかりであったか。

譲位を決断

大きな危機を乗り越え一息ついたあとのまさかの危機。人はえてして、このような二度目の危機にこそ絶望する。天皇となれば、なおのことだ。というのも、天災は身の不徳によって起こるのであり、天皇はその責めを一身に負うべき存在だからである。二度目の国難に際会して、嵯峨は完膚なきまでに打ちのめされ、身の不徳を、天皇としての欠格を徹底的に思い知らされたことだろう。

嵯峨が皇太弟《こうたいてい》大伴《おおとも》親王に譲位のことを伝えた際、その宿志はすでに数年来のものであることを明かしている。おそらく弘仁八・九年から十年といった国難の時期に譲位を考えはじめていたのだ。その嵯峨に譲位を最終的に決断させたものは、治世後半期の打ち続く災害、ことに最悪の国難をようやく乗り越え、希望をもちかけたときに再び襲ってきた災害であった。

嵯峨の譲位については、のちに詳しく述べるが、冷然院《れいぜいいん》で嵯峨から譲位を伝えられた冬嗣もまた、当然その間の事情を熟知していた。だから、一度は諫止《かんし》を試みるが、結局は嵯峨の意向にしたがうのである。

二　天人相関思想

国難の時代

冬嗣政権期は自然災害が頻発した時代であり、嵯峨天皇の譲位にまでいたる国難の時代であった。ここでは、その嵯峨の譲位までを一区切りに、弘仁八・九年から同十四年前半までの政策についてみてみよう。

冬嗣政権の政策

なお、冬嗣には園人《そのひと》や緒嗣のように、個人の政策意見を奏状の形で天皇に提出し、それが認められて政策となったという例が伝わらない。だから、残念ながら、冬嗣個人の発案による政策と特定できるものは一つもない。

そこで、本書では冬嗣の政策ではなく、少し幅を広げて、冬嗣政権の政策を取り上げ、その特徴を述べることにする。政策は具体的には冬嗣政権の下で発令された太政官符《だいじょうかんぷ》や宣旨《せんじ》、太政官奏《だいじょうかんそう》（公卿奏《くぎょうそう》）、天皇の詔勅《しょうちょく》など、さまざまの法令を通じて打ち出される。もっとも、太政官符・宣旨についていえば、それらの九割以上は冬嗣が上卿《しょうけい》として宣下したものであり、太政官奏についても、首班である冬嗣の強い意向や同意の下に奏《そう》上《じょう》されたと考えてよい。また、詔勅についても、嵯峨・冬嗣両者の長年の信頼関係からすれば、発出にあたっては、多くの場合、冬嗣にも親しく意見を求めたと考えるのが自然である。

要するに、それらの法令作成には多かれ少なかれ、首班としての冬嗣が関与している。冬嗣政権の政策とはいっても、事実上は冬嗣の政策、あるいは冬嗣の意向が反映されたり、少なくとも冬嗣によって同意された政策ということになる。

さて、すでに述べたように、嵯峨朝後半は自然災害の頻発による一大国難の時代だった。この時代の冬嗣政権の最大の政策課題は当然、この国難を乗り切ることである。災害をできる限りとどめ、被災地・被災者を救い、作物の不作・凶作を防ぎ、さらに財政の逼迫を軽減して立て直す。冬嗣政権の特徴的な諸政策はすべてこれらの災害対策に集約される。

災異説

この災害対策について述べる前に、ここで古代の天人相関《てんじんそうかん》思想《しそう》について簡単に説明しておこう。これは中国・漢《かん》代の董仲舒《とうちゅうじょ》によって唱えられた説で、有徳の天子が善政を行えば、天はこれを寿《ことほ》ぐサインとして祥瑞《しょうずい》を送り、一方、不徳の天子が悪政を行えば、これを譴責するサインとして災異（災害）を送る（災異説）というものだ（以下、本書でも「災害」に代えて「災異」の語を使う）。

責めを負う天皇

日本古代の天皇はこの天人相関思想を本気で受け止めた。それは私たちの想像以上である。とりわけ、災異はことのほか恐れた。災異こそは自らの悪政と不徳を意味し、天子（天皇）としての欠格を示唆するものだからだ。

嵯峨ももちろん災異を恐れた。二年続きで旱魃に襲われた弘仁九年四月、田植えすらできない絶望的な惨状について「朕《ちん》の不徳によるもの。百姓《ひゃくせい》に何の辜《つみ》があろうか」と嘆き、内裏正殿《だいりせいでん》の使用を控えて謹慎し、天に畏怖の念を表した。

同年九月に関東で発生した大震災についても「自分の政治に欠けるところがあったために、天の譴責をうけ、人々を苦しめている。薄徳厚顔を天下に愧《は》じている」と陳謝。さらにまた、同九月の疫病流行についても、神仏に助けを求めつつ「もし天の咎《とが》が己れ一人に向かうならば、人々は不慮の死を遂げずにすむ。天がもたらす災いをこの一身に引き受けたい。私はそれを強く望む」と悲壮に満ちた覚悟を語っている。

公卿も責めを負う

むろん、災異を恐れたのは天皇だけではない。災異は仁政・徳政を行うべき天皇の失政に対して下される咎徴《きゅうちょう》だから、天皇の命をうけて実際の国政を指導する公卿も当然災異の責めを負う。

冬嗣の死後右大臣となった緒嗣以下の公卿たちは、天長五年（八二八）、時の淳和《じゅんな》天皇に奏上して「山崩れや地震について陛下お一人が責めを負われることに、私どもは恐縮し慚愧《ざんき》にたえません。災異は私ども臣下に由来する場合もあり、必ずしも陛下に起因するわけではございません」と、公卿以下臣下も災異の責めを負うべきだと述べている（類史一七一地震）。

先に述べた通り、園人や緒嗣は仁政主義・徳政主義を重んじた。しかし、その政道観はやはり天人相関思想や災異説を前提とするものだ。だからこそ、天皇に仁政・徳政を重んじる政策、つまりは善政となる政策を進んで奏上したのである。

程度の差こそあれ、冬嗣も同じ立場にあった。嵯峨の失政を防止し、善政を施すことができるように支える立場である。だから、冬嗣以下の公卿も災異を恐れた。そして、生じた災異については責めを分ちあった。頻発する災異に、嵯峨が自らの不徳を認め

「責めを一身に負う」と言明しても、それで公卿が免責されるわけではない。当時の公卿たちは嵯峨とともに懸命の対応に努め、国難を乗り切る諸政策を打ち出してゆく。

すでに述べたように、神々や先帝への奉幣、経文の転読・講説等で除災を祈願するとともに、被災者・被災地に対しては賑給や免税・減税を実施してこれを救済する。これらは災異一般に対する古代国家のもっとも基本的な対応であったが、実際には災異や災異によって生じる状況に応じて、さまざまな対策がとられる。

三　ノブレス・オブリージュ

旱魃

嵯峨朝後半期における災異のなかで、もっとも長くもっとも大きな被害を出して国家を危うくしたのは何といっても旱魃だった。灌漑を不可欠とする水稲耕作において、水は文字通り死命を制する。

苗代の貸与

弘仁九年（八一八）四月、旱魃による水不足の折から、多くの者が苗代《なわしろ》を作ろうにも作れない。そこで、政府は次のような太政官符を出した。「田に水を張ることができる者はその田を水に恵まれぬ者に苗代として貸し与え、借りた者たちはおのおの自分の田に田植えをしたあと、借りた苗代を所有者に返せ」、と（三代格所収承和《じようわ》九年三月九日官符所引）。官符は田に水を張れる者の「貴賤は問わない」という。しかし、旱魃にあっても田の水に不自由しない人々といえば、実際には一握りの富裕層、つまりは「貴」に属する人々であった。

桓武朝の先例

このように、危機的な水不足のなかで、水をもてる者がもたざる者に田を苗代として提供するという政策は、実はこのときが初めてではない。桓武朝の延暦七年（七八八）四月、やはり旱魃に苦しむなかで、天皇は畿内に勅を発して「水を張れる田には、人々に自由に種籾を播《ま》かせよ」と命じた（続紀延暦《えんりやく》七年四月戊子条）。「人々に苗作りの機会を失わせてはならない」というのがその理由である。水を張れる田の所有者は「王臣家《おうしんけ》を問わず」と断っているから、たとえ王臣家、つまり貴族であっても、出し惜しみすることなく、田を苗代として提供せよというのである。

弘仁九年の官符はこの延暦七年勅を踏襲したものだ。深刻な水不足に陥ったら、人々の苗代を確保するために、水をもてる貴族・富裕層がもたざる人々に田を提供する。この政策に底流するのは、危機にあっては地位の高い者、恵まれた者たちこそ、自ら進んで負担を引き受けるべきであるという精神、いわゆるノブレス・オブリージュの精神である。むろん、冬嗣をはじめとする公卿・貴族たちも自分たちの田を苗代として人々に貸し与えることになる。

冬嗣政権の災異対策には、とりわけこのノブレス・オブリージュの精神が濃厚にみられる。それが一つの特徴といってよい。水に関連して、別の事例をあげよう。

灌漑ルールの徹底

稲作にとって決定的に重要な水。その水を貧富各層の人々が同じ川や堰《せき》、ため池から自分の田に引いて灌漑する場合もある。そういう場合には一つのルールがあった。「灌漑は最も貧しい者の田から始めよ」というルールだ。当時の現行法である養老律令《ようろうりつりょう》にある（雑令《ぞうりょう》12条）。ところが、旱魃ともなると、そんなルールには構っていられない。富裕層が力に物を言わせて我先に水を引こうとする。貧民層はたまったものではない。当然、訴えが多発する。そこで、政府は弘仁十三年（八二二）七月、あらためて「先貧後富」（貧しい者を優先し、富める者をあとにする）の灌漑ルールを徹底させ、富裕層の不法を禁止したのである（類史七十九禁制）。

富裕層は必ずしも貴族層とは重ならないが、この政策も広い意味で彼らにノブレス・オブリージュを求めている。この場合、水が必要なのは貧富を問わない。危機が迫るや、法を無視して利己に走るのはこれも人情である。富裕層には法令遵守を命じて自制を強要した格好だが、その根拠は「富める者は何かと恵まれているのだから、危機にあっては貧しき者に便宜を譲るべきだ」というノブレス・オブリージュの精神である。

稲穀借貸

このノブレス・オブリージュという点では弘仁十年（八一九）二月の太政官奏（公卿奏）も興味深い。この法令は、連年の不作・凶作により畿内で飢饉が発生し、賑給用の穀稲も尽きてしまった状況のなかで出された窮余の一策で、「富豪」の貯えている稲穀を供出させ、「困窮の徒」に借貸するというものである（類史八十四借貸）。「富豪」は貴族層ではなく有力農民だから、ノブレス・オブリージュというのは厳密にはあたらない。ただ、農民とはいえ、在地においては高い社会的地位を得ているから、これも広い意味ではあてはまるだろう。

「富豪」の財力保全

ただ、この法令が興味深いのは、「富豪」にノブレス・オブリージュを求めつつ、他方で彼らの顔も立てていることである。この官奏のなかで、冬嗣ら公卿は「窮民というものは飢えると必ず恥らいを忘れるものだ」と冷徹なリアリストの目も忘れていない。

無償の賑給ではなく、無利息とはいえ、なぜ有償の借貸なのか。賑給だと「窮民」はただ受け取って命をつなぐことだけに汲々として恩義を感じることもなく、「富豪」は結局大量の供出分をすべて失うだけに終わってしまうからだ。冬嗣政権は「富豪」の財力保全にも配慮したのである。それはこの政権が「富豪」の財力を活用する政策をとったからでもあるが、このことはのちにあらためて述べることにしよう。ノブレス・オブリージュといっても理想主義に発するものではない。合理主義、現実主義をともなうそれであった。この政策は相当な成果をあげたようである。のちの政権にも受け継がれ、承和五年（八三八）と同七年（八四〇）にも繰り返し行われている（三代格所収承和七年二月十一日官符）。

封禄の一律削減

冬嗣政権期の究極のノブレス・オブリージュといえるのが、弘仁九年（八一八）三月の官奏（公卿奏）である。この官奏で、冬嗣以下公卿たちは災異により「百姓の農業、損害少なからず」として、財源の逼迫を救うため、「当分の間、臣下の封禄《ほうろく》の四分の一を削減し、その分を国費に充てていただきたい」と願い出て、許される。

「臣下の封禄」とは、五位以上官人の位階に応じて与えられる給与のことで、具体的には三位以上を対象とする位封《いふ》と四位・五位を対象とする位禄《いろく》のことである。たとえば、冬嗣の場合、このとき従三位《じゅさんみ》だったから、位封一〇〇戸の四分の一、二五戸分の租庸調《そようちょう》の現物が国庫に回される。租だけでも稲一〇〇〇束である。白米に搗《つ》けば五〇俵分に相当する。

これに当時の他の三位以上六名について同様に試算したものを合算すると、国庫に充てられるのは租だけでも稲八〇〇〇束（白米では四〇〇俵）にものぼる。このほかに封戸から国庫には庸・調の四分の一が入ってくるし、四位・五位官人の位禄も四分の一が留保され、国費に充用される。

もっとも、不作・凶作期だから、封戸から国庫に入る租庸調も実際には所定の満額とはいかず、かなり不足も生じただろう。ただ、そうであったとしても、この五位以上官人の給与一律削減策は国家財源の危急を救う一助となったはずだ。

服御物等の簡素化

古代にあって五位以上官人とは貴族であるから、これこそ正真正銘のノブレス・オブリージュである。しかも、貴族（臣下）だけではない。翌四月には天皇も詔を発して、自身と皇后（橘《たちばなの》嘉智子《かちこ》）の服御物《ふくぎょぶつ》（お召しの衣服）と日々の御膳を簡素にするよう命じた。御膳は量を本来の四分の三としたらしい。まさに天皇以下朝廷のトップクラスの人々が身を切る覚悟で国難に対峙しようとしたことを象徴的に示している。

なお、この四月の詔で嵯峨は、そのほかに京内の行倒れの埋葬と飢民への賑給を左右《さゆう》京職《きょうしき》に命じたり、同じく囚人で冤罪の者の釈放を関係官庁に指示したりと善政を施し、さらに「左右馬寮《めりょう》の秣穀《まつこく》はしばらくの間一切使用をやめよ」とも命じている。

秣穀の停止

「秣穀」とは馬の飼料となる穀物。米と大豆である。『延喜式《えんぎしき》』によれば、左右馬寮には毎年特定の国々から米が各一五〇斛《こく》、計三〇〇斛、大豆が各八〇斛、計一六〇斛進上されてくる（延喜左右馬寮式53条）。いうまでもなく、米・大豆は人の食用にもなる穀物である。米三〇〇斛といえば、一五〇俵分、大豆一六〇斛は八〇俵分である。「それだけの米と大豆があるなら馬ではなく、まず京の人々への賑給に回せ」と詔は暗に言っている。「回して、飢えと行倒れから救え」とも。それほど帝都の食料事情は悪化し、賑給の財源もまた枯渇しかけていた。そんな実情が伝わってくる。

　それにしても、「馬寮の秣穀一時停止」とは、いかにも細かい。おそらく嵯峨自身も賑給など善政を施す意思はあっただろう。だが、賑給の財源を確保する具体的方策までは考えていない。それは冬嗣らの仕事である。あるいは、逆に冬嗣ら公卿の方でそこまで考えて善政を行うとする素案を用意し、嵯峨に詔を出させたとも考えられる。馬寮には東国の勅旨牧《ちよくしまき》（御牧《みまき》）から貢上される御馬《おうま》（皇室料馬）も飼養されるから、「秣穀一時停止」のような方策でも天皇の明確な意思が必要である。ただ、その場合は、天皇・皇后の服御物や御膳を簡素化することも嵯峨の自発ではなく、冬嗣らが提案したことになる。嵯峨と冬嗣らとの信頼関係からすると、そのような場合があったとしても不思議ではない。

封禄の復旧

話をノブレス・オブリージュに戻そう。天皇・皇后および五位以上官人が身を切る覚悟で国難に対峙して二年半余り。弘仁十一年（八二〇）十一月、嵯峨はまた詔を発して「近頃は豊作で、財政に支障が生じないようになったので、五位以上官人の封禄を元に戻すべきだ」と復旧を命じた。それから八日後、今度は冬嗣以下公卿たちが天皇に願い出て、素食となっていた天皇・皇后の御膳を通常のものに戻すことになった。服御物も馬寮の秣穀も同時に復旧したはずだ。

既得権益の保全

財政が好転しはじめれば元に戻す。当然といえば当然である。ただ、五位以上官人は、削減されている間も、実は莫大な給与収入を享受していた。たとえば、冬嗣はその後昇進して正三位《しょうさんみ》大納言となっていたが、位封（四分の三）・職封《しきふ》（全給）の租稲分だけでも、あわせて稲三万五九〇〇束（白米に搗いて約一八〇〇俵）の収入が認められていた。作況によって多少手取りが目減りしたかもしれないが、それにしても破格の高収入である。

不作・凶作のなかで貴族らが自らの給与削減に踏み切った。それはたしかにノブレス・オブリージュだが、削減で経済的不自由をあえて甘受したというほどではない。しかも、一転豊作となると、早速既得権益の保全が始まる。

冬嗣政権の楽観的性格

この年の四月には、まだ詔で「近年の不作で家々にはまだ十分な穀物の蓄えがなく、人々は顔色が悪い」として、京畿内は弘仁十年以前、七道諸国は同九年以前の租税調庸の未納・未進を免除している。和泉《いずみ》国や讃岐《さぬき》国では賑給も行っているのだ。秋には念願の豊作となったが、いつまた暗転するやも知れぬ。にもかかわらず、嵯峨も冬嗣も豊作となった途端、いたって楽観的である。冬嗣政権の楽観的性格については別にあらためて述べよう。

ともあれ、天皇・貴族らのノブレス・オブリージュもまた、先の「富豪」の借貸の場合同様、やはり合理主義、現実主義をともなうそれであった。あえて身を切る犠牲的精神もたしかに認められるが、結局は既得権益の保全が配慮されるのだ。

再び大旱魃

しかし、天皇・貴族らの既得権益の保全は二年も続かなかった。弘仁十三年（八二二）の大旱魃の再襲来で大規模な不作・凶作が見込まれるようになると、嵯峨は詔を発して「これまで神々に奉幣して雨を祈ってきたが、まったく実らなかった」と遺憾とともに深い憂慮の念を表し、再び天皇・皇后の服御物を簡素にするよう命じた。その二日後には、冬嗣以下の公卿たちも再び五位以上の封禄をしばらくの間削減するよう奏上して認められた。

官人への賑給

迫り来る国難に、またもや朝廷上層部一丸となって身を切る覚悟を示したのである。

だが、実は先の嵯峨の詔には別に気になる措置がみえている。「籾を四位に一〇〇〇斛、五位に八〇〇斛、六位以下に三〇〇斛与えよ」というのである。これはきわめて稀なことではあるが、官人たちへの賑給である。官人たちもおのおの口分田は不作・凶作で日々の米にも事欠くことが予想されたのだろう。

なぜ四位以下か。三位以上にはまだ封戸（位封・職封）から租稲が入るが、四位以下にはそれがないからである。もっとも、四位・五位については、給与として季禄《きろく》以外にも位禄（絁綿布等《あしぎぬわたぬの》）があって経済的には余裕がある。しかし、それらの給与を資として市《いち》で稲穀を手に入れようにも、市に穀はなく、あっても価格が騰貴して容易に入手できない。季禄だけが頼みの六位以下はもっと深刻である。

それにしても、一人につき一〇〇〇斛（四位）、八〇〇斛（五位）、三〇〇斛（六位以下）だとすれば、全体では途方もない量にのぼる。『日本紀略《にほんきりやく》』が伝える先の詔には省略があるから、この賑給は四位以下全員を対象とするのではなく、何らかの条件がついていたかもしれない（それでも右の数量は一人分としては破格）。あるいは、これらの数量は一人分ではなく、たとえば「四位に一〇〇〇斛」とは、四位全体の支給上限額なのかもしれない。

いずれにしても、再び国難を迎えようというこの時期に、まるで椀飯振舞《おうばんぶるまい》のような賑給であるが、この賑給は四位以下に対する救済策であるとともに、経済策でもあった。官人たちを通じて大量の稲穀を京内に放出させ、それによって騰貴した米価を引き下げようという狙いである。

財源確保

一見時宜《じぎ》を得ないようにみえて、その実、非常に積極的な思い切った政策。楽観的な冬嗣政権にふさわしい政策である。むろん、財源もあらかじめ確保していた。この年三月、冬嗣らは官奏（公卿奏）により、賑給用備蓄として近江《おうみ》国から京内の穀倉院《こくそういん》に穀一〇万斛を運進させている。その賑給用備蓄を四位以下の官人たちにも出給したのだ。当初より、官人への賑給をも目論んで近江から稲穀を運進させたのだろう。

こうして、四位・五位には十分手当てをした上で、また三位以上には削減しても膨大な租稲が入ってくることを承知した上で、冬嗣政権は五位以上の二度目の封禄削減に踏み切る。これもまた、合理主義・現実主義をともなうノブレス・オブリージュであった。

「弘仁九年の例」

なお、災異による危機的な状況のなかで、天皇の御膳や五位以上の封禄を四分の一削減する冬嗣政権のこの方策も有効であったのか、「弘仁九年の例」として、その後の政権でも採用された（続後紀承和七年十月丙午条）。

四　富豪の財力活用と国司の不正禁止

災異を未然に防ぐことは多くの場合、困難である。しかし、災異によって疲弊・困窮した人々を救い、社会を立て直すことは時の政権の責務である。冬嗣政権もたびたび復興策を講じたが、その特徴の一つは富豪層の財力を積極的に活用したことである。畿内で富豪に窮民への稲穀借貸を命じた弘仁九年の方策もその一例であった。ここでは、さらに別の方策をあげてみよう。

大宰府管内の救済策

弘仁十三年（八二二）三月、冬嗣政権は大宰府《だざいふ》管内（九州地方）の窮状を救うため、同日に二つの太政官符を発令した（三代格所収弘仁十三年三月二十六日官符）。当時大宰府管内は連年の不作・凶作に見舞われ、飢饉と疫病に苦しんでいた。二つの官符はともに右大臣冬嗣が上卿を務めている。一つは病者対策、今一つは飢民対策であるが、その趣旨はまったく同じだ。在地の富豪層に救済を請け負わせ、その見返りに位階を与えるというものである。

病者を看護

病者については、疫病ゆえに家族からも疎まれ、水や食べ物さえ口にできずに死んでゆくのが現状だった。一方で病者を厭わず看護する者はその仁愛・徳行にもかかわらず、逆に感染罹患のリスクがある。そこで、政府はあえて病者の看護にあたりこれを恢復《かいふく》させた者にはその地位と看護した人数とに応じて位階を与えることとした。

また、飢民については、かつて天平宝字《てんぴょうほうじ》年間（七五七—七六五）にやはり連年の長雨・旱魃で人々が飢饉に陥った際、私物で飢民を養った者には位階を与える勅命が出されていた。そこで、政府はその先例にならい、「富室」（富豪）の私物で飢民を養うこととし、その地位と供出した私物（稲）の数とに応じて位階を与えることとした。

具体的には、白丁《はくてい》（位階をもつ資格のない一般成年男子）は病者を看護すること三〇人以上、または飢民を養うために供出した稲一〇〇〇束で内考《ないこう》（中央官人の位階である内位《ないい》の有資格者、以下の入色人《にゅうしきにん》と同じ）とし、入色人は病者一〇人につき、または稲二〇〇束につき位階一階、すでに初位《そい》以上の位階をもつ者は病者二〇人につき、または稲四〇〇束につき、位階一階を与える。このほかに白丁でもなく内考（入色人）でもない者として外考《げこう》（地方官人の位階である外位《げい》の有資格者）があったが、この外考は病者一五人以上、稲五〇〇束で内考とする。さらに以上をはるかに超える数の病者を看護したり、同じく稲を供出した者については、大宰府がその名を中央に報告し、貢献次第では貴族の位階である五位を与える。

富豪の財力を活用

すでに外考や内考となっている者、初位以上の位階をもっている者は白丁ではないから、多くは在地の中下級豪族に連なる富豪層である。ここで想定されている白丁も、まさに連年の不作・凶作のなかで、しかも疫病によって疲弊衰弱した現地社会のなかで、病者を三〇人以上も看護したり、稲を一〇〇〇束も供出できる者だから、たんなる白丁ではない。れっきとした富豪層である。

冬嗣政権は位階の授与を見返りに、これら富豪層の民間財力を活用する方策に打って出たのである。位階には免税・減刑・換刑・中央仕官など種々の特権と栄誉がある。それらは当人だけではない。子孫にも伝世される。富豪層にとっては魅力的なインセンティブ（動機づけ）だった。

時限立法

しかし、だからといって、冬嗣政権はこの方策を長期にわたって続ける気はなかった。この年八月までの時限立法である。秋の収穫期までの数ヵ月、食糧事情のもっとも厳しくなる端境期を富豪層の協力で何とか凌ごうというのである。いかに富豪とはいえ、それまで民であった者が成金のような形で官の世界に入ってくる。官民秩序が揺らぎかねない。政権にとってはできれば避けたい。

しかし、大宰府管内の窮状を救うにはもはやこの手しかない。期限を切った上での、苦渋の選択であった。同時に、大胆で、きわめて現実的・合理的な政策判断ともいえる。もっとも、この年は全国的な大旱魃の再襲来となった。翌年以降に期限を延長した可能性もある。

公営田制

加えて、翌弘仁十四年（八二三）二月、参議大宰大弐《だざいのだいに》小野岑守《おののみねもり》の建策をうけて、冬嗣政権は大宰管内においては公営田《くえいでん》制度を実施している（三代格所収弘仁十四年二月二十一日官奏）。これは管内諸国の人々に班給《はんきゅう》していた口分田《くぶんでん》の一割強を回収し、乗田《じょうでん》（口分田班給後の残った余剰の田）とあわせた一万二〇九五町について、国家の直営田とする大胆な政策である。正丁六万二五七人を徴用し、五人で一町を耕作させ、佃功《でんこう》（手間賃）と食料も支給。収穫された稲から耕作者の佃功、食料、租調庸を賄い、さらに用水路、ため池、官舎の修理費用も支出する。それらを除いた国家（管内諸国）の純益が一〇八万四二一束に上ると算出している。

民間営田法式

この五人で一町を耕作させ、佃功と食料を支給する営田方式はすでに民間で富豪層が行っていたものである。また、「村里幹了《かんりょう》の者」（富豪）から「正長《しょうちょう》」を選んで一町以上の田の監督にあたらせることにもなっていたから、冬嗣政権はいわば営田というソフト面で民間方式導入に踏み切るとともに、やはり富豪の財力を担保としたのであった。

ただ、これには廟堂内で異論もあったようで、四年間の試行という形で実施された。その後も大宰府管内では一部で断続的に行われたことが知られ、のちには管内諸国以外でもこの直営田方式が採用されているので、飢饉・疫病に苦しむ管内諸国の窮状に対して、何がしかの効果はあったとみてよい。

国司の怠慢

さて、冬嗣政権の災異対策には今一つ国司《こくし》の不正禁止がある。災異にあたって、現地の国司はつねに防災・救済・復興に向け、先頭に立って精勤することを求められる。防災では神社への奉幣や国分寺等での僧侶による経文転読など、中央政府からの指示をうけて実際には国司が差配したし、救済では飢饉や疫病の状況を国司が政府に報告して、飢民への賑給や病者への給薬について指示をうけ実施した。復興では破壊された民家や官舎・正倉・河川道路等の被害状況の報告と修築も国司の任務であった。

ところが、当時の中央政府の方では、国司は災異に対して十分精勤していないと評価していたフシがある。期待に答えるほどの働きはしていないとみていた。

たとえば、薗人政権下、弘仁五年（八一四）に嵯峨天皇が発した勅は「畿内とその近国では近年旱魃が多発し、稲苗が大いに損なわれている。人々が損害を被っているのは国司が何もしないからだ」と叱責し、「今後はもし日照りとなったら、官長《かんちょう》（国司の上首《じょうしゅ》）は潔斎《けっさい》を行い、自ら恵みの雨を祈れ」と厳命している（後紀弘仁五年七月庚午条）。

また、同じく園人政権下、同七年の勅でも「時季はずれの風雨により田園が損害を被っている。これは国司が祭祀を行っていないからだ」と叱責し、「官長が身を慎んで潔斎を行い、名神に奉幣して風雨を止めてくれるように祈れ。もれなく務めよ」とやはり厳命している（類史十一祈禱）。

これらの勅にみえる国司への叱責は痛烈である。いささか酷なところもあり、災異に悩まされて八つ当たり気味なところもある。しかし、国司が祭祀にさして精励していなかったのは事実だ。それは次のようなことからもいえる。

国家的神事として毎年行われる祭祀に祈年祭《きねんさい》、月次祭《つきなみさい》、新嘗祭《にいなめさい》がある。これらの祭祀では、畿内および近江国諸社の祝《はふり》（神社の下級神職）が前もって中央の神祇官《じんぎかん》に会集し、幣帛《へいはく》を受け取り、おのおの神社に持ち帰って祭祀に供える手筈となっていた。ところが、弘仁八年（八一七）の官符によれば、祝たちは誰一人受け取りに来ようとはせず、引き取り手のない大量の幣帛が神祇官の庫にごっそり残されたままであったという（三代格所収貞《じょう》観《がん》十年六月二十八日官符所引）。

諸社祝の怠慢

祭祀をつかさどる神職の祝ですら、この体たらくである。国司はこの祝らを教導すべき立場にあったが、祝の怠慢はやがて習い性となったという。だから、国司は教導するどころか、彼らの怠慢を黙って見過ごしたのだ。国家的神事に神祇官の班幣が供えられていないことも意に介さない。そんな国司がどうして祈雨・止雨などの祭祀を自ら進んで務めるだろうか。

国司の不正

国司の災異対応に対する中央政府の側の不信感はもっともである。しかも、国司は災異対応に精勤しなかったというだけではない。冬嗣政権期には、彼らの多くは災異に巧みに便乗して私益の追求に走った。弘仁十年（八一九）五月に出された官符（三代格所収弘仁十年五月二十一日官符）はその意味で衝撃的な内容をもつ。

この官符は、弘仁八・九年の最悪の災異と不作・凶作を経て、大飢饉の発生という危機的状況下にあった冬嗣政権が国司の不正を禁止した法令である。国司の不正とは、災異に便乗して中央に虚偽の報告を行い、不法に利益を得ようという行為である。上卿はやはり冬嗣が務めている。この官符で指摘されている国司の不正は次の三つである。

飢民数

一つ目は、中央政府に飢民の数を水増しして賑給を申請する不正。たとえば、国司が賑給を必要とする飢民を一〇万人と報告してきたが、中央から現地に使者が行って実数を調べてみたら、実際には五万人しかいない。もし、実数を調べなかったら、水増しした五万人分の賑給穀は国司の懐に入っていたのである。このような賑給穀の不正入手が諸国では慣例化していると官符は指摘する。

修築費用の見積り

二つ目は、災異によって破損した官舎堤防等の修築費用の見積りを水増しして報告する不正。たとえば、国司が修築に要する工賃（正税）をのべ一万人分と報告してきたが、やはり中央の使者が現地で調べてみたら、実際にはのべ五〇〇〇人分で済むことがわかった。むろん、その水増しした五〇〇〇人分の工賃（正税）は国司の懐に入ることになる。官符は国司のこのような不正行為は全国で例外なく行われていると指摘している。

損田

三つ目は、災異によって収穫減となった損田《そんでん》の田積を水増しして報告する不正。国司は損害を被った各戸の水田の損害程度を判定し、減収分を損田として田積で算出して中央に報告する。租については、損害程度五分以上で全免、四分以下も減免する。

そこで、国司のなかには損害程度を実状より過大に判定し、減収分を水増しする者もいる。たとえば、ある国は損田を一万町と報告してきたが、中央から使者を出して調べてみると、実際には五、六〇〇〇町ほどだった。国司は水増しした四、五〇〇〇町分の租も減免せずに徴税し、それはやはり懐に入る。官符はそのほかにも、国司による損田報告の意図的な隠ぺい、遅延、使者による調査への非協力についても指摘する。

すべての国司が不正

以上の三つの不正は、一部の欲得にたけた国司が犯したものではない。官符には多少の誇張があるにしても、現地に赴任しているほとんどすべての国司が犯した不正、あるいは犯す可能性のある不正なのである。

中央の冬嗣政権が打ち続く災異を恐れ、ありとあらゆる方策で災害を食い止め、被災者を救済し、復興に注力しようとしているさなか、当の被災地では、国司たちがあろうことか、その災異に乗じて臆面もなく私腹を肥やそうとする。しかし、それが国司たちの現実なのだ。国司の長官・次官級には五位以上の者もいる。災異に封禄を削減してノブレス・オブリージュを果たすのも彼らだが、その災異にチャンス到来とばかり私富の蓄積に走るのもまた彼らであった。

冬嗣政権は災異とだけ闘ったのではない。災異に乗じ不正を犯してまで私益を追求する多くの国司たちとも闘わねばならなかった。しかも、後者との闘いは複雑である。というのも、現地に赴任している国司は中央の公卿や貴族、官人たちと同類であり、彼らは多くの場合、たまたま国司に任じているにすぎないからである。中央の公卿や貴族、官人たちも、今は在京していても、緒嗣のようにかつて国司として赴任した者、今後赴任する者、また親族が赴任している者もいる。

そして、この時代には国司として現地に赴任すれば、職田《しきでん》・公廨稲《くげとう》など正規の国司給与以外にもさまざまな役得があり、任期中に一財産つくることは暗黙裏に了解されていた。さまざまな役得のなかには不正まがいの収入も含まれる。ほとんどの国司が災異に乗じて不正蓄財を図ろうとしたのも、そういう了解があったからである。

不正蓄財を処罰

しかし、冬嗣政権は災異に乗じた不正蓄財は黙認しなかった。賑給用の稲穀が払底するほどの飢民が各地で発生し、疫病で多くの人々が命を失って国力が衰弱する非常時である。とうてい見逃すわけにはいかない。被害状況を過大に報告して不正に私富を蓄積しようとする者には、公廨稲没収という「財産刑」をもって報《むく》いることにしたのである。もっとも、冬嗣自身には国司として現地に赴任した経験もなければ、観察使《かんさつし》のような地方行政監察官として地方政治を視察した経験もない。本官符は実際には地方事情や国司行政に通じた緒嗣あたりの建策によるものだろう。だが、そうであるにせよ、冬嗣もまた、国政の最高指導者として、国司たちのこのような背任行為を当然禁止すべきものと判断したのだった。

手ぬるい制裁

ただ、禁止とはいえ、その制裁が公廨稲没収にとどまるのは、いささか物足りない。人々が飢えや病に苦しみ、日々の暮しにも事欠くようなときに、焼け太りともいうべき災異の悪用、私利の追求である。どうみても道義に悖《もと》る。財産刑では手ぬるいのではないか。

ところが冬嗣政権は、このような国難の時期にあって、その国難を助長しかねない違法行為に対しても、必要以上に厳しい懲罰を科すことはしなかった。興味深い類例もある。弘仁十一年（八二〇）閏《うるう》正月の太政官符だ（三代格所収弘仁十一年閏正月二十一日官符）。

当時はひところの最悪の状況を脱して落ち着きを取り戻しつつあった時期だが、それでもまだまだ予断を許さない。そんななかで、この官符は五位以上の義倉《ぎそう》未進者に対する制裁を強化するどころか、逆に緩和するのである。

五位以上の義倉未進

義倉は貧民救済を目的とする制度だ。戸の資産に応じて所定額の粟を田租とともに毎年納める制度である。最多でも二斛という少額だが、五位以上の未進者が多数にのぼっていた。そこで、大同《だいどう》四年（八〇九）、時の政権は官符を出して、その未進者については制裁として封禄を没収することとした。

弘仁十一年官符はこの制裁を見直したものである。たかだか二斛という少額の未進に封禄の没収をもって懲戒するのは行き過ぎであり、封禄から未進相当分の二倍の稲穀等を割き取るだけでよいと制裁を大幅に緩和したのである。未進者には本来の納入額に加えて、別に同額分の加算税を課すわけだから、これも制裁には違いない。しかし、逆にいうと、加算されるのは最多でも粟二斛分にすぎない。一般の人々ならともかく、五位以上の貴族にとって、この程度の加算徴収が制裁として意味をもつだろうか。

当時、貴族たちは封禄の四分の一を国用に供出していた。たかが粟二斛を出し惜しむとは考えられない。大同四年の官符が引く左京職の解《げ》によれば、貴族たちは義倉への粟の進納について、「法を狎《あなど》りて進めず」とか「わずかに代物を進む」というありさまだったという。

粟の調達困難

自分の陸田（畠）で粟を栽培していればよいが、さもなくば調達するしかない。ところが、平安時代には凶作に備える畠作としては、粟にかわって麦の栽培が盛んになるといわれている。十分な財力があっても、粟を容易に調達できないとなれば、いきおい未進か代納（稲穀か麦）となっただろう。

大同四年官符がその未進・代納を咎めて封禄没収としたのは、「法令厳整」（類史二十五太上天皇）を旨とした平城《へいぜい》の政治方針を時の右大臣内麻呂《うちまろ》が嵯峨新天皇の下でも継承したからだ。粟の調達が困難であるという現実には配慮せず、精々二斛ほどの粟の輸納にさえ努めようとしない貴族たちの怠慢を厳しく罰する内容である。
しかし、それから十年余、粟での輸納が実際には困難になっている現実を顧慮し、一方で貴族たちがすでに封禄の四分の一を国用に供出していることをも踏まえると、この封禄没収という制裁はいかにも重すぎる。冬嗣政権はそう判断した。そして、もはや貴族たちに粟を調達・輸納させることは執着せず、多数の未進者には封禄から所定の輸納数の二倍分相当の稲穀等を割き取るという、より現実的な方法に転換した。

かくして、内麻呂が作成を命じた大同四年官符は奇《く》しくも子の冬嗣によって乗り越えられるにいたった。冬嗣政権は違反者に対して必要以上に厳しい懲罰を科さないという柔軟な姿勢を打ち出し、一方で当時たびたび実施せざるをえなくなっていた京中賑給の財源確保をも図ったのである。

第五　淳和朝初期の冬嗣政権

一　嵯峨天皇の譲位

譲位を告ぐ

前年の大旱魃《かんばつ》に続き、弘仁《こうにん》十四年（八二三）には疫病《えきびょう》の大流行が列島を襲った。史書はこの年二月には「天下大いに疫す、死亡するもの少なからず」と記している（紀略弘仁十四年二月是月条）。とりわけ、西海道《さいかいどう》（大宰府《だざいふ》管内）が最悪の状況だった。冬嗣政権が公営田《くえいでん》制を実施したのもそのような状況を踏まえてのことだ。

弘仁八・九年の国難をようやくの思いで乗り切ったあとに、まさかの災異である。天からの容赦ない譴責。嵯峨天皇《さがてんのう》はこの年四月十日、ついに数年来の宿志を実行にうつす。本書冒頭で述べたように、宮中から冷然院《れいぜいいん》に入り、右大臣《うだいじん》冬嗣に対して皇太弟大伴親王《こうたいていおおともしんのう》への譲位を告げる。冬嗣は財政上の懸念や「二所朝廷《にしょちょうてい》」の経験からこれを思いとどまらせようとするが、結局嵯峨の意向にしたがうのである。

大伴の固辞

同月十六日、嵯峨は冷然院前殿《ぜんでん》に大伴を呼び寄せ、直接譲位のことを告げる。これに対して大伴は「特別の取り立てを被《こうむ》って皇太弟の地位におりますが、欠点の多い私はその任に堪えないことを承知しております。今、その私に皇位をお譲りになると承《うけたまわ》り、はなはだ困惑しております」と答え、固辞する。

大伴はそれまで、自分が皇太弟の任に堪えないことをしばしば口外していたという。その相手はもっぱら冬嗣であった。彼は弘仁四年から九年まで、春宮大夫《とうぐうだいぶ》として大伴の身近に仕えたから、その間に、またその後今日にいたるまで、皇太弟ゆえの苦悩について打ち明けられたことがあったのだろう。また戦々兢々として不安にさいなまれる大伴を力づけることもあったに違いない。冬嗣の温厚な人柄は嵯峨だけではなく、大伴をも強く魅きつけたようである。

「政治に関与せず」

むろん、大伴の固辞を嵯峨が受け入れるはずもない。嵯峨は「今日までは皇太弟をわが子のように遇してきたが、今日からは私をわが子のように遇するように」と大伴に強く即位を迫る。

この嵯峨の言葉は実は重要な意味をもつ。天皇は譲位後、太上天皇《だいじょうてんのう》となるのだが、この時代まで、太上天皇は天皇と同等の権限をもっていた。かつて平城《へいぜい》太上天皇が嵯峨天皇と対立して二所朝廷にまでいたったのも、そのことによっている。

嵯峨はそのときの苦い経験から、「自分は譲位しても、天皇（大伴）と対等でいるつもりはない。天皇を父と仰いで、これにしたがう」と言ったのだ。譲位後、太上天皇とはならないということで、それは政治には関与しないということを意味する。実際、彼は太上天皇をいったんは辞退している。結果的には太上天皇となるのだが、それでも嵯峨は先の言葉通り、政治に嘴《くちばし》をさしはさむことは一切なかった。以後は、皇権分裂の契機が消滅し、政治は安定に向かうのである。

淳和即位

さて、大伴は嵯峨に対し、上表文《じょうひょうぶん》をしたためて固辞しようとするが、嵯峨も詔《みことのり》を下してこれに応じ、辞退を認めようとしない。大伴はその日は下がって東宮《とうぐう》に戻り、翌日再び参上。重ねて上表文をもって辞退する。だが、嵯峨はそれを許さず、かくして淳和《じゅんな》天皇が即位する。

翌十八日、淳和は東宮の御在所より内裏《だいり》に遷る。嵯峨は淳和の皇子恒世《つねよ》親王を皇太子《こうたいし》に立てようとするが固辞され、自身の皇子正良《まさら》親王を立太子《りったいし》する。

その後、淳和は二十三日には詔を発して、嵯峨に太上天皇、嘉智子《かちこ》に皇太后《こうたいごう》、嵯峨の母故藤原乙牟漏《ふじわらのおとむろ》に太皇太后《たいこうたいごう》の尊号を奉った。従来、譲位した天皇は自動的に太上天皇となっていたのだが、これ以後は新天皇の詔によって始めて太上天皇となるのが通例となった。

この間、嵯峨が正良の立太子を固辞したり、あるいはまた平城や嵯峨が太上天皇号の返上を申し出たりと、平城・嵯峨・淳和三者でやりとりがあったが、淳和はすべて認めなかった。

平城の辞退

嵯峨は比較的早く辞退を諦め、淳和にしたがうのだが、平城はなおも食い下がる。五月に入ってからも、「私の太上天皇号を除き、服御《ふくぎょ》のものを撤収してくれるよう懇請する書」を使者に持たせ、淳和に届けさせる。これに対して淳和は、その書が臣下の上表文の体裁となっていることを理由に、そのまま平城に返し、懇請を却《しりぞ》ける。その際、わざわざ右大臣冬嗣の書を副えて返却している。

冬嗣の説得

なぜ冬嗣の書か。平城からの書には「一国のうちに二人の太上天皇がいること」の弊害が述べられていたからである。それへの対処に冬嗣は適任だった。本書冒頭で紹介したように、ついひと月ほど前、冬嗣も平城と同じ懸念を抱いて嵯峨の譲位を止めようとした。淳和はそれを知っていたのだ。冬嗣から聞いていたかもしれない。その冬嗣だからこそ、平城を説得できる。淳和はそう目論んだのだろう。また、返却先は平城の信任厚い側近、真夏《まなつ》であった。冬嗣の実兄である。真夏を通じた冬嗣による説得もまた淳和の目論見のうちであったか。

はたして、平城の辞退はこれが最後となった。結局、太上天皇にとどまったのである。冬嗣が淳和の信頼に応え平城を説得した結果である。

左大将辞職願

ただ、そのかたわら、実は冬嗣自身も即位直後の弘仁十四年（八二三）四月から天長《てんちょう》三年（八二六）五月まで、たびたび上表を繰り返していた。兼任していた左近衛大将《さこのえのだいしょう》の辞職願である。

冬嗣が亡父内麻呂《うちまろ》の跡を襲って左近衛大将を兼ねたのは、弘仁三年（八一二）のこと。以来、十年以上の長きにわたって、その任にあった。一般に大将就任者の在任年数は長く、多くは死去するまでその地位にあった（笹山晴生「左右近衛府上級官人の構成とその推移」）が、冬嗣がここに来て辞職を願い出たのは、嵯峨天皇が譲位したからである。

左右近衛府は天皇の親衛軍である。嵯峨朝においては、大将以下の将官に天皇の信任厚い貴族や武人が任命されたという（笹山同上）。冬嗣の左近衛大将も嵯峨の側近中の側近ゆえに起用されたものだ。その嵯峨が譲位した今、もはやその職にとどまるべきではない。それが冬嗣の辞職の理由である。

しかも、その辞意は固かった。淳和の優詔《ゆうしょう》で慰留されながらも、二年ほどの間に五度までも辞職願を繰り返した。当時の左近衛大将はそれほど特定の天皇個人との関係が密であったともいえよう。

淳和による却下

しかし、淳和も譲らなかった。彼にとっても、冬嗣はかつての春宮大夫であった。皇太弟としての苦しい胸の内を打ち明けたこともある。十分信任にたえる非凡な能力と温厚な人柄。余人をもって代えがたい。左近衛大将の辞職願はすべて却下した。結局、冬嗣は終生左近衛大将を兼ねることになる。

かくして、二人の太上天皇平城と嵯峨、さらには皇太子正良を擁しつつ、淳和天皇の治世がスタートする。冬嗣は引き続き、右大臣兼左近衛大将として政権を率い、淳和を支える。

二 淳和天皇と冬嗣政権

先に、弘仁十年(八一九)三月時点での冬嗣政権の初期メンバーを掲げた(一〇〇〜一〇一頁)。その後の異動としては、同年七月には参議《さんぎ》紀広浜《きのひろはま》が、また翌十一年十一月には参議安倍《あべの》寛麻呂《ひろまろ》が死去し、同年十二月には参議秋篠安人《あきしののやすひと》が致仕《ちし》した。淳和即位直後の同十四年四月には中納言《ちゅうなごん》文室綿麻呂《ふんやのわたまろ》が死去している。

廟堂の構成

なお、すでに述べたが、同十二年正月、国難克服の論功行賞として、冬嗣を大納言《だいなごん》から右大臣とするなど、公卿《くぎょう》一挙五名を対象に昇格人事が行われている。それらを含めて、まず、弘仁十四年（八二三）五月時点での廟堂《びょうどう》の構成を掲げておこう。これが淳和朝初期の冬嗣政権の顔ぶれである。

右大臣	藤原冬嗣（北家《ほっけ》）	四十九歳
大納言	藤原緒嗣《おつぐ》（式家《しきけ》）	五十歳
中納言	良岑安世《よしみねのやすよ》	三十九歳
	藤原貞嗣《さだつぐ》（南家《なんけ》）	六十五歳
	藤原三守《みもり》（南家）	三十九歳
参議	春原五百枝《はるはらのいおえ》	六十四歳
	多治比今麻呂《たじひのいままろ》	七十一歳
	直世王《なおよおう》	四十八歳
	小野岑守《おののみねもり》	四十六歳

橘《たちばなのつねぬし》　常主　　三十七歳
藤原道雄《みちお》（北家）　五十三歳
伴国道《とものくにみち》　五十六歳

平均年齢

一二名の公卿の平均年齢は五十一歳。冬嗣が廟堂首班となったころに比べ、いくぶん若返っている。冬嗣の同世代や世代の近い公卿たちで廟堂を構成するようになった。

若き右大臣

なお、冬嗣は弘仁十二年（八二一）、四十七歳で右大臣に昇ったが、これは仲麻呂《なかまろ》の四十三歳、長屋王《ながやおう》・豊成《とよなり》の四十六歳についで四番目に若い。多くは五十代半ば前後で就任している。亡父内麻呂も五十一歳だった。冬嗣の右大臣昇任は国難克服の論功行賞であったが、それにしても異例の若さだった。当時の嵯峨天皇の冬嗣に寄せる信頼と期待がいかに大きかったかを物語る。

ここで、弘仁十年三月以降に廟堂入りした公卿たちについて簡単にふれておこう。

直世王。天武天皇の五世王だが、嫡子ではなかったらしく、無位《むい》から従五位下《じゆごいのげ》直叙《ちよくじよ》という皇親蔭位《こうしんおんい》の特権には預かっていない。出身して縫殿大允《ぬいどののだいじよう》からキャリアを積み上げ、大同《だいどう》五年（八一〇）叙爵《じよしやく》。弘仁七年（八一六）、安世と三守が参議として廟堂入りしたあとをうけ、蔵人頭《くろうどのとう》に起用されて嵯峨の身近に仕えた。同十二年正月、参議として廟堂に入る。

小野岑守。嵯峨の即位時に特別昇叙《しょうじょ》の対象となった「藩邸の旧臣」七名の一人。嵯峨の皇太弟時代に春宮少進《とうぐうのしょうしん》として仕え、侍読《じとう》も務めた文人である。叙爵後は式部大輔《しきぶのたいふ》を皮切りに内外の諸官につき、弘仁十三年（八二二）三月、参議として廟堂入りを果たした。同時に、大宰大弐《だざいのだいに》にも就き、同十四年には大宰府管内に公営田を設置することを献策して認められ、実施された。

橘常主。出身して大学少允《だいがくのしょうじょう》よりキャリアを積み、式部少丞《しょうじょう》を経て弘仁七年（八一六）正月、蔵人《くろうど》として嵯峨に近侍《きんじ》し、叙爵後は式部大丞《だいじょう》、少納言《しょうなごん》、権左少弁《ごんのさしょうべん》と要職を歴任。同十年三月には蔵人頭に起用され、その後も左中弁《さちゅうべん》、式部大輔などの顕官《けんかん》についた。その栄達は皇后橘嘉智子と同族であったことによる。同十三年三月、参議として廟堂入りした。

藤原道雄。故中納言葛野麻呂《かどのまろ》の弟。内舎人《うどねり》から大学大允《だいじょう》、延暦《えんりゃく》十年（七九一）叙爵後は兵部少輔《ひょうぶのしょうふ》をはじめ八省大輔《はっしょうのたいふ》、大学頭《だいがくのかみ》、左右中弁《さゆうちゅうべん》、右大弁《うだいべん》など要職を歴任し、国司《こくし》も兼任。弘仁十三年（八二二）三月には蔵人頭に起用され、淳和即位後の同十四年五月、参議として廟堂入りした。しかし、公卿としては短く、この年九月には死去。

伴国道。もと大伴氏。淳和（大伴親王）の名を避けて伴氏《ともし》となった。延暦四年（七八五）、父が藤原種継《たねつぐ》暗殺事件に関与して佐渡国《さどのくに》に配流。これに縁坐《えんざ》して国道も佐渡で青年期より二十年ほどを過ごす。高い識見と能力の持ち主で、現地の国司たちからは師と仰がれて質疑に答え、行政文書の文案は彼が作成するほどだった（補任弘仁十四年条国道尻付）。延暦二十二年（八〇三）、恩赦で帰京。弘仁四年（八一三）、叙爵。宮内少輔《くないのしょうふ》、民部少輔《みんぶのしょうふ》、右中弁、左中弁など要職を歴任し、淳和即位後の同十四年五月、参議として廟堂入りした。冬嗣・安世・三守とともに最澄《さいちょう》の強力な外護《げご》であった。

以上は弘仁十四年五月時点での冬嗣政権であるが、この年には十一月、中納言藤原三守が致仕（退官）して政権を去り、新たに清原夏野《きよはらのなつの》が参議として加わった。

三守の致仕

三守の致仕は、譲位後冷然院に閑居した上皇《じょうこう》のいま一つの後院《ごいん》嵯峨院《さがいん》に侍するためである。嵯峨は余生は神仙の世界に遊ぶとして、冷然院に移った。この冷然院同様、嵯峨院も神仙思想を具現した後院である。三守はのちに述べるが、冬嗣とともに空海《くうかい》の特別な外護でもあった。密教は唐代流行の神仙思想と関係が深い。嵯峨同様、彼自身も神仙思想に傾倒していたかもしれない。

七月、三守は淳和天皇に上表し一度は慰留されたが、十一月には致仕を許された。こ

清原夏野

嵯峨院故地・大覚寺大沢池

れにより、彼の同年のライバル安世は緒嗣に次ぐ政権ナンバー3の位置を確保する。ただ、その後、三守は天長五年（八二八）に大納言として廟堂に復帰した。

　夏野はこの三守と入れ替わりに廟堂に入った。天武《てんむ》天皇の皇子舎人《とねり》親王の曽孫で四世王。父小倉《おぐら》王の代に臣籍降下して清原真人《きよはらのまひと》の姓を賜った。出身して内舎人となり、中監物《ちゅうけんもつ》、大舎人《おおとねりの》大允《だいじょう》とキャリアを積み、冬嗣が蔵人頭となった大同五年（八一〇）三月に、彼も蔵人となって嵯峨に近侍し、長官冬嗣を支えた。弘仁二年（八一一）叙爵。春《とう》宮亮《ぐうのすけ》として皇太弟大伴にも近侍、さらにその大伴の即位時には蔵人頭に抜擢されるなど、かねて淳和の信任厚く、廟堂では十年足らずの間に右大臣にまで瞬く間に昇りつめる。詩文をよくする当代文人官僚の一人でもあった。

三名の中核

さて、淳和朝初期の冬嗣政権の構成とその後のいくつかの異動は以上の通りだが、その政権を牽引する中核メンバーは三名で、天長三年の冬嗣の死去まで不動である。首班の右大臣冬嗣のほかに、彼にとってはほぼ同年のライバルだった大納言緒嗣、彼の少年時代寝食をともにした年少の同母弟中納言安世、この両名がナンバー2、ナンバー3として控えている。

そして、この三名こそは新帝淳和がもっとも信頼を寄せる政権指導者だった。そのことは即位時の特別昇叙でも一目瞭然だ。弘仁十四年（八二三）四月、例によって淳和は「仕え奉《まつ》る人たちのなかにその仕え奉る状《さま》の随《まにま》に冠位上げ賜い治め賜う」として、この際は一挙に三三名の官人を昇叙した。その最初の三名が冬嗣（従二位《じゅにい》→正二位《しょうにい》）、緒嗣（正三位《しょうさんみ》→従二位）、安世（従三位《じゅさんみ》→正三位）であった。しかも、現役公卿で昇叙されたのはこの三名、冬嗣政権のトップ3だけだった。

冬嗣以下の政権指導者たちが淳和の信頼をかち得たのは、何といっても嵯峨朝後半の国難を乗り越え、その後の難局にも立ち向かってきたからである。それだけに冬嗣らは淳和に対してもあえて直言を厭《いと》わなかった。

大嘗祭への直言

この年十一月には淳和の即位にともなう大嘗祭《だいじょうさい》の挙行が予定されていたが、これに先立ち、右大臣冬嗣と大納言緒嗣は清涼殿《せいりょうでん》において、淳和に次のようなことを口頭で奏上《そうじょう》した。

ここのところ聖王が続けざまに即位なさり、大嘗祭が頻りに行われていますので、天下は大騒ぎし、多くの人々が疲弊しております。しかし、神事を行うのは致し方ありません。このたびの大嘗祭は、せめて飾りをやめて人々の疲弊を省くべきでございます。

と。口ぶりは穏やかながら、四月に冬嗣が嵯峨に「作物の稔《みの》りが回復していないのに、一天皇二上皇では天下が持ち堪《こた》えられない」と諭したあの諫言《かんげん》を思い起こさせる。緒嗣をともないつつ、冬嗣が政権を代表して行った直言だろう。

それにつけても、「大嘗祭を行うのは神事だから致し方ない」とは率直である。「今は大嘗祭をする余裕などない、できれば取りやめたい」と言わんばかりである。彼の政権を預かる者としての強い責任感と現実主義・合理主義が滲みでている。

これに対して、淳和天皇は、

私は元来、飾りを好まない。ただ神事を執り行うだけだ。

と勅答《ちよくとう》。神事を主とする大嘗祭挙行への意欲を覗かせる。そこで、冬嗣の要請により、緒嗣が全体の総責任者となり、さらにその緒嗣の要請によって中納言安世と参議伴国道が実務責任者に任命され、清素を旨とする大嘗祭挙行に向けて、粛々と準備が進められることになった。

三　淳和朝冬嗣政権の政策

即位後の淳和が冬嗣政権のなかでも冬嗣、緒嗣、安世らを特に信任していたことは、さらに天長元年（八二四）八月二十日の官符《かんぷ》からも知ることができる。

政策意見の奏上

その前年十二月、淳和天皇は詔を発し、「旱魃と疫病に見舞われ、穀物が稔らず、人々が損害を被っている」と現状を憂え、人々を救い仁政を行うためには守旧的政策にこだわるのではなく、時宜《じぎ》にかなった政策をとる必要があるとして、公卿たちに「おのおの思うところを陳《の》べて政治のいたらない点を正せ」と政策意見の奏上を命じた。

これに応じて公卿たちが奏上した意見のうち、淳和が採用した意見は現在伝わるだけでも六人の公卿による十六件にのぼる。それらはすべて天長元年（八二四）八月二十日に少なくとも一〇通以上の官符として発令された（福井俊彦「天長・天安期の政治と交替制」）。

その同日付の官符のなかに、一通だけ一挙六件の意見（政策）を盛り込んだ官符がある（三代格所収天長元年八月二十日官符）。そこには同月八日の詔書《しょうしょ》により頒下《はんか》すると書かれている。淳和がとりわけ重要な意見として選び、法令化を強く望んだいわば特選枠の意見であった。その内訳は右大臣冬嗣が三件、大納言緒嗣が一件、中納言安世が一件、参議多治比今麻呂が一件となっている。

当時、廟堂を構成していた公卿は一〇名だったが、実際にはほとんどの公卿が政策意見を奏上したのだろう。その公卿たちの意見のなかで、特選枠に入ったのは四名の公卿による六件の政策意見だった。トップ3とほかには最高齢の参議多治比今麻呂である。トップ3は廟堂の中核としてやはり一目置かれていたのである。そのなかでも、首班冬嗣は淳和の信頼をもっとももかち得ていたことがわかる。

公卿たちはどんな意見を奏上したのか。ここでは特選枠に入った意見をかいつまんで紹介しよう。

冬嗣が採択された三つの意見の一つ目は「良吏《りょうり》を択《えら》ぶ事」と題されている。国司の守《かみ》・介《すけ》（長官・次官）には「清公美才」（清廉公平で優れた才能の持ち主）を選び、任命時には天皇が引見し、治め方を教諭して賞物を与える。赴任して治績が顕著な場合は、位階を昇叙し、廟堂の公卿に欠員が生じ次第、ただちに後任として抜擢するという、冬嗣らしい思い切った国司任官政策である。

面白いのは、そのような良吏はたとえ国法に反することをしたとしても、利己的な行為でさえなければ大目にみるべきで、法にはとらわれないとしていることだ。国法を盲目的に遵守する国司が良吏なのではない。場合によっては国法を超えて人々のために奔走する国司こそが良吏なのだという冬嗣の柔軟で現実的・合理的な良吏観がよく示されている。

冬嗣の二つ目の意見は、かつて太政官《だいじょうかん》から畿内七道に派遣されていた巡察使《じゅんさつし》を復活して、国司による政治の成否を評価しようとするものだ。この巡察使といい、先の良吏といい、当時の冬嗣が地方政治の成否に大きな関心をもっていたことがわかる。

冬嗣の三つ目の意見は「時令《じれい》に順《したが》う事」である。時令とは時節、タイミングのことだが、冬嗣は政治を行うに際しては、適切なタイミングを外さないようにすべきであると主張する。そうすれば、風雨はしかるべきときに起こり、災害は発生しないという。嵯峨朝後半期以来、冬嗣政権がいかに災異に苦しめられてきたか。その影響はこのような政策意見にも及んでいるのである。

安世

一方、政権ナンバー3の安世が採択されたのは題して「国守を択ぶ事」という意見である。これも冬嗣の「良吏を択ぶ事」同様、国司任用についての政策意見であるが、冬嗣が守・介の任用条件と処遇を考えたのに対し、安世は守に絞って、その配置と処遇を工夫した。安世によれば、国守の任に堪える人材は多くは望めないのだから、一人の優良な守に複数の国を兼帯させるべきだという。その給与となる公廨《くげ》は複数の国のなかで豊かな国をえらび、二人分を支給する。ユニークな意見である。結局、まずは一国の守としてその治否を確かめてから兼帯させるとの修正を経て、法令化された。

緒嗣

では、ナンバー2の緒嗣はどうか。やはり任官についての意見で、賢徳の者を任用し、邪枉《じゃおう》の者を避けるべきという、その限りでは至極もっともな意見である。しかし、冬嗣や安世と比べると、観念的で具体的には何も言っていない。それでも冬嗣・安世と並んで政策として採択されたのはトップ3としての存在感であろうか。

今麻呂

残る今麻呂の意見は、貴族の子弟の大学《だいがく》入学を義務づける政策だ。儒教の古典と中国の史書を読習させ、十分な学業を修めた者は才能に応じて官職につけるという。過去に出されてすでに廃された同様の政策を焼き直したものだが、今や「文章《もんじょう》は経国《けいこく》の大業《たいぎょう》」といわれ、従来にもまして仁政主義・徳政主義を実践できる貴族（上級官僚）の必要が痛感される時代となっていた。今麻呂はその要請に応えようとしたのである。入学年齢を二十歳以下に制限して法令化された。

持ち越された課題

さて、淳和の命に応じて奏上された冬嗣以下公卿たちの政策意見、しかも特選枠に入った意見をみると、政権が当面した深刻な課題が浮かび上がってくる。相変わらずの災異がもたらす不作・凶作、人々の疲弊・飢饉・疫死、それにもかかわらず仁政・徳政を顧みず、私利追求に走ろうとする国司たち。嵯峨朝後半期以来の課題は淳和朝にもそのまま持ち越されていたのだった。

それらの課題に対する政策は、先の特選枠には入っていない意見（政策）のなかにも、またそれ以外の諸政策にも容易にみることができる。たとえば、天長二年（八二五）五月には、冬嗣ら公卿たちの上表により、臣下の封禄《ほうろく》を四分の一削減する措置がとられた。「弘仁九年の例」が三たび実施されたのである。それほどに、嵯峨朝後半期以来の課題は最重要課題として、冬嗣政権に重くのしかかっていたのである。

ただ、それらの政策について紹介するのは以上にとどめ、むしろここでは、冬嗣政権がとった淳和朝特有の政策や措置について、取り上げてみよう。むろん、冬嗣個人の政策と特定できるものはないが、いかにも冬嗣らしいと思わせるものはある。

両天皇の政治姿勢

これまでもふれてきたが、冬嗣政権は社会政策にせよ、経済政策にせよ、こと政策については積極的である。楽観的で大胆と思われるものも少なくない。淳和が冬嗣政権の公卿たちに守旧を排して革新的な政策意見を求めたのも、この政権のもつそのような性格に期待してのことだ。

そして、その冬嗣政権の積極性は首班冬嗣の政治姿勢を反映していると同時に、嵯峨の豪放な政治姿勢とも通い合うものがあった。一方、淳和の政治姿勢には嵯峨ほどの豪放さはない。むしろ繊細である。

端午節の廃止

新旧両帝の政治姿勢の違いが現れたものとして、政策ではないが、端午節《たんごのせつ》廃止の措置がある。天長元年（八二四）三月、淳和は詔を発して、「亡き母旅子《たびこ》の忌日が五月四日であるのに、翌日にはみな騎射《うまゆみ》や競馬《くらべうま》に打ち興じるのはいかがなものか」と冬嗣以下公卿たちに対し、五月五日の端午節を廃止するよう求めた。

公卿たちは淳和の意向にしたがうとともに、淳和自身も「有事の備えとして不可欠であり、私も観閲したい」と述べていた端午節恒例の騎射については、九月九日の重陽《ちようよう》節に振り替えて実施することを決めた。

この端午節廃止につけて思い起こされるのは、かつて弘仁七年（八一六）、嵯峨天皇が右大臣園人《そのひと》から当年の端午節会を中止するよう提言されながら、これを認めなかった一件である。園人は節禄《せつろく》支給が国家財源を圧迫していることを理由に、弘仁五年には重陽節中止を提言し、そのときは嵯峨に聞き入れられたが、二年後の端午節中止は聞き入れられなかった。財源が好転しているとみるや、積極的な姿勢をとろうとするのが嵯峨であり、冬嗣であった。

平城崩御の諒闇

一方、淳和は繊細で感受性に富む。天長元年七月、異母兄平城太上天皇が崩御《ほうぎよ》する。淳和は諒闇《りようあん》（天皇の服喪《ふくも》期間）をしっかりとるつもりだったようだが、平城が生前諒闇を短くするよう遺命し、公卿たちもこれにしたがうよう請うていたので、淳和もいったんは諒闇を七月いっぱいとした。

ところが、淳和自身はその後も素服《そふく》（喪服）を着て服喪を続けたらしく、時として天皇の政務を行わず、また十一月の新嘗祭《にいなめさい》は神事は挙行したが、翌日の豊明節会《とよのあかりのせちえ》（宴会）は取りやめるなど、変則的な状態が続いた。

このままでは翌年正月元日の朝賀儀《ちょうがのぎ》も節会も中止となってしまう。冬嗣以下公卿たちは懸念する。そこで、淳和に朝賀儀の重要性を諄々《じゅんじゅん》と説きつつ、「春秋《しゅんじゅう》（儒教の教典である五経の一つ）によれば、死後一〇〇日経てば吉礼《きちれい》を行ってよろしいのです」と典拠まであげて進言。旧来通り、朝賀儀・節会を行うよう懇請する。節会が中止となると貴族・官人たちのお目当てである節禄がもらえない。そういう事情もあった。

冬嗣ら朝賀挙行を説得

これに対して、淳和は詔を発し「平城上皇に死なれた悲哀癒しがたく、賑やかな宴会は見るに忍びない。だから、元日の朝賀儀は行うが、その後はただちに服喪に入る。節会は行わず、楽器の使用は禁じる」と応じ、一時的には解くものの、諒闇は継続することを告げる。ただし、節会は行わないが、「節禄は支給する」と言明したから、淳和は公卿たちと一種の妥協もしたわけである。

朝賀の中止

しかし、結局、淳和は翌天長二年正月元日、朝賀儀を行わなかったのである。史書は当日淳和が「御薬《みくすり》」を必要とする状態であったと記しているから、公式には淳和の急病を理由とする中止である。だが、実際には淳和が前言を翻し、またぞろ諒闇を理由にこの年頭の朝儀を中止した可能性は高い。

そして、その後、淳和は諒闇を理由に、十六日の踏歌《とうか》にも出御《しゅつぎょ》せず、十七日の大射《たいしゃ》にも右大臣冬嗣を建礼門南庭《けんれいもんなんてい》に代理として遣わし観閲させた。

それにしても、淳和の諒闇へのこだわり、異母兄への哀惜の思いは異常にすぎるほどだ。ここからも、平城こそが薬子《くすこ》の変の張本だとする近年の説はやはり無理だろう。それはともかく、淳和の性格が嵯峨とは大きく異なるものであったことは間違いない。

嵯峨といえば、あの国難の時期でも遊猟《ゆうりょう》を欠かさなかった。弘仁八年（八一七）には知られる限りで五回もの遊猟に出かけている。災異の責めを一身に担い、御膳や御服《ぎょふく》を切り詰める一方で、それとは別とばかりに遊猟に興じる豪放さである。そんな嵯峨と心を通わせることの多かった冬嗣にとって、新帝淳和は皇太弟時代以来厚い信頼を得ていたとはいえ、何かと勝手が違ったのではないだろうか。

四　冬嗣と緒嗣

新しい天皇には新しい仕え方があったのだろう。初老をすぎて円熟味を増した冬嗣は結局、淳和とも良好な君臣関係を保った。冬嗣政権のなかで淳和がもっとも頼りにしたのはやはり冬嗣であった。その点、政権ナンバー2の緒嗣は冬嗣に遠く及ばなかった。

左大臣昇任

天長二年（八二五）四月、淳和は冬嗣を右大臣から左大臣《さだいじん》に、緒嗣を大納言から右大臣に昇任させる。左大臣は延暦二年（七八三）の藤原田麻呂《たまろ》（式家）以来実に四十二年ぶりの任命である。淳和は緒嗣に配慮しながらも、冬嗣を政権首班として最大限に礼遇したのだ。

渤海使への対応

現実政治においても、淳和は緒嗣よりも冬嗣の意向を尊重した。そのことを象徴的に示すのが天長二年来朝の渤海国使《ぼっかいこくし》をめぐる対応である。かつて、渤海国使が弘仁十四年（八二三）十一月に来朝した際、緒嗣はこの国からの使節を一紀一貢（十二年に一回）とするよう淳和に上表し、これは認められ渤海側にも伝えられた。

緒嗣の進言

ところが、それから二年もたたないうちに渤海はまたもや使節を派遣し、天長二年（八二五）十二月に隠岐《おき》国に来着する。これを知った緒嗣は渤海が契期《けいき》（一紀一貢《いっきいっこう》）に違反したとして隠岐から追い返すよう淳和に進言する。しかし、淳和はこれを認めず、渤海国使の入京を命じる。そこで緒嗣は翌年三月、あらためて淳和に渤海国使を入京させることなく隠岐から追い返すことを進言する。

譲位の美談

このときの緒嗣の進言は廟堂内での彼への異論を十分意識した興味深いものだ。そのなかで緒嗣は「ある人」が嵯峨から淳和への譲位を「両君絶世の譲《ゆずり》」と称え、その美談を海外に知らしめる絶好の機会だと揚言していることを取り上げ、すでに日本では往古菟道稚郎子《うじのわきいらつこ》が自ら命を絶って兄の大鷦鷯尊《おおさざきのみこと》（仁徳天皇《にんとく》）に皇位を譲った美談が『日本書紀《にほんしょき》』に書かれていることをあげて、ことさらに海外に知らしめる必要はないと反論。

さらに、渤海の遣使は交易（商い）を目的とするもので、外交使節の名に価しない。ばかりか、わが国では現在多くの行事予定が目白押しで、渤海使入京を迎える余裕などない。また、近年の旱魃・疫病により人も物も失われているなかで、渤海使入京となれば、人々は送迎に徴用されて一層疲弊し、正税《しょうぜい》は使節へのもてなしに支出されて一段と損なわれると諌める。

「争臣《そうしん》（君主に諌言する臣下）なければ、いずくんぞ天下を存せん」と自負するだけあって、情理を尽くした諌言である。しかし、淳和はこの諌言も聞き入れなかった。それはなぜか。淳和がこの緒嗣よりも冬嗣の意見を尊重したからである。

この問題についての冬嗣の意見は伝わっていない。しかし、冬嗣は少なくとも緒嗣の意見に同意していなかった。それは容易に想像できる。もし冬嗣が緒嗣と同意見だったら、この一件は緒嗣個人の諌言ではなく、冬嗣以下公卿の意見として淳和に奏上されていただろう。右大臣緒嗣がこのような形で諌言しなければならなかったのは、左大臣冬嗣が緒嗣に同意せず、異なる意見をもっていたからだ。

交易目的

緒嗣がいう「ある人」とは十中八九冬嗣のことである。「両君絶世の譲」とは要するに、譲位した嵯峨の美談である。その嵯峨の美談を海外にまで知らしめんと言う者がいるとすれば、それは嵯峨の側近中の側近であり、直接譲位のことを告げられた冬嗣をおいてほかにはない。

渤海はこれに味を占めたのか、天長四年（八二七）十二月、またもや契期を無視して使節を派遣し、但馬国《たじま》に到着する。ところが、このたびは前回とは異なり、入京を許されることなく、本国に追い返されてしまう。前回からこのときまでに起こった大きな変化はただ一つ。左大臣冬嗣が世を去り、右大臣緒嗣が廟堂首班となったことである。

緒嗣の意見に反対していた中心人物は冬嗣である。緒嗣の進言も諫言も淳和から相談をうけた冬嗣によって却下されていたのだ。やがてその冬嗣が死に、緒嗣が政権の首班となって初めて緒嗣の意見は採用されたのである。

ではなぜ、緒嗣の意見は冬嗣によって却下されたのか。「両君絶世の譲」を海外にも伝えたいとは取って付けたような理由だ。おそらくこれが主たる理由ではない。一紀一貢とは定めたものの、来てしまった以上はその来貢を受け入れ、賞賜《しょうし》をもって返礼すべし。そんな尊大な「宗主国」意識もあっただろう。

交易に積極的

嵯峨朝の華美

しかし、現実主義者であり積極的な政治姿勢を身上とした冬嗣が渤海国使を追い返さなかったのは、もっと重要な理由があったからである。それは交易である。緒嗣は「渤海使は商いをしにきている」と指摘したのはまったくその通りで、緒嗣はそのことを批難しているが、冬嗣はそうではない。渤海使との交易にむしろ積極的なのである。

しかも、この交易は国家間の交易（朝貢と賞賜）ではない。貴族や富豪が渤海船の停泊地まで出向き、あるいは人をやり、大陸の産品を買い付ける私的な貿易である。沿海州に位置する渤海は自国のさまざまな産物や唐の文物を積んでやってきた。

天長五年（八二八）に出された私貿易の禁令によれば、当時、貴族・富豪たちは誰しも遠い異国の産品に憧れ、争って入手しようとしたという。特に珍重されたのは貂《てん》をはじめとする獣類の毛皮だった。

この毛皮は平城天皇のときに着用禁止とされたが、嵯峨天皇の時代になると解禁された（後紀弘仁元年九月乙丑条）。これに限らず、嵯峨朝は華美が好まれた時代であったから、貴族・富豪たちが渤海船の到着を心待ちにし、珍しい毛皮を手に入れようと目の色を変えたのも無理はない。のちには禁止されるが、財力のある者たちにとって、貂裘《ちょうきゅう》（貂の皮衣）を纏《まと》うのがファッションになっていたのだ。

冬嗣は彼らがそういう異国の産品を手に入れる場を必要と考えたのである。自身にとっても必要だっただろう。たとえば、彼は合香家でもあったから、渤海使を通じて香材を入手しようとしたことがあったかもしれない。

この私貿易は実は国法を犯す行為である。緒嗣の批難もそのことを踏まえているが、冬嗣は意に介していない。国法を超えて、むしろ華美を好む時代の現実を肯定するのである。いかにも冬嗣らしい姿勢である。

緒嗣の華美批判

一方、緒嗣は華美を好む時代の現実に否定的である。淳和の命に応じて公卿たちが意見を奏上したとき、緒嗣には淳和から採択されなかった意見があった（福井俊彦「天長・天安期の政治と交替制」）。「不要の官を省《はぶ》きて、文華の費えを断つ」（不要の官を廃止し、華美への浪費をなくす）というものである。前半は冗官《じょうかん》整理を断行した平城朝への回帰、後半は華美を好んだ嵯峨朝への批判である。ともに一つの識見であるが、淳和は採用しなかった。というより、実際には、冬嗣が採用させなかったのだろう。

積極財政派冬嗣

前帝平城の緊縮財政から積極財政に転じ、華やかな弘仁文化を開花させたのは嵯峨。その嵯峨を支えたのが冬嗣である。譲位したからといって、嵯峨から遠のいたわけではない。

天長二年（八二五）十月といえば、厳しい財政状況の下、以下にもふれるように、五位以上がみな封禄を削減し、緒嗣にいたっては大臣の職封《しきふ》を返納して、苦境を乗り切ろうとしているさなかである。そんなときでも嵯峨はかまわず、交野《かたの》に遊猟する。そして、その傍らには左大臣冬嗣が控えた。終生嵯峨の側近だったのである。その冬嗣が緒嗣の意見に同調することはありえない。淳和もまた、それにしたがわざるをえなかったのである。

緒嗣封禄を返納

実利を重んじる積極財政派の冬嗣と理想を堅持する緊縮財政派の緒嗣。二人の政治家としての違いは災異対策にも表れる。淳和朝初期も喫緊の問題は旱魃と疫病だった。被害を食い止めるために、法力に頼り、賑給《しんごう》や給薬、免税などの善政措置を講じる。国家財源の逼迫を緩和するために、五位以上の封禄を四分の一削減する（「弘仁九年の例」）。これまで幾度となくとってきた対策がここでもまた繰り返される。

ただ、いささか目を惹くのは、天長二年（八二五）五月、淳和が緒嗣の申し出を認めて右大臣の職封二〇〇〇戸のうち一〇〇〇戸を収公したことである。それはいいとして、実は左大臣冬嗣も同様の申し出を行ったのである。にもかかわらず、淳和はその申し出は却下した。同じく大臣の職封返納でありながら、緒嗣に限って認めたのはなぜか。

これは淳和が冬嗣に配慮した結果である。というのは、弘仁十二年（八二一）以来、冬嗣は毎年、勧学院《かんがくいん》・施薬院《せやくいん》のために大臣職封一〇〇〇戸を投じていたのであり、ここでさらに大臣職封一〇〇〇戸を返納させれば、冬嗣には職封がまったく残らなくなってしまうからだ。

冬嗣の返納却下

むろん、冬嗣とてもそれを承知の上で、淳和に職封一〇〇〇戸の返納を申し出たのだ。ただ、それは緒嗣の申し出の三日後になってからだった。冬嗣は緒嗣に先んじられてしまったのである。

この件を伝える『日本紀略《にほんきりやく》』は「左大臣冬嗣上表して、封を減ぜんことを請う」とだけ記す。冬嗣が具体的に何戸の職封の返納を申し出たのか実はわからない。しかし、不覚にも生涯のライバルに遅れをとった冬嗣がそのライバルより少ない数字をあげるはずはない。緒嗣と同じ一〇〇〇戸の返納を申し出たと断じてよい。

緒嗣の返納申し出は即日、淳和によって認められた。ところが、冬嗣の申し出の方は、返納不要として却下の決定が下されるのに三日を要した。淳和から却下の内意が冬嗣に伝えられ、出し抜かれた冬嗣としてはすぐには承服しかねたのだろう。正式決定に時間がかかったということだ。それでも結局冬嗣は却下にしたがった。

状況認識の違い

興味深いのは冬嗣・緒嗣両大臣の財政状況の認識の違いである。緒嗣は大臣が進んで職封を返納しなければならないような状況であるとみた。一方、冬嗣はそこまでとはみていなかったのである。緒嗣に比べると現状認識が楽観的であり、またすでに実質半減して一〇〇〇戸となっている大臣職封もできれば確保しておきたい。だから、遅れをとったのだろう。ぼんやりしていたわけではない。

ただ、右大臣緒嗣が返納を申し出て認められた以上は、左大臣冬嗣も二番煎じではあれ、同様の申し出をせざるをえなかったというのが真相だろう。もっとも、緒嗣の申し出を認めた淳和にしても、緒嗣に加えて冬嗣の職封一〇〇〇戸まで必要だとは考えなかった。淳和が冬嗣の職封確保を優先させたのは、財政状況の認識において、緒嗣と冬嗣の中間にあったということだ。

第六　さまざまな冬嗣

――族長・文人・合香家・仏教外護――

一　プレ「藤氏長者」としての冬嗣

政権を率いた政治家冬嗣は同時に藤原氏の族長でもあり、当代一流の文人でもあり、合香家《ごうこうか》でもあった。嵯峨《さが》や安世《やすよ》、三守《みもり》らとともに、天台宗《てんだいしゅう》の独立を目指した最澄《さいちょう》と真《しん》言密教《ごんみっきょう》を宣布した空海《くうかい》の強力な支持者としての側面もある。しばらく政治家冬嗣とは別のさまざまな側面からその実像に迫ってみよう。ここでは族長としての冬嗣に注目する。

氏長者

氏族を代表する族長は古来氏上《うじのかみ》（氏宗《うじのそう》、氏長《うじのおさ》）と呼ばれたが、のちにこれにかわって氏長者《うじのちょうじゃ》という名称が使われるようになる。藤原氏については冬嗣の孫、基経《もとつね》あたりから氏長者が用いられるようになった。それまでは氏上ということになるが、藤原氏の場合、他の氏族ほど同族意識が強くない。平安時代以降、北家《ほっけ》を中心に藤原氏が政権首班を占め続けるようになってから、逆に同族意識が強まり、氏長者が必要とされるようになったとされる（竹内理三「氏長者」）。

藤原氏の氏長者は「藤《とう》氏《し》長者《ちょうじゃ》」と称される。冬嗣自身はこの藤氏長者となったわけではない。しかし、いわばプレ「藤氏長者」として、一族のために大きく貢献し、藤原氏全体の族的結合を強化した。その大きな貢献とは何か。勧学院《かんがくいん》の創設と施薬院《せやくいん》の基盤強化である。

勧学院

勧学院は冬嗣が弘仁《こうにん》十二年（八二一）に建立した（三代格所収貞観《じょうがん》十四年十二月十七日官符《かんぷ》）。もと彼の私宅だったらしい（『拾芥抄《しゅうがいしょう》』宮城部十九）。大学寮《だいがくりょう》で学生《がくしょう》として勉学する藤原氏子弟の寄宿舎である。

在院の学生には学資を支給するなど、手厚い便宜供与を行った。その財源は当初は冬嗣が施入《せにゅう》した自身の大臣食封《じきふ》（施薬院とあわせて一〇〇〇戸）と諸国に散在する荘園《しょうえん》田地からの地子《じし》（請作《うけさく》人が納める耕作料）。冬嗣は食封は自分の死後回収されることを見越し、各地の荘園を買得していた。

かなり潤沢な財源で、同族子弟らの勉学を強力に支援した。のちに大学別曹《べっそう》としても認定され、所在地の左京三条一坊五町が大学寮（左京三条一坊一・二・七・八町）の南にあたることから、大学南曹《なんそう》とも呼ばれたが、大学寮の管轄はうけない。あくまでも藤原氏が管轄する藤原氏出身学生のための教育支援機関であった。

学生支援の成功

この勧学院の学生支援は、豊かな財源に支えられたこともあって、大きな成功を収める。実はすでに延暦年間（七八一―八〇五）に和気《わけ》氏による弘文院が創設されているが、これは勧学院のような寄宿舎（教育支援施設）ではなく、図書館的施設であり、性格を異にしたらしい（久木幸男『日本古代学校の研究』）。のち承和《じょうわ》年間に橘氏が学館院《がっかんいん》を創設、元慶《がんぎょう》五年（八八一）には在原行平《ありわらのゆきひら》が王氏《おうし》（在原氏・源氏《げんじ》などの皇親《こうしん》出身氏族）のために奨学院《しょうがくいん》を創設するが、両氏が追随したのは弘文院ではなく、勧学院であった。

行平はその奏状《そうじょう》のなかで「昔、閑院贈太政大臣《かんいんぞうだいじょうだいじん》（冬嗣）は学問の道を深く憂え、賢才を切に求めて、学舎を大学寮とは別に設置した。一族をよき方向に導いてくれるものを残したのである。それゆえ、藤原氏出身の学生には今なお才子が多い」と勧学院を創設した冬嗣の功績を称えている（『本朝文粋《ほんちょうもんずい》』巻五）。

大学別曹の先駆け

学館院も奨学院もやがて大学別曹に認定されたが、あくまで氏族が管轄する氏族内部の教育支援機関だった。冬嗣の勧学院はそのような大学別曹の先駆けとなった。

勧学院が創設されたころは、「文章《もんじょう》は経国《けいこく》の大業《たいぎょう》」とまでいわれ、有能な文人官僚が求められた時代であった。現に、門地は低いが学問や文才をもった文人官僚が陸続と現れ、抜擢された時代である。

自身優れた文人でもある冬嗣は、政権トップの座にあって、そんな新しいタイプの官僚群を目の当たりにしていた。藤原氏といえども旧来のままではいけない。時代のニーズに応え、文人としての素養を若いうちに身につけさせねばならない。そう考えたのである。

藤原氏の統合

かくして、この勧学院に北家・式家《しきけ》などの家にとらわれず、広く藤原氏から多くの若者が集い寄宿生活を送るようになった。寄宿して日夜切磋琢磨しながら、たとえば千字文や蒙求といった初学の書の素読に励む。それまで同族意識が希薄だった藤原氏は徐々に統合されてゆく。統合された藤原氏にはより強いリーダーシップをもった族長、つまり氏長者が必要となり、その下で藤原氏全体の雑務が執行されるようになるのである。

そして、勧学院はたんなる教育支援機関にとどまらず、藤氏全体の重要庶務を執行する事務局としても機能するようになる。他氏のものも含めて、一般に大学別曹のことを氏院《うじのいん》とも称するのは、後世、大学別曹が氏全体の庶務執行機関ともなったからだ。

氏院

氏院としての勧学院が藤氏学生の学問奨励以外に扱ったのは、主として氏寺《うじでら》(興福《こうふく》寺《じ》)・氏社《うじやしろ》(春日社《かすがしゃ》)に関連する庶務だった。平時は法会《ほうえ》・祭祀の挙行、寺社の建物・仏像・宝物等の管理、別当・神主などの叙任《じょにん》、寺社財源の賦課《ふか》などにあたったが、寺僧・神人に対する警察権や寺社所領での裁判権の執行、僧兵・神人《じにん》らの藤氏に向けた強訴への応対、彼らの濫行《らんぎょう》の鎮定・調停といった非常時の対応もあった(桃裕行『上代学制の研究』)。

冬嗣の時代の勧学院にはまだ、そのような学問奨励以外の庶務執行機能はみられない。しかし、この勧学院の創設が藤氏全体の統合を促し、統合された藤氏の精神的・宗教的紐帯として、興福寺(氏寺)・春日社(氏社)がその存在意義を高める結果となった。後世、勧学院が氏寺・氏社関連庶務の執行という機能をあわせもつようになったのは、勧学院の創設がもたらした結果を勧学院自身が引き受けたものだ。勧学院は藤氏結合の拠りどころだった。族長冬嗣の貢献は大である。

朱器台盤

後世、藤氏長者の交替に際しては、朱器台盤《しゅきだいばん》の授受が行われるのを例とした。朱器台盤とは朱塗りの酒器・食器とそれらを置く四脚・横長の机状の台のことで、藤氏長者の象徴である。毎年正月に藤氏長者の催す大臣大饗《だいじんだいきょう》に使用されることから、全体では相当数に上った。朱器だけでも長櫃《ながびつ》四合に収められていたことが知られる。

この朱器台盤が「冬嗣の遺品であり、勧学院に置かれていた」という起源伝承が平安後期には伝わっていた（『江家次第《ごうけしだい》』巻二、大臣家大饗裏書《うらがき》）。もっとも、実際の起源はそれほど古くはなく、だいたい十世紀の終わり、藤原兼家《かねいえ》のころからであったらしい（岩井隆次「朱器台盤考」）。

ただ、藤氏長者の象徴の起源が冬嗣と勧学院に仮託されて伝えられていることは注目してよい。冬嗣が勧学院を創設したこと。これは藤原氏の結合と繁栄をもたらすたいへん重要な貢献だった。そのことが朱器台盤の起源伝承として、後世にまで語り伝えられたのである。

施薬院

冬嗣の藤氏全体への貢献としては、もう一つ施薬院の基盤強化も見過ごせない。

この施薬院は、もと天平《てんぴょう》二年（七三〇）に光明《こうみょう》皇后《こうごう》が天下の病者を療養する施設として悲田院《ひでんいん》（孤子《こし》窮乏者を救済）とともに、皇后宮職《こうごうぐうしき》（光明のために新設した官庁）のなかに創設したものだ。薬草は皇后の湯沐《とうもく》（封戸《ふこ》）と父不比等《ふひと》の功封《こうふ》が置かれている国々が毎年その封戸の庸物《ようもつ》で購入し、施薬院に進上した。実権を掌握した藤原仲麻呂《なかまろ》にも支えられ、多くの病者を救った。

光明が亡くなり、仲麻呂が敗死してからのちは、その活動は減退したようだ（林陸朗

『光明皇后』、新村拓『日本医療社会史の研究』）が、停廃されたわけではない。時として皇族をも対象とする官営の医療施設として存続した。天応《てんおう》元年（七八一）八月に左大臣《さだいじん》藤原魚名《うおな》の命により、正倉院の薬種が施薬院に充てて出倉されているし、ほかにも桓武天皇《かんむてんのう》や賀陽采《かやのうね》女《め》の命による同様の出倉がある。平安京では左京九条三坊三町の地に設置され、弘仁二年（八一一）には山城国乙訓郡《やましろのくにおとくにぐん》所在の薬園一町を与えられた。

烏丸町遺跡

平成二十六年（二〇一四）、京都市埋蔵文化財研究所が京都市南区の烏丸町《からすまちょう》遺跡で発掘調査を実施し、九世紀初頭に属する池の遺構から一六点の木簡《もっかん》が出土した。

そのうちの一点は「弘仁六年三月十日」の日付をもち、施薬院の「預《あずかり》」（または「領」）である小治田《おはりだの》某《なにがし》が、前月四日に来院した左京の成人男女二名が死亡したこと、また施薬院の田地の耕作に従事していた「客作児《きゃくさくじ》」（雇用労働者）八名のうち四名が死亡したことを報告する内容となっている（京都市埋蔵文化財研究所『平安京左京九条三坊十町跡・烏丸町遺跡』）。

弘仁六年（八一五）三月といえば、前年に天然痘《てんねんとう》の流行があったので、来院男女二名や客作児四名の死亡も疫病《えきびょう》によるものかもしれない。それはともかく、ほかに付札《つけふだ》木簡として「猪□」「六物干薑丸《かんきょうがん》」と薬品・薬種名を記したものや、武蔵《むさし》国から施薬院に送ら

施薬院関係木簡
（公益財団法人京都市埋蔵文化財研究所所蔵）

れた蜀椒《なるはじかみ》（朝倉山椒《あさくらざんしょう》）に付けられたものもある。

平安初期の施薬院

この遺跡は平安京左京九条三坊十町に位置し、同坊三町にあったと伝えられる施薬院とは二町ほど離れているので、施薬院との関係については不詳である。しかし、平安時代初期の施薬院が独自の田地を所有し、その耕作を雇用で賄い、薬品・薬種については薬園だけではなく遠国《おんごく》からも調達して病者の治療にあたったことは間違いない。その病者も京内一般住民の来院を受け入れている。預を責任者とする官営の医療施設として、小規模でおそらくは財政的な制約をうけながらも、地道に治療活動を行っていたようだ。

財政基盤の強化

弘仁十二年（八二一）、冬嗣はその施薬院の財政基盤強化に乗り出す。やはり自身の大臣食封を施入（勧学院とあわせて一〇〇〇戸）し、荘園田地からの地子も財源とした。財政基盤を盤石なものとすることによって、施薬院の革新を図ろうというのである。

施薬院の革新とは何か。医療施設である施薬院に新しい機能を付加することだ。この時代には、同じく藤原氏に属していても、蔭位《おんい》の対象にもならず、貧しく自活できない者、身寄りもなく飢えに苦しむ者が少なからず出現していた。

冬嗣は同族内の窮乏者を収容し保護する救貧施設が必要だと考えた。窮乏者は病者と隣合わせである。ばかりか、多くはすでに病者である。そこで、冬嗣は藤原氏ゆかりの施薬院に目を付けた。これを救貧施設としても活用しようと思い立ったのである。

救貧施設

当時の施薬院は小規模ながらも医療施設として、たしかな実績をもっていた。だとすれば、冬嗣がそのように思い立ったのは、むしろ自然である。官営の施薬院に藤原氏の救貧施設としての機能をもたせる。そのために必要なことは、施薬院の財政基盤を冬嗣の主導で飛躍的に強化することだったのである。

悲田院

救貧施設といえば、光明皇后が施薬院と同時に創設した悲田院がある。悲田院はその後も存続し、平安京では東西悲田院となる。先の烏丸町遺跡出土の木簡によれば、平安初期には施薬院の配下にあった。このことも冬嗣が施薬院に目を付けた理由である。

かくして、冬嗣は藤原氏の窮乏者を施薬院に収容して保護した。藤原氏に対する大いなる貢献である。

藤原氏内のエリート層には学生寄宿舎として勧学院。同じく貧困層には救貧施設として施薬院。どちらも族長冬嗣が自分の膨大な封戸や荘園を惜しげもなく投入した藤原氏のための共済施設である。それまで、それぞれの家を単位としていた藤原氏が上はエリート層から下は底辺の貧困層にいたるまで、家を超えて結合されてゆく。その契機となったのがこの勧学・施薬両院だった。

没後の財源確保

ところが、冬嗣が亡くなってから十年後の承和三年（八三六）五月、当時の藤原氏の主だった人々が仁明《にんみょう》天皇（正良親王《まさらしんのう》）に上表文《じょうひょうぶん》を奏上《そうじょう》した。左大臣《さだいじん》緒嗣《おつぐ》（式家）を筆頭に、大納言《だいなごん》三守（南家《なんけ》）、中納言《ちゅうなごん》吉野《よしの》（式家）、同愛発《あらち》（北家）、権中納言《ごんのちゅうなごん》良房《よしふさ》（北家）、勘解由《かげゆ》長官《ちょうかん》雄敏《おとし》（京家）と錚々《そうそう》たる面々である。

上表文は両院の財源確保に関するものだった。すでに、冬嗣の食封一〇〇〇戸はない。彼の先蹤《せんしょう》にならって、藤原氏で大臣に登った者は食封一〇〇〇戸を施入するようになるのだが、すでに緒嗣のときにそうであったかはわからない。いずれにせよ、主たる財源は各地の荘園から送られてくる地子であった。

緒嗣らの主張

緒嗣らは言う。「地子は当初は督促しなくても、すべて両院の稟《くら》に輸納されてきた。しかし、冬嗣没後は、荘園の現地が巧みにいろいろと言い逃れ、輸納すべきにもかかわらず輸納してこない地子が八、九割方にものぼっている。荘園の地子は国家に納める官《かん》物《もつ》ではないから、輸納せずとも何も恐れるものはない。荘園の散在する国郡は都から離れているから、現地を調査しようにも手立てがない。だから、こういう事態になるのだ」と。

緒嗣らの理屈はいささか奇妙である。荘園の地子が官物ではないことも、その荘園が諸国に散在することも、冬嗣の生前からそうである。にもかかわらず、冬嗣存命中はきちんと地子の輸納が行われていた。輸納が一、二割ほどに激減したのは冬嗣没後のことである。

当初両院への地子輸納がきちんと行われたのは、冬嗣という唯一無二の存在があったからだ。その存在が諸国荘園の地子輸納に大きく物をいった。全納、しかも督促なしとは驚異的である。

むろん、彼の温厚な人柄や両院にかける熱意だけで、そこまでできるはずはない。どんな手を使ったのかはわからないが、現実主義者で合理主義者でもある冬嗣らしく、大臣としての政治力を用いながら、荘園田地の請作者や荘園管理者に締め付けを行う一方、何らかのインセンティブを与えたに違いない。

冬嗣の存在

冬嗣が生前買得していた荘園は没後、おそらく次子の良房に引き継がれたであろう。

その良房が参議《さんぎ》となったのは承和元年（八三四）のことだ。二年後、緒嗣らの上表文に名を列ねたときもまだ権中納言である。このころにはまだ亡父のような政治力はなかった。

かといって、冬嗣にかわって廟堂《びょうどう》首班となった緒嗣は淳和《じゅんな》朝以降は病に臥《ふ》しがちで、たびたび致仕《ちし》を上表する始末だ。政治力を行使するどころではない。元来が仁政・徳政にもとづく理想主義者で、現地を締め付けることもできず、餌をまいて人々を動かすタイプでもない。

仁明願い出を認む

結局、冬嗣あってこその勧学・施薬両院だったのだ。その冬嗣が世を去ると、たちまち財政基盤が大きく揺らぎ、経営が危ぶまれる状況となる。故人の遺志を継いだ緒嗣以下ではあったが、これを独力で解決することはできない。そこで、やむなく仁明天皇に上表し、荘園所在の国司《こくし》に地子未納の勘検《かんけん》（監視・摘発）を命じてくれるよう願い出たのである。

これに応えて仁明は「願い出は仁義を大切にしたいという一心に発するものだ。危急の事態からの復興が求められている。手助けしよう」と、願い出を認めている。国司の手を借りることによって、両院の財政基盤はようやく安定化に向かう。

藤原四家の結束

さて、創業者（冬嗣）が亡くなった途端、経営が危うくなるあたり、藤原氏の族的結合はまだまだ心許ないともいえる。それでも、この難局を打開するため上表するに際しては、式家、南家、北家、京家の藤原四家よりおのおの一、二名の代表者が名を列ねる形をとった。これは偶然ではない。四家の枠を保ちながらも、それを超えて藤原氏のために結束したのである。故冬嗣の遺徳によるというべきだろう。

冬嗣は勧学院を創設するだけではなく、旧来の施薬院の財政基盤も強化し、新たに同族の救貧機能を付加した。エリート層から貧困層にいたるまで藤原氏の統合が進められてゆく契機は、実に族長冬嗣が作ったのである。冬嗣こそは藤氏長者なき時代のプレ「藤氏長者」であった。

二　文人としての冬嗣

『凌雲集』

冬嗣の時代は嵯峨・淳和両帝の下、三大勅撰《ちょくせん》漢詩集が作られた時代である。第一詩集の『凌雲集《りょううんしゅう》』は、嵯峨天皇の命をうけて編輯《へんしゅう》の任にあたった小野岑守《おののみねもり》、菅《すが》原清公《わらのきよとも》、勇山文継《いさやまのふみつぐ》ら文人官僚が再三の詳議《しょうぎ》を重ね、それでもなお議論の尽きない場合には嵯峨の裁断を仰ぎ、また「当代の大才」である賀陽豊年《とよとし》にも書簡で意見を尋ねるなどした上で、作者二三人による合計九〇首（現存本二四人、九一首）の詩を選定し、弘仁五年（八一四）に完成したとされる。岑守がその序で魏《ぎ》の文帝《ぶんてい》の「文章は経国の大業」を引用したことでも知られ、「文章（文学、文化）こそが国を治める偉大な事業」とする当時の気概が全篇に漲《みなぎ》っている。ただ、初の勅撰詩集として試作的な面もあった（小島憲之『国風暗黒時代の文学』中(中)）。

『文華秀麗集』

第二詩集の『文華秀麗集《ぶんかしゅうれいしゅう》』は、やはり嵯峨の勅命《ちょくめい》により冬嗣が編輯を命じた仲雄王《なかおおう》、菅原清公、勇山文継、滋野貞主《しげののさだぬし》、桑原腹赤《くわばらのはらか》ら文人官僚が前集の『凌雲集』に洩れた作品を補い、さらに新しく詩を加え、嵯峨・淳和の御製《ぎょせい》をはじめとする作者二八人、合計一四八首（現存本は五首脱落して一四三首）を集め、弘仁九年（八一八）に完成。前集にくらべて、「文章は経国の大業」の主張は控えられ、文学の美へとその傾斜を求めたとされる（小島憲之『懐風藻　文華秀麗集　本朝文粋』）。

『経国集』

第三詩集の『経国集《けいこくしゅう》』は、正確には漢詩文集である。淳和の詔命《しょうめい》により良岑《よしみね》安世が編輯を命じた滋野貞主、南淵弘貞《みなぶちのひろさだ》、菅原清公、安野《やすの》（勇山）文継、安部吉人《あべのよしひと》ら文人官僚が慶雲《けいうん》四年（七〇七）以来の詩文を集め、さらに前集（『文華秀麗集』）に洩れた作品を補うとともに新詩をも加え、作者一七八人、賦一七首、詩九一七首、序五一首、対策三八首を集大成して二十巻とし、天長《てんちょう》四年（八二七）に完成した。弘仁・天長期の最後の詞華を咲かせた浩瀚《こうかん》な詩文集である（小島憲之『国風暗黒時代の文学』中(下)Ⅰ）。ただ、残念なことに、今日ではわずかに六巻分が伝えられているにすぎない。

冬嗣の作品は三集すべてに選ばれているが、ここでは今日ほぼ完全な形で伝わっている『凌雲集』と『文華秀麗集』の両集をもとに、文人冬嗣の姿を弘仁期の宮廷文壇のなかにとらえてみよう。

表は両集に入選した作者とその詩数の一覧である。両集ともに嵯峨の勅撰だから、嵯峨の作詩合計五六首が一人他を圧倒しているのは当然だ。だが、冬嗣の計九首も決して少なくはない。

名族の入選少なし

それよりも、この入選者の顔ぶれをみて気づくのは、藤原氏を筆頭とする名族の影がきわめて薄いということだ。『文華秀麗集』が編まれた弘仁九年（八一八）までに公卿《くぎょう》となっていた者も冬嗣以外には数えるほどである（菅野真道《すがののまみち》、良岑安世）。たとえば、藤原内麻呂《うちまろ》、園人《そのひと》、葛野麻呂《かどのまろ》、縄主《ただぬし》、三守といった藤原氏の公卿たちはみあたらない。

冬嗣のライバル、あの緒嗣も入っていない。もっとも、彼には選には洩れて現存しないが、「交野《かたの》離宮に過《よぎ》りて旧を感《おも》う」という作詩があった。嵯峨がこれに唱和して作っ

表　凌雲集・文華秀麗集の入集者と入集詩数

		凌雲集	文華秀麗集	計
1	平城太上天皇	2	0	2
2	嵯峨天皇	22	34	56
3	淳和天皇(大伴親王)	5	8	13
4	藤原冬嗣	3	6	9
5	菅野真道	1	0	1
6	仲雄王	2	13	15
7	賀陽豊年	13	0	13
8	良岑安世	2	4	6
9	藤原道雄	2	0	2
10	林娑婆	2	0	2
11	上毛野穎人	1	1	2
12	小野岑守	13	8	21
13	菅原清公	4	7	11
14	小野永見	2	0	2
15	淡海福良満	3	0	3
16	仲科吉雄	1	1	2
17	高丘弟越	2	0	2
18	坂上今継	2	1	3
19	大伴氏上	1	0	1
20	滋野貞主	2	6	8
21	多治比清貞	2	1	3
22	桑原宮作	1	0	1
23	桑原腹赤	2	10	12
24	巨勢志貴人	1	20	21
25	朝野鹿取	0	6	6
26	勇山文継	0	1	1
27	王孝廉	0	5	5
28	釈仁貞	0	1	1
29	紀末守	0	1	1
30	坂上今雄	0	1	1
31	姫大伴氏	0	1	1
32	藤原是雄	0	1	1
33	錦部彦公	0	1	1
34	平五月	0	1	1
35	佐伯長継	0	1	1
36	小野年永	0	1	1
37	宮部村継	0	1	1
38	桑原広田	0	1	1

た詩が『凌雲集』に入っている。だから、緒嗣もたしかに詩を詠み、弘仁期の文壇に列なる文人の一人だった。しかし、九首もの入選を果たした冬嗣とはくらべものにならない。

嵯峨側近グループ

名族藤原氏から公卿となった冬嗣は当時の宮廷文壇にあってはむしろ特異な存在だったのだ。両集の入選者をあらためて眺めてみよう。冬嗣をはじめとして、林《はやしの》娑婆《さば》、小野岑守、佐伯長継《さえきのながつぐ》ら嵯峨即位時の特別昇叙《しょうじょ》に預かった側近グループが目に付く。朝野《あさのの》鹿取《かとり》も嵯峨の東宮《とうぐう》時代に小野岑守らとともに侍読《じとう》として仕えて以来の側近だ。良岑安世にいたっては嵯峨の異母兄弟で、やはり嵯峨派である。

結局、弘仁期の宮廷文壇は嵯峨を中心とし、それを冬嗣以下の側近グループが取り巻き、さらには東宮学士《とうぐうがくし》や侍読を務めたその側近グループと学問上のつながりがあった文人官僚たち、卑姓だが「文章」（文学、文化）に秀でた人々によって構成されていた。「文章」こそが政治において大きな役割を果たすと考えられた時代。そのような文人官僚たちのなかには、時代の追い風に乗って政界に躍進し、やがて公卿にまで昇ってゆく者もいた（南淵弘貞、朝野鹿取、滋野貞主）。文壇で優勢なそのような文人官僚たちが天皇の覚えめでたく、政界でも台頭してくる。

一方で、藤原氏など名族は文壇では劣勢に甘んじている。政界での将来の地位も安泰ではない。冬嗣が藤原氏の学問奨励のために勧学院を創設したのはこのような背景があったのである。

文壇ネットワーク

そして、冬嗣にその発想が生まれたのは、自身が文人として弘仁期の宮廷文壇に深く関与していたからである。他の文人たちもそうだが、冬嗣もただ折々に詩を詠んで一人楽しんでいたわけではない。

想像の翼

『凌雲集』『文華秀麗集』の両集には独詠の詩もあるが、誰かが詠んだ詩に唱和する唱和詩（御製《ぎょせい》に唱和する場合は奉和《ほうわ》詩）が多い。特徴の一つである。当時の文壇（詩壇）に属する文人たちが相互に唱和・奉和を通じて交流するのである。両集は嵯峨を中心とする文壇のネットワークのありようを示している。むろん冬嗣もそのなかにあった。

いくつか例をあげてみよう。『凌雲集』に、大学頭《だいがくのかみ》（唐名、国子祭酒《こくしさいしゅ》）菅原清公が詠んだ「秋夜《しゅうや》途中にして笙《しょう》を聞く」（秋の夜、退庁の途中笙の音を聞く）の七言詩があるが、同集にはこれに冬嗣が和した「菅祭酒の「秋夜途中にして笙を聞く」の什《じゅう》に和す」と題する唱和詩が入っている。

高天日暮多秋感　　高天日暮れて秋感多し
退食飛纓下玉京　　退食纓《えい》を飛ばして玉京《ぎょくけい》を下る
遊子吹笙乗甲夜　　遊子笙を吹きて甲夜に乗る
一長一短悩人情　　一長一短人の情《こころ》を悩ましむ

風生柳際伝鸞響
月照槐間写鳳形
定識虞音従此聴
蹌蹌鳥獣満皇城

風は柳際《りゆうさい》に生《おこ》りて鸞響《らんきよう》を伝う
月は槐間《かいかん》に照りて鳳形《ほうけい》を写す
定めて識《し》る虞音《ぐおん》此《こ》こより聴こえ
蹌蹌《そうそう》に鳥獣皇城に満ちなんことを

天高き空、日も暮れて秋の思いがしきりにする。そのころ役所を退庁し、冠の紐を飛ばして急ぎつつ都の町中をわが家へとさがってゆく。

旅人の吹く笙の笛の音が初更《しよこう》に乗じて聞こえてくる。その音はあるいは長くあるいは短くて、わが心をちぢに悩ませる。

夜風は柳の木のあたりに起こって、笙の笛の音をこちらに伝える。月は槐樹《かいじゆ》の木の間に照りわたって、鳳凰の翼のような笙の姿を地上に写し出す。

この笙の音を聞くにつけて、古代の聖天子帝舜《ていしゆん》の世の妙なる音楽がここより聞こえてきて、これに感じた禽獣《きんじゆう》が連れ立って舞いながら、帝都に満ちるであろうとたしかに予測できるほどだ。

（小島憲之『国風暗黒時代の文学』中㊥）

清公の原詩では、都のどこかの邸宅の貴顕《きけん》が笙を吹いているという設定であるが、冬嗣は笙の吹き手を旅人に置き換えるなど、原詩によりつつも自由に想像の翼を広げて、

ファンタジーの世界

無常を描く技巧

独自の詩世界を描いて見せている。

ことに第七句・第八句は、不思議なファンタジーの世界だ。まるでシャガールの絵を観ているかのように感じるのは筆者だけだろうか。そして、これはもっと突飛だが、著名な蕪村《ぶそん》句「ほととぎす　平安城を筋かいに」さえ連想させるスケール感である。冬嗣が豊かな詩才に恵まれていたことは疑いない。

それはともかく、清公の原詩には嵯峨も「菅清公《かんせいこう》の「秋夜途中にして笙を聞く」に和す」と題する唱和詩を詠み、これも『凌雲集』に選ばれている。おそらく、清公の原詩には冬嗣・嵯峨以外にも多くの文人が唱和詩を作っているはずだ。入選して今日に伝わったのは清公の原詩と冬嗣・嵯峨による唱和詩の三首のみだったのだろう。

今一つ、『文華秀麗集』から唱和詩の例をとろう。同集には武蔵目《さかん》の平五月《たいらのさつき》が詠んだ五言詩「幽人の遺跡を訪《と》う」（世を避けかくれた人の居たあとを訪う）が入っている。これに冬嗣が和した唱和詩が「武蔵平録事《へいろくじ》五月の「幽人の遺跡を訪う」に和す」である。やはり同集に入選している。

幽遁長無返　　幽遁《ゆうとん》長《とこしえ》に返ること無く
捐身万事睽　　捐身《えんしん》万事に睽《そむ》く

玄書明月照
白骨老猿啼
風度松門寂
泉飛石室凄
白雲不可見
懐古独悽悽

玄書《げんしょ》明月照り
白骨老猿啼《な》く
風度《わた》りて松門《しょうもん》寂しく
泉飛びて石室凄《すさま》じ
白雲見るべからず
古《いにしえ》を懐《おも》いて独り悽悽《せいせい》なり

俗世間を避けて静かに隠れ、永遠に帰ることがなく、わが身を捨てて、あらゆる俗事にそむく。世捨て人の読んだ奥深い理を説く書物の上に明月は照り、その白骨に老いた猿が鳴いている。風が吹きわたって松のさしかかる門は静寂であり、噴き出る泉は飛び散って石室は冷たい。旧居のあたりには白雲が立ちこめて、何も見ることができない。この世捨て人の昔を思って一人心がいたむ。

(小島憲之『懐風藻 文華秀麗集 本朝文粋』)

この唱和詩の第三句、第四句に登場する「玄書」も「白骨」も五月の原詩からの借りものだ(ただし「玄書」は原詩では「玄経」)。その原詩では「玄経」は死後閉じられたままと嘆じて寂寥《じゃくりょう》の思いを表し、「白骨」は名声をとどめるよすがと愛惜して故人への敬意を伝えている。

ところが、冬嗣の唱和詩ではまったく異なる。「玄書」には明月の青白い光を皓皓《こうこう》とあて、「白骨」には老猿の哀切きわまる鳴き声を配して廃墟の凄まじい情景を切り取り、この世の無常を表現する。見事な技巧である。これまた彼の非凡な詩才を伝えて余すところがない。

唱和する文人たち

さて、この五月の原詩にも冬嗣以外の文人によって多くの唱和詩が作られただろう。間接的な唱和詩もある。『文華秀麗集』に入選した嵯峨の御製がそうだ。「内史滋貞主《ないしじていしゅ》の「武蔵録事平五月の「幽人の遺跡を訪う」の作に追和す」に同ず」との詩題をもつ。

これは嵯峨が直接五月の原詩に唱和したのではなく、滋野貞主が追和（唱和）した詩を原詩として、これに嵯峨が同じた（唱和した）詩である。だから、五月の原詩に対しては間接的な唱和詩である。結局、貞主の唱和詩は入選せず、五月の原詩と冬嗣の唱和詩、嵯峨の間接的な唱和詩の三首のみが入選して伝わったのである。

このように、弘仁期文壇の文人たちは相互に唱和・奉和を通じて交流した。彼らは神《しん》泉苑《せんえん》をはじめとする天皇の行幸先に召されては詩を詠み、作詩は文人たちに公開され、それらを原詩として唱和詩・奉和詩が詠まれ、さらにまたそれらを原詩として唱和詩・奉和詩が、というように、次々に詠まれた。

天皇の原詩に奉和したり、天皇から命じられて奉和する（応製《おうせい》という）ことも多いが、これまでの二例のように身分にとらわれず天皇が臣下の原詩に唱和することも盛んに行われた。身分にとらわれずという点では、両集の選定方針も興味深い。両集ともに嵯峨がもっとも多く入選しているが、逆に明らかに選から洩れた詩もある。

嵯峨落選

たとえば、『文華秀麗集』には嵯峨が行幸先の河陽《かや》（淀川《よどがわ》北岸の大山崎《おおやまざき》）で詠んだ「河陽《かよう》十詠」なる連作が収められている。しかし、「十詠」（一〇首）といいながら、実際には「河陽花《かようのはな》」「江上船《こうじょうのふね》」「江辺草《こうへんのくさ》」「山寺鐘《さんじのかね》」の四首しかとられていない。残りの六首は選から洩れたのだ。

その洩れた六首のうち、四首の詩題は「故関柳《こかんのやなぎ》」「五夜月《ごやのつき》」「水上鷗《すいじょうのかもめ》」「河陽橋《かようのはし》」であった。冬嗣、安世、仲雄王、朝野鹿取、滋野貞主の奉和詩によって判明する。「故関柳」という詩題は冬嗣の奉和詩「故関柳」が入選したおかげで今日に伝わった。原詩である嵯峨の「故関柳」は落選し、冬嗣の奉和詩「故関柳」が入選したのだ。そのような例は枚挙にいとまがない。

実力本位の選定

嵯峨の勅命をうけて両集の編輯にあたった文人官僚たちは、たとえ嵯峨の作詩であっても、出来映えによってはあえて選から落とした。むろん、冬嗣のような公卿の作詩も多くは落選の憂き目にあった。緒嗣のように、ついに一首も入選しなかった文人も多いだろう。嵯峨も冬嗣もそのような身分にとらわれない実力本位、作品本位の選定を容認したのだ。

この時期の宮廷文壇は和気藹々《わきあいあい》とした文学サロンなどではない。身分序列を超えて互いに切磋琢磨して競い合う実力主義の世界だ。「文章は経国の大業」と称揚された時代。宮廷文壇は新しい文人官僚群の拠りどころとなった。

冬嗣文壇を主宰

嵯峨の勅《ちょく》をうけて仲雄王らに『文華秀麗集』の編輯を命じた冬嗣は、淳和の詔をうけて貞主らに『経国集』の編輯を命じた安世とともに、そのような宮廷文壇を主宰する立場にあったとみられる。

ところで、冬嗣は自身詩作に励みながら、上下を問わず有能な文人官僚たちと交流したが、その交流は唱和詩・奉和詩のやりとりだけではなかった。

大伴親王

弘仁四年（八一三）四月、嵯峨天皇は皇太弟大伴《こうたいていおおとも》親王の邸宅である南池《なんち》（のちの淳和院《じゅんないん》）に行幸。文人たちに命じて詩を詠ませたが、このとき自邸に迎えた大伴親王も作詩した。『凌雲集』にとられた五言律詩の詩題は「南池に駕幸《がこう》したまう、後日大将軍に簡《かん》す」とある。この「大将軍」は参議左大将《さだいしょう》冬嗣をさす。大伴はその詩を手紙とともに冬嗣に贈ったのである。

冬嗣が大伴から作詩を贈られたのはこのときだけではない。『凌雲集』には「「江亭《こうてい》の暁興《ぎょうきょう》」に和し奉《たてまつ》り、左《さ》神策衛《しんさくえい》藤将軍に呈す」と題する七言詩が入選している。嵯峨の御製「江亭の暁興」（河陽離宮での夜明けがたの興趣）への奉和詩で、左神策衛藤将軍はやはり冬嗣のこと。大伴はこの詩も冬嗣に贈呈したのである。

当時、冬嗣は春宮大夫《とうぐうだいぶ》を兼ねていたから、皇太弟大伴とは官人として近しい関係にあった。だが、大伴がこのようにわざわざ自作の詩を冬嗣に贈ったのはそのような公的な関係を超えて、冬嗣が文人として、人間として敬慕すべき存在であったことによるだろう。先に述べたように、大伴が皇嗣としての苦悩を冬嗣に打ち明けたのも、冬嗣がそのような敬慕すべき存在だったからである。

勇山文継

冬嗣を敬慕したのは大伴だけではない。『文華秀麗集』には、勇山文継の「春日左将軍臨況《りんきょう》す」（春の日に左大将冬嗣の訪問をうけた）と題する七言詩が収められている。文継はこのとき大学助《だいがくのすけ》兼紀伝博士《きでんはかせ》。三大勅撰漢詩集すべての編輯にあたったアカデミックな文人である。その文継が冬嗣を迎えた喜びを次のように詠んでいる。

灑掃荊扉望風久　　荊扉《けいひ》を灑掃《さいそう》して風を望むこと久しく

尊卑礼隔未成歓
微誠有感降恩顧
欲酌春醪心自寛
檐下閑花光艶𤄃
籬前修竹影檀欒
何図一損台門貴
今日高車過下官

尊卑の礼隔たりて未だ歓《よろこび》を成さず
微誠《びせい》感有り恩顧を降《くだ》す
春醪《しゅんろう》を酌《く》まんとして心自《おのずか》らに寛《ゆる》らかにあり
檐下《えんか》の閑花光艶𤄃《ひかりえんやく》
籬前《りぜん》の修竹影檀欒《かげだんらん》
何ぞ図《はか》らん一たび台門の貴きを損《おと》し
今日の高車下官《げかん》に過《よ》きらんとは

私邸の柴の戸を洗い清め、将軍の風姿を望み待つことが久しく、身分の高い者と低い者との礼儀は相隔たっていて、まだお出でになって十分歓を尽くすにはいたっていない。自分のいささかの真心が将軍の感ずるところとなって、ついに恩顧を降したまい、お出でになった。したがって、この春の日に濁り酒を酌み交わそうと欲して、心は自然とゆったりとしている。軒端に静かに咲く花の光はあでやかに光り輝き、まがきのあたりにある長く伸びた竹の影はダンランと茂っている。

ひとたび高貴の身をおとしめて、今日将軍の立派なお車が私の家に立ち寄ろうとは思いがけないことだった。

（小島憲之『懐風藻　文華秀麗集　本朝文粋』）

念願かなって冬嗣が来臨し、文継はたとえようもなく嬉しい。しかし、卑姓文継が名門公卿冬嗣を迎えて「光栄至極」と恐縮しているわけではない。第四句に注意されたい。「今日は二人で濁り酒が酌み交わせる」、そう思うと恐縮どころか、「自然に心がくつろぐ」というのだ。これが冬嗣の「人として温かくかつ広い器量」のなせるわざである。文継もまたこのような冬嗣を敬慕する文人だった。

多治比清貞

敬慕はまた、情愛にも発展する。それは男女を問わない。滋野貞主に「「播州浄《ばんしゅうじょう》長史丹治中の絮柳《じょりゅう》を得て、左大将軍の閑院《かんいん》に植えんことを請う作」に和す」と題する詩がある。両集ではなく、『経国集』に採用された五言詩。「播州浄長史丹治中」は播磨《はりまの》権少掾《ごんのしょうじょう》の多治比清貞《たじひのきよさだ》に比定され、年時も弘仁三年（八一二）ごろと推定されている（小島憲之『国風暗黒時代の文学』下Ⅲ）。時に冬嗣は参議左近衛大将《さこのえのだいしょう》であった。

この貞主の詩は、多治比清貞が「絮柳（花をつけるころの柳）を冬嗣の邸宅閑院に植えさせていただきたい」と詠んだ原詩（現存しない）に対する唱和詩である。

柳条八許尺　　柳条《りゅうじょう》八許尺《きよせき》
截取寄情人　　截取《せっしゅ》して情人に寄す
根断葉燋巻　　根《こん》断ち葉燋《や》けて巻く

粉空絮落頻粉《ふん》空しく絮《わた》落ちて頻《しき》る
星躔移夕建星躔夕建《せいてんせきけん》に移る
龍路送朝鱗龍路《りゅうろ》朝鱗《ちょうりん》に送る
挿地日猶浅地に挿す日猶し浅し
須看後歳春須《すべから》く看るべし後歳《こうさい》の春

八尺ばかりの柳の枝、切ってわが情人に贈ろうとする。柳の根はたちきられて、その葉は焼けたように枯れて巻き、柳の綿の白い粉は落ちてもむなしくしきりに散る。北斗星の宿りは夕べの方向に移りゆき、天神である青龍の進路は朝の方向に向かう。土の中に柳をさして移し植えたその日時はやはりまだ浅いが、来年の春はご覧ください。根付いた柳がどれほど美しいかを。

（小島憲之『懐風藻 文華秀麗集 本朝文粋』）

清貞の「情人」

第二句の「情人」は愛人である。清貞の原詩にこの「情人」が使われていたかどうかはわからない。少なくとも、唱和した貞主は清貞の立場に身をおき、憚ることなく冬嗣を「情人」と表した。冬嗣と清貞はすでに敬慕を超え、情愛で結ばれていたようだ。しかも、その関係は人々の広く知るところであった。

文人たちの打算

三十八歳の少壮公卿冬嗣とおそらく一回りは年少の下級官僚（従八位上《じゅはちいのじょう》播磨権少掾）清貞。清貞には野心もあったろうか。やがて冬嗣が廟堂首班となっていた弘仁十一年（八二〇）には叙爵《じょしゃく》。冬嗣の死後ではあるが、右少弁《うしょうべん》・左少弁《さしょうべん》と要職につき、位階も従四位下《じゅしいのげ》まで累進する。

清貞が柳を贈った弘仁三年といえば、冬嗣の父右大臣内麻呂が亡くなり、冬嗣は小一条殿《こいちじょうどの》から妻の美都子《みつこ》をともなって亡父の閑院に転居してきたころだ（栗原弘「藤原冬嗣家族について」）。清貞はこの機をとらえて、冬嗣の新居に柳を贈呈した。その柳を愛でるようにこの自分も末永く目をかけてもらいたい。そんな打算もなかったとはいいきれない。しかし、だとすれば、それは冬嗣を清貞の「情人」として唱和詩を詠んだ貞主にしても、さらには自邸への来臨を心待ちにした文継にしても同様であっただろう。

冬嗣は文人として自身も詩作に励みながら、宮廷文壇を主宰し、多くの文人たち、天皇・皇太弟はもとより、卑姓ながら詩才・文才に恵まれた多くの若い下級官僚たちとも交流した。豊かな詩才に加え、その温容な人柄と右大臣子息にして公卿という血筋のよさ、そして何より嵯峨の側近中の側近という立場から、宮廷文壇に集う多くの青年たちの敬慕をうけ、冬嗣もまた彼らの若い才気を愛したのである。

なお、冬嗣の時代は漢詩隆盛の時代であったが、和歌も詠まれた。文人冬嗣は歌人でもある。『古今和歌集《こきんわかしゅう》』につぐ第二の勅撰和歌集として天暦《てんりゃく》九年（九五五）ごろに撰進された『後撰和歌集《ごせんわかしゅう》』。そこに「閑院左大臣」の名で四首が収められている。平安貴族の名に恥じず、彼もまた色好みであった。「題しらず」の一首からもそれはうかがわれる。

色好みの歌人

なをざりに折りつるものを梅の花　濃き香《か》に我や衣染めてん

何気なく折ってみただけなのだが、この梅の花の濃い香りで私は衣を染めてしまったのだろうか。

これといった思い入れもなくただ一夜をともにしようとしたはずの女。なのに、思いのほか甘美であった。その新鮮な驚き。さめやらぬ艶やかな余韻に浸りながら、冬嗣は梅の花に託して一首を詠む。当代一流の文人冬嗣の、これもまた偽らざる一面であった。

三　合香家としての冬嗣

薫物

冬嗣が生きた平安時代の初めには、香が寺院で焼香供養に使用されるだけではなく、皇族や貴族の間でも用いられるようになった時代とされる。その香はすでにふれたように薫物《たきもの》といわれるもので、各種香料を調合し、蜜や梅肉、甘葛《あまづら》で練り固めた練香《ねりこう》である。

これを居室や衣服に焚き染めて、その佳香を楽しむのだ。

主要な香料である沈水《じんすい》香・栴檀《せんだん》香といった香木は昔も今もすべて熱帯アジア原産。古代にあっては、インドや東南アジアから産出された香木が唐を経由して日本にもたらされた。新羅《しらぎ》・渤海《ぼっかい》の商人や使節が中継してもたらすこともあった。そのほかの香料もほとんどが舶来である。

『源氏物語《げんじものがたり》』にはしばしば薫物が登場する。ことに三十二帖の梅枝の巻が有名だ。薫物合せと呼ばれる薫物を競う遊びが催されたことで知られる。この薫物合せのために、光源氏も紫の上もその他の女性たちも、それぞれ人目を避けながら薫物を熱心に調合しはじめる。その描写のなかに、光源氏が「承和の御いましめの二つの方《ほう》」（仁明天皇の秘伝の調合法）を用い、一方紫の上は「八条の式部卿《しきぶきょう》の御方《ごほう》」（本康《もとやす》親王の調合法）を用いたとある。

秘伝の調合法

この物語が書かれた十一世紀の平安中期には、九世紀の仁明天皇（嵯峨の皇子《おうじ》正良親王）や仁明と縄子《つなこ》（滋野貞主の女）との間に生まれた本康親王の秘伝の調合法が伝わっていたのだ。もっとも、薫物の調合法は仁明・本康に限らず、本来それぞれの家の秘伝であった。そして、そのような秘伝の調合法の考案は、すでに冬嗣の時代には手掛けられていた。そのなかにあって、この冬嗣こそは、後世、本邦合香家（薫物調合法の考案者）の嚆矢と目されたのである。それは平安末期に著された『薫集類抄《くんじゅうるいしょう》』という書物によって知られる。

『薫集類抄』

『薫集類抄』は平安後期の公卿で儒者・歌学者でもあった藤原範兼《のりかね》が勅命により薫物の調合法と香薬に関する諸説を類別編纂した書物で、長寛《ちょうかん》三年（一一六五）に書写されたとされる（田中圭子『薫集類抄の研究』）。

この『薫集類抄』のなかに出てくるもっとも年代の早い合香家、それが冬嗣である。「もっとも年代が早い」といっても、一人だけ飛びぬけて早いわけではない。『薫集類抄』は薫物の銘ごとに考案者と調合法がおおよそ年代順に並ぶ。たとえば「梅花《ばいか》」という銘では「閑院大臣」（冬嗣）を筆頭に、以下「賀陽宮」（賀陽親王、桓武天皇皇子）、「滋宰相」（滋野貞主）、「四条大納言」（嵯峨天皇皇子、源定《みなもとのさだむ》）、「八条宮」（本康親王）……と続く。

宮廷文壇で交流のあった貞主はもちろんのこと、賀陽親王も源定も冬嗣より年少とはいえ、九世紀前半には成人して世に出た同時代の合香家だ。つまり、冬嗣は後世から合香家の始祖のように祭り上げられているのではない。おそらく九世紀前半に貴族社会で盛んになった薫物の、文字通り火付け役となった人物だったのだ。

「六種の薫物」

『薫集類抄』では、冬嗣は「梅花」のほかに「侍従《じじゅう》」と「黒方《くろぼう》」の筆頭に顔を出す。「梅花」「侍従」「黒方」といえば、香に親しまれている読者はすでにおわかりのように、いわゆる「六種《むくさ》の薫物」の三種（残りの三種は「荷葉《かよう》」「菊花《きくか》」「落葉」）である。

その三種の薫物のおのおのは、その後多くの合香家によって調合法が次々に考案されていった。しかし、冬嗣が最初の考案者となったことはたしかである。

冬嗣と貞主の「梅花」

ここで、『薫集類抄』から、「梅花」について、比較のために冬嗣と、彼についで早い合香家である貞主の調合法をともに紹介しよう。なお、貞主には三つの調合法がある（両・分・朱は重さの単位で、両が一二・五グラム、分が三・一グラム、朱が〇・五グラムである）。

	冬嗣	貞主A	貞主B	貞主C
沈《じん》	八両二分	八両二分	四両一分	二両二分二朱
占唐《せんとう》	一分三朱	一分三朱	四朱余	三朱
甲香《かいこう》	三両二分	三両一分	一両二分三朱	一両?朱
甘松《かんしょう》	一分	一分	三朱	二朱
白檀《びゃくだん》	二分三朱	二分三朱	一分一朱余	五朱
丁子《ちょうじ》	二両二分	二両二分	一両一分	三分二朱

麝香《じやこう》　二分　二分　一分　四朱
薫陸《くんろく》　二分　二分　三朱　二朱

冬嗣と貞主Aはほとんど同じである。冬嗣と交流のあった貞主はまずは冬嗣の調合法をほぼそのまま受け入れ、その後、これをベースとしながら、BCでは香料の分量を大胆に加減し、試行錯誤の末、オリジナルな二つの調合法に行きついたようである。

冬嗣から他の合香家へ

しかし、冬嗣の調合法は、その後も他の合香家の参考とされたらしく、貞主より少し年少の賀陽親王の調合法は占唐を一両三朱と大幅に増やしたほかは、香料の種類もその他の分量も冬嗣と同じである。『源氏物語』梅枝の巻にも登場した本康親王の調合法も、丁子を一分増やして二両三分とし、逆に薫陸を一分減らして一分としたほかは冬嗣とまったく同じである。梅枝の巻で紫の上が作った本康親王秘伝の「梅花」はこれであろうか。

それはともかく、冬嗣の考案した調合法を貞主や賀陽親王以下の合香家たちは、ほぼそのまま、あるいはそれをベースにして、一部香料の分量を加減しながら、独自の調合法を考案していった。そして、それはほかの二種「侍従」と「黒方」についても同じである。

薫物文化への貢献

結局、今に伝わる「六種の薫物」のうち、三種は冬嗣の調合法をもとにしているのである。そう考えると、合香家冬嗣が日本の薫物文化に果たした役割はきわめて大きい。

しかし、冬嗣がそのような役割を果たすことができたのは、当然といえば当然である。先にも述べたように、彼は私財を投じて施薬院を復興し、ここに内外の薬種を集めることができた。薫物に使用される香料の多くは薬品でもある。

そのほとんどすべてが高価な舶来品だが、冬嗣は理想主義者の緒嗣のように渤海使節の契期《けいき》違反を咎めたり、来航した外国船との私的な交易に目くじらを立てることはしなかった。彼自身、舶来の香料を少しでも多く手に入れたかったに違いない。日本の薫物文化は現実主義者・合理主義者の冬嗣なくしては発展しなかったといってよい。

薬堂

彼の邸宅である閑院には、その名も薬堂と呼ばれる一房があった。『凌雲集』に収められた貞主の「左大将藤原冬嗣の閑居院《かんきょいん》に陪幸《ばいこう》す」と題する七言詩には、茶を酌む房室《ぼうしつ》として薬堂が登場する。茶も効能を有する薬品である。

この茶は団茶《だんちゃ》と呼ばれる。在唐三十年の永忠《えいちゅう》をはじめ最澄、空海らの入唐僧《にっとうそう》らが唐より持ち帰ったもので、唐風文化への傾斜が著しい嵯峨朝には貴族社会で好まれ、喫茶の風がとみに盛んとなった。団茶は茶葉を蒸し、杵・臼で搗《つ》き砕き、固まりにしてから乾かし焙って作る。飲用に際しても、焙り、碾《ひ》き、湯を沸騰させるなどの作業が必要だ（村井康彦『茶の文化史』）。薬堂はその作業の場となる。

しかし、冬嗣がこの薬堂に入ったのはただ団茶を作り飲むためだけではあるまい。茶葉を搗いたのだから、木臼や鉄臼もある。入手した貴重な香木その他各種の香料をこれで搗き砕き、何度となく分量を加減しながら、練香《ねりこう》作りにも励んだことであろう。

中国の煉香伝来

薫物も中国から伝来した。中国では煉香《れんこう》という。唐の時代には製造されていた。ただ、日本の薫物は中国の煉香にくらべて沈香を多く使い、白檀（栴檀）をほとんど使わないという（山田憲太郎『香料』）。ところが、冬嗣が最初の考案者となった三種の薫物のうち、「梅花」と「黒方」の二種はその白檀を使っている。中国の煉香の調合法にならったものだろう。香は本来は寺院での焼香供養のためのものだったから、煉香も入唐僧らによって平安初期の日本にもたらされたものかもしれない。

日本独自の薫物

その一方で、やはり冬嗣が最初に考案した「侍従」には他の薫物同様、白檀は使用されていない。中国の煉香にならいながらも、日本の気候風土や季節感に応じた独自の薫物を開発しようという意欲の表れだろう。

『凌雲集』には嵯峨の御製「夏日左将軍藤冬嗣の閑居院」の詩があり、「詩を吟じて香《こう》茗《めい》を擣くを厭わず」の句がみられる。「香茗」とは茶のことで、薬堂で詩を吟じながら、冬嗣が団茶作りに励む様子を詠んだものだ。喫茶だけではなく、製茶にも冬嗣が興じ、嵯峨も興趣をそそられている。同様に、おそらくはこの時期唐から伝来した煉香（薫物）についても、冬嗣は香料の配剤や微妙な匙加減に興じたのではないか。

薫物文化の黎明

日本の薫物文化の黎明期であった。やがては秘伝となってゆくとはいえ、当時はまだ調合法も厳秘ではなかっただろう。文壇の詩作を通じて旧知の間柄となり、やはり薫物にも強い関心を持っていた貞主をこの薬堂に招じ入れることもあったと思われる。詩を吟じるかたわら、目の前で中国の煉香にならって薫物を試作し、ともに佳香を楽しむ。そんな情景が浮かんでくる。

「黒方」の相伝

なお、『薫集類抄』によれば、薫物「黒方」の冬嗣の調合法は秘伝とされるようになると、二男良房ではなく、一男の長良《ながら》に相伝された。その後は、さらにその二男清経《きよつね》、さらにはその三男元名《もとな》に相伝されたという。冬嗣自身は有能な政治家でもあり合香家でもあった。その冬嗣が子息に対して、政治家としては二男良房にその資質を見出し、一方合香家としてはむしろ長良の方にその才を認めていたということだろうか。

「梅花」と「侍従」の相伝については不明なので想像の域を出ない。だが、もし冬嗣が長良と良房の兄弟をそのようにみていたとすれば、彼は自分が得たものを兄弟に受け継がせ発展させるために、まことに適確で冷徹な判断を下したといえそうだ。

四　天台・真言両宗外護としての冬嗣

興福寺法華会

すでに述べたように、冬嗣は弘仁四年（八一三）、亡父内麻呂の供養のため興福寺に南円《なんえん》堂《どう》を建立した。氏寺において功徳《くどく》を積み、法力《ほうりき》による今後の一族の繁栄を祈念したものである。その三年後には、真夏《まなつ》以下の兄弟が亡父の遺志に遵《したが》うとして、銅製燈台を寄進している。冬嗣も寄進者の一人であったはずだ。さらにその翌年（弘仁八年）、冬嗣は亡父の追福のため、九月三十日から命日の十月六日までの七日間、この南円堂において、法華経《ほけきよう》を講説する法華会《ほつけえ》を初めて行っている（『興福寺縁起』）。彼が深く仏教に帰依していたことは疑いない。

平安仏教の胎動

冬嗣が生きた時代は日本の仏教に新たな、そして大きな動きが起こった時代である。動かしたのはいうまでもない、天台・真言両宗の祖師、最澄と空海である。旧来の南都《なんと》諸宗と激しく対立しながら天台宗の教団としての独立をなしとげようとした最澄、日本に真言密教をもたらし、日本の密教第一人者としての強い自負をもって積極的に真言宗の布教を進めた空海。平安仏教はこの二人の祖師なくしては始まらない。冬嗣はこの最澄・空海のどちらに対しても外護《げご》として支援するのである。

最澄と文人たち

最澄は嵯峨を中心とする宮廷文壇のなかで文人たちとの交流があった。最澄の高弟だった一乗忠《いちじょうちゅう》による『叡山大師伝《えいざんだいしでん》』には、最澄の「外護檀越《げごだんおつ》」（僧侶や寺院に物的援助を行う在家信者）あるいは「金蘭知故《きんらんちこ》」（堅く香しい交わりの知人）として二七人の「高位宗名《こういすうめい》」（公卿官僚）が列挙されている。

銅製燈台（興福寺所蔵）

そこには冬嗣を筆頭に安世・朝野鹿取・菅原清公・小野岑守・都《みやこ》（桑原）腹赤・安野（勇山）文継・滋野貞主・藤原是雄《これお》・大《おお》伴氏上《とものうじかみ》といった『凌雲集』『文華秀麗集』の入集者（一八八ページの表参照）が連なり、また第三漢詩集『経国集』の入集者として、和気真綱《わけのまつな》・浄野夏嗣《きよののなつつぐ》・藤原三成《みなり》・和気仲《なか》世《よ》・藤原衛《まもる》・藤原常嗣《つねつぐ》・都広田麻呂《みやこのひろたまろ》らも名を列ねている。あわせて一七名にも上る。最澄の「外護檀越」「金蘭知故」の大半は嵯峨宮廷文壇の文人たちなのである。

詩作する最澄

　最澄も文人たちに交わって詩を詠んだ。嵯峨天皇への「奉献詩《ほうけんし》」や「病に臥《ふ》して懐《おも》いを述ぶ」の詩、「長

最　澄　像（一乗寺所蔵）

宮寺の二月十五日の寂滅会《じゃくめつえ》に題す」の詩があった。いずれも現存しないが、『文華秀麗集』『経国集』には嵯峨ら文人の答詩・唱和詩が入集している。

　すでに桓武天皇の時代から、天台教学研究の俊英として南都諸寺の名だたる学僧たちからも絶賛された最澄は、還学僧《げんがくそう》（短期留学生）として唐の天台山《てんだいさん》に登り、帰朝後は旧来の南都勢力と厳しく対立しながら、天台宗の教団独立を嵯峨とその朝廷に働きかける。これに対して嵯峨も朝廷もおおむね好意的であり、全体として外護の立場をとった。

　最澄が嵯峨の宮廷文壇に加わることができたのは、彼自身の詩才や学識、入唐僧としての経験が敬重されたこともある。しかし、それだけではない。既存の仏教界の権勢化

や硬直化を憂え、最澄の運動の革新性に期待を寄せる人々が天皇はじめ朝廷に多数いたからでもある。

弘仁十三年（八二二）、入寂《にゅうじゃく》した最澄に対して嵯峨は「澄上人を哭《こく》す」の詩（宸翰《しんかん》、個人蔵）を贈る。『叡山大師伝《えいざんだいしでん》』によれば、これに「翰林《かんりん》の逸材（文人仲間）、紫朱《ししゅ》の上官（高位高官）十有余哲」が奉和したという。その奉和詩を作って哀悼の意を表したのは冬嗣・安世・岑守ら公卿をはじめとする文壇の文人たちであった（後藤昭雄『天台仏教と平安朝文人』）。

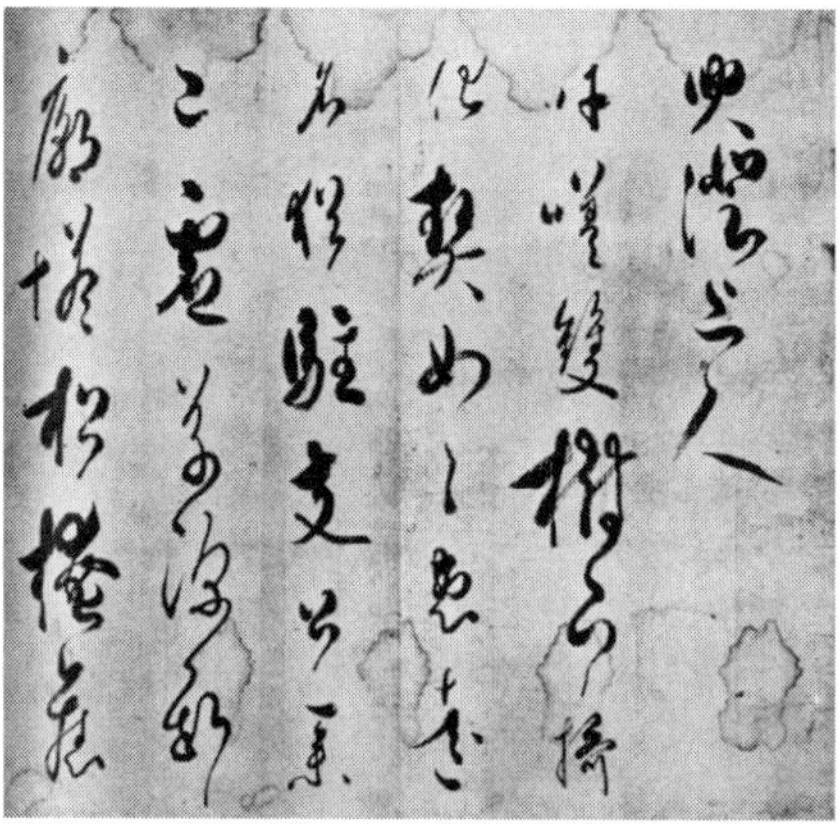

哭澄上人詩（前半部．個人蔵）

冬嗣と最澄との間にも詩作上の交流があったはずだが、残念ながら、それは伝わらない。しかし、文壇外での書簡や口頭でのやりとりはいくつか伝わっている。

灌頂の法具を乞う

一つは弘仁三年（八一二）十一月のもの。最澄が翌月高雄山寺《たかおさんじ》（のちの神護寺）で空海から胎《たい》蔵界結縁灌頂《ぞうかいけちえんかんじょう》をうけることを述べた上で、「灌頂に必要な法具を取りそろえるのが難し

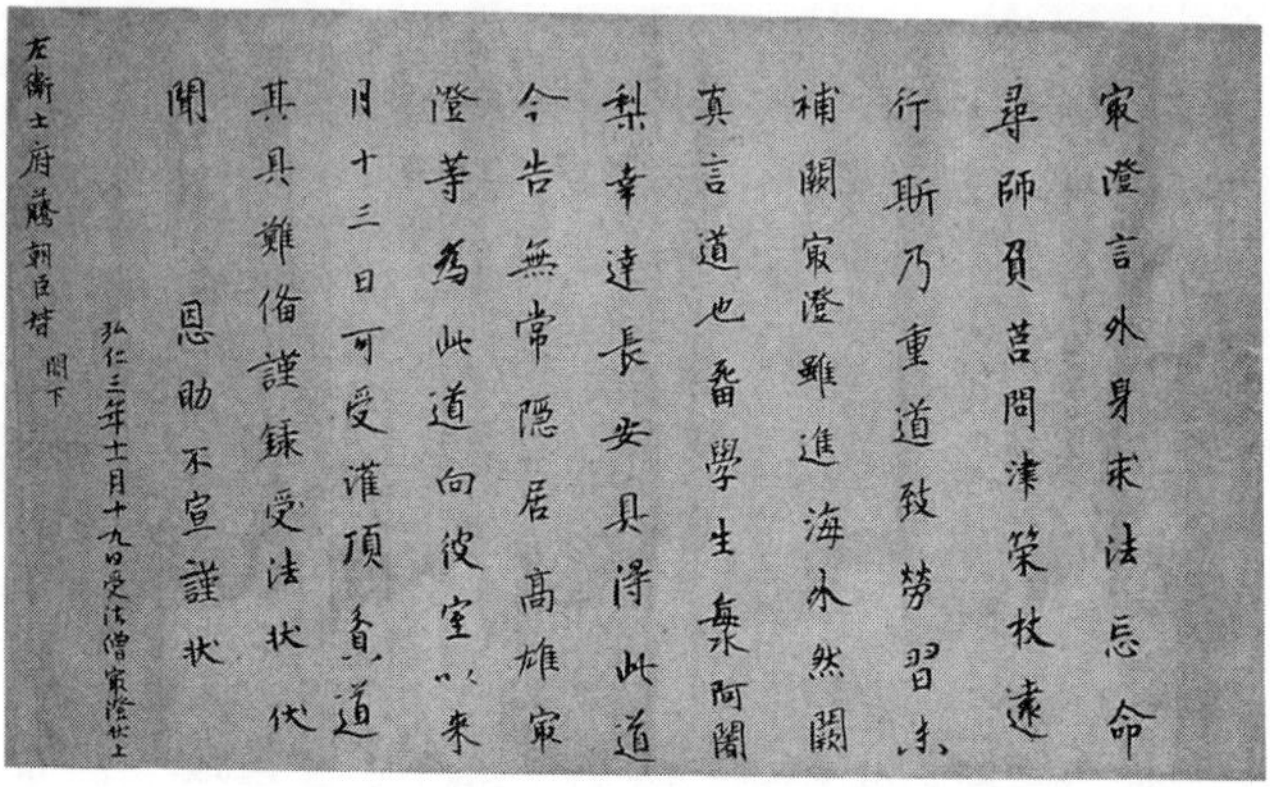
最澄言忘身求法忘命
尋師負笈問津策杖遠
行斯乃重道致勞習来
補闕最澄雖進海外然闕
真言道也番學生集阿闍
梨幸達長安具得此道
今告無常隠居高雄最
澄等為此道向彼室以来
月十三日可受灌頂負道
其具難備謹錄受法状伏
聞 恩助不宣謹状
弘仁三年十一月十九日受法僧最澄状上
左衛士府藤朝臣督 閣下

伝教大師最澄書状案（金剛峯寺所蔵．最澄真筆説もある）

いので、援助していただきたい」と申し出ている（「藤朝臣に与うる灌頂の資具を乞うの書」『伝教大師《でんぎょうだいし》全集《ぜんしゅう》』巻五）。

当時冬嗣は参議・左衛門督《さえもんのかみ》だが、宛名は「左衛士府藤朝臣督閣下」である。左右衛士府《さゆうえじふ》が左右衛門府《さゆうえもんふ》に改称されたのは前年十一月。最澄が冬嗣の知遇を得るようになったのは前年十一月。最澄が冬嗣の知遇を得るようになったのはこれ以前のことだ。つまり、冬嗣は公卿になる前、あるいは新米公卿のころには、すでに最澄の外護であった。最澄にとって、嵯峨側近にして、時の右大臣内麻呂の子息であった冬嗣はまことに心強い外護であったことだろう。

二つ目は弘仁九年（八一八）四月。前年からの大旱魃《かんばつ》に苦しんだ時期である。この月には南都の諸大寺、畿内の諸寺と山林禅場に対して祈雨《きう》のために転経《てんぎょう》・礼仏が命じられているが、比叡山《ひえいざん》の最澄のもとには、当時中納言兼左近衛大将として廟堂を率いた冬嗣の書簡が直接届けられた。

最澄の高弟光定《こうじょう》の『伝述一心戒文《でんじゅついっしんかいもん》』には、この冬嗣の書簡と最澄の返書が収められている。冬嗣は日照りの被害が深刻であることを記し、最澄の欠けるところのない完全な教えをもってすれば「甘雨《かんう》は必ずや降り、草木はみなよく繁るであろう」と期待を込める。

これに答えて最澄は嵯峨の徳治を称えながら、日照りから救われるための大切な処方は諸仏の説くところにあるとして、「自分は不才ではあるが、深く仏力を頼みに雨を祈らせていただく」と書き送っている。

最澄が嵯峨や冬嗣から特に求められたのは、密教呪法による祈雨であった。しかし、最澄は正統な密教（純密）を学んでいない。中国で帰国前のわずかな時間も惜しんで会得したのは雑密《ぞうみつ》と呼ばれる非正統の密教だった。

だからこそ、純密（真言密教）を受法して帰った年少の空海に礼を尽くして教えを乞い、胎蔵・金剛《こんごう》両界の結縁灌頂を弟子たちとともにうけた。結縁灌頂とは、密教において広く人々に仏縁を結ばせるために行う儀式で、灌頂壇で華を曼荼羅《まんだら》上に投げさせ、当たった尊像を宿縁あるものとして、その尊号を念じさせ、頭頂に水を灌《そそ》ぐ。実は日本に初めて灌頂を伝えたのは最澄である。その最澄が空海を師と仰ぎ、本格的な灌頂をうけた。空海将来の経典もたびたび借覧した。何とか純密に近づこうと必死だった。

だが、空海とはやがて疎遠になる。その空海は本格的な密教呪力で天皇や貴族官人たちを惹きつけ、最澄が対立する南都にも巧みに取り入って支持を広げていた。

大乗戒壇の設立

この時期、最澄は天台宗独立のため叡山に大乗戒壇《だいじょうかいだん》を設立しようとしていた。そのためにも、永年の外護である嵯峨や冬嗣の期待に何としても沿いたい。そんな気持ちが先の書状の文面から伝わってくる。

また、最澄にはこのころ、利他救済の大乗の法を行う寺を建立したいという願望があった。そこで、この願いを光定に託して冬嗣の耳に入れさせ、冬嗣を通じて嵯峨の勅許《ちょっきょ》を得ようとしたのだが、冬嗣の返事は「しばらく待て」だった。南都諸寺の反発が予想されたからである。

さらに、弘仁十年（八一九）三月には最澄が大乗戒の必要を説いた四条式（「山家学生式」の一）と大乗経三部、「請立大乗戒表」（大乗戒を立つるを請うの表）を参議安世を通じて嵯峨に奉呈《ほうてい》したはずだが、その後何の勅答《ちょくとう》もない。そこで心配した光定が大納言冬嗣に問い合わせ、冬嗣から直接嵯峨に伝えてもらうという一件もあった（『伝述一心戒文』上）。

冬嗣らの助力

さて、結局大乗戒壇設立の悲願は南都の反発が大きく、最澄の生前にはついに実らなかった。しかし、弘仁十三年（八二二）六月の入寂後、わずか七日にして勅許が下る。これは最澄の遺志を捨て置けなかった冬嗣、安世、藤原三守、大伴国道《くにみち》らが「山修山学表《さんしゅさんがくひょう》」を嵯峨に奉上し、勅許を強く求めた結果である（『叡山大師伝』）。冬嗣は安世らとともに、最澄にとって最大の外護の一人であった。

興福寺での法論

かつて弘仁四年（八一三）、最澄は弟子の光定をしたがえて南都興福寺に赴き、当寺の法《ほっ》相《そう》の学僧義解《ぎげ》・義延《ぎえん》と法論を交えた。その場を提供したのはほかならぬ冬嗣である。彼は族長として氏寺である興福寺に最澄らを招き入れ、自身も臨席して法論に加わった。この法論について、光定は「天台の奥義が法相より優れていることが明らかになり、最澄の論議が興福寺で高い評価をうけた」と書き残している（『伝述一心戒文』上）。先師を称える文章だから割り引くとしても、冬嗣はこういう機会を通じて最澄や天台教学に強く惹かれていったのだろう。冬嗣も仏教教学について相当の知識をもっていたようだ。

真言五祖像の修復

その一方で、冬嗣は空海の特別な外護でもあった。

冬嗣の真言密教の外護としての立場と活動をもっともよく示しているのは、空海が嵯峨天皇に真言五祖像《しんごんごそぞう》の修復を依頼し、あわせて唐皇帝の故事にならって祖師像の讃文《さんもん》（行状文）に宸筆《しんぴつ》を加えてもらうよう所望した際、冬嗣に書状を送ってこれを実現したことである。近年の西本昌弘の研究によって明らかになった（西本昌弘「真言五祖像の修復と嵯峨天皇」）。

西本によれば、弘仁十二年（八二一）春ごろ、冬嗣の伝言をうけた使者が高雄山寺の空海のもとを訪れ、彼が唐より将来した三蔵《さんぞう》等の肖像および伝等を進上せよという。そこで、空海は冬嗣あてに書状（『高野雑筆集《こうやざつぴつしゅう》』）をしたため、求めに応じて真言五祖（金剛智三蔵《こんごうちさんぞう》・善《ぜん》無畏《むい》三蔵・不空《ふくう》三蔵・一行《いちぎょう》阿闍梨《あじゃり》・恵果《けいか》阿闍梨）の肖像と「秘密漫荼羅教付法伝二巻」「善無畏三蔵伝一巻」を進上するとともに、これを機会に折損《せっそん》や塵穢《じんえ》をこうむって傷んでいた真言五祖像の修復と嵯峨による讃文揮毫《きごう》を望み、同年九月にはそれを果たすのである。

空　海　像（東寺所蔵）

両部大曼荼羅の製作

この弘仁十二年は、空海がやはり唐から将来した胎蔵界・金剛界両部大曼荼羅の経年劣化を訴え、新たな両部大曼荼羅の製作を願い出た年でもある。「一天《いってん》」（天皇）・「后妃《こうひ》」

（皇后）・「震卦《しんかい》」（東宮）・「三台《さんたい》」（大臣）の協力を得て、四月から八月末までに、その両部大曼荼羅のほか、五大虚空像《ごだいこくうぞう》菩薩《ぼさつ》像、五忿怒尊《ごふんぬそん》像、金剛薩埵《こんごうさつた》像、仏母明王《ぶつもみょうおう》（孔雀《くじゃく》明王）像、十大護天王像、蘗嚕拏天像、龍猛《りゅうみょう》・龍智《りゅうち》両菩薩《りょうぼさつ》像にいたるあわせて二六鋪《ふ》を新造したという（「四恩《しおん》の奉為《おんため》に二部の大曼荼羅を造る願文」『遍照発揮性霊集《へんじょうほっきしょうりょうしゅう》』巻七）。

結局、この年は空海の願いによって真言五祖像の修復等や両部大曼荼羅等の新造が一連の国家事業として営まれ、これを嵯峨天皇以下多くの外護たちが支援したのだった。

特別な外護 冬嗣と三守

その外護のなかで中心的役割を果たした人物は二人。一人は右大臣冬嗣であり、もう一人は権中納言藤原三守であった。三守といえば、冬嗣や安世らとともにのちに「山修山学表」を嵯峨に奉呈して、大乗戒壇設立を訴えた人物である。彼もまた冬嗣同様、最澄とともに空海の外護でもあった。のちにその邸宅が空海開設の綜芸種智院《しゅげいしゅちいん》（庶民のための学校）に提供されたことでも知られる。

二人は空海の書状では「両相公《りょうしょうこう》」「両相国《りょうしょうこく》」などと併称される。両部大曼荼羅の完成を間近に控えた空海は、ある書状のなかで、これは「両相公の致すところ」と謝意を伝えている（『高野雑筆集』）。

このように、空海の求めに応じて冬嗣が手を貸したのは真言五祖像だけではない。両部大曼荼羅についても三守ともども尽力したのである。

冬嗣と三守が空海にとって外護のなかでも特別な外護となったのは、むろん二人とも嵯峨の側近だったからである。冬嗣はいうまでもなく側近中の側近。嵯峨朝後半期には側近グループの重鎮だった。三守はすでに述べたように、冬嗣とも嵯峨とも姻族である。二人は嵯峨や天皇家に通じる要路であった。空海の戦略は巧みである。

ただ、嵯峨側近だけが理由ではない。空海は同じ書状のなかで、自らの年齢も知命《ちめい》（五十歳）に近づき、いつこの世を去るとも知れない。そのときは二、三の弟子を「両相国にお預けする。ときどき目をかけてやっていただきたい」と委ねている。冬嗣と三守はたんなる嵯峨側近の高官というだけではなく、密教に造詣が深く、仏弟子の養育支援について信頼のおける人物であった。そのことも理由であろう。

「忽披帖」

冬嗣がいつから空海の外護になったかははっきりしない。しかし、著名な空海の「風《ふう》信帖《しんじょう》」の第二帖（「忽披帖《こつひじょう》」）には空海が「御香両裹《つつみ》」（香二つつみ）と「左衛士督尊（冬嗣の書状」を受け取ったとみえる（『拾遺雑集《しゅういざつしゅう》』）。香はあるいは冬嗣の手になる練香（薫物）だろうか。それはともかく、冬嗣が左衛士督に任じたのは大同《だいどう》四年（八〇九）のことだから、彼が空海との間に交渉をもつようになったのはその前後のことだろう。

南円堂鎮壇

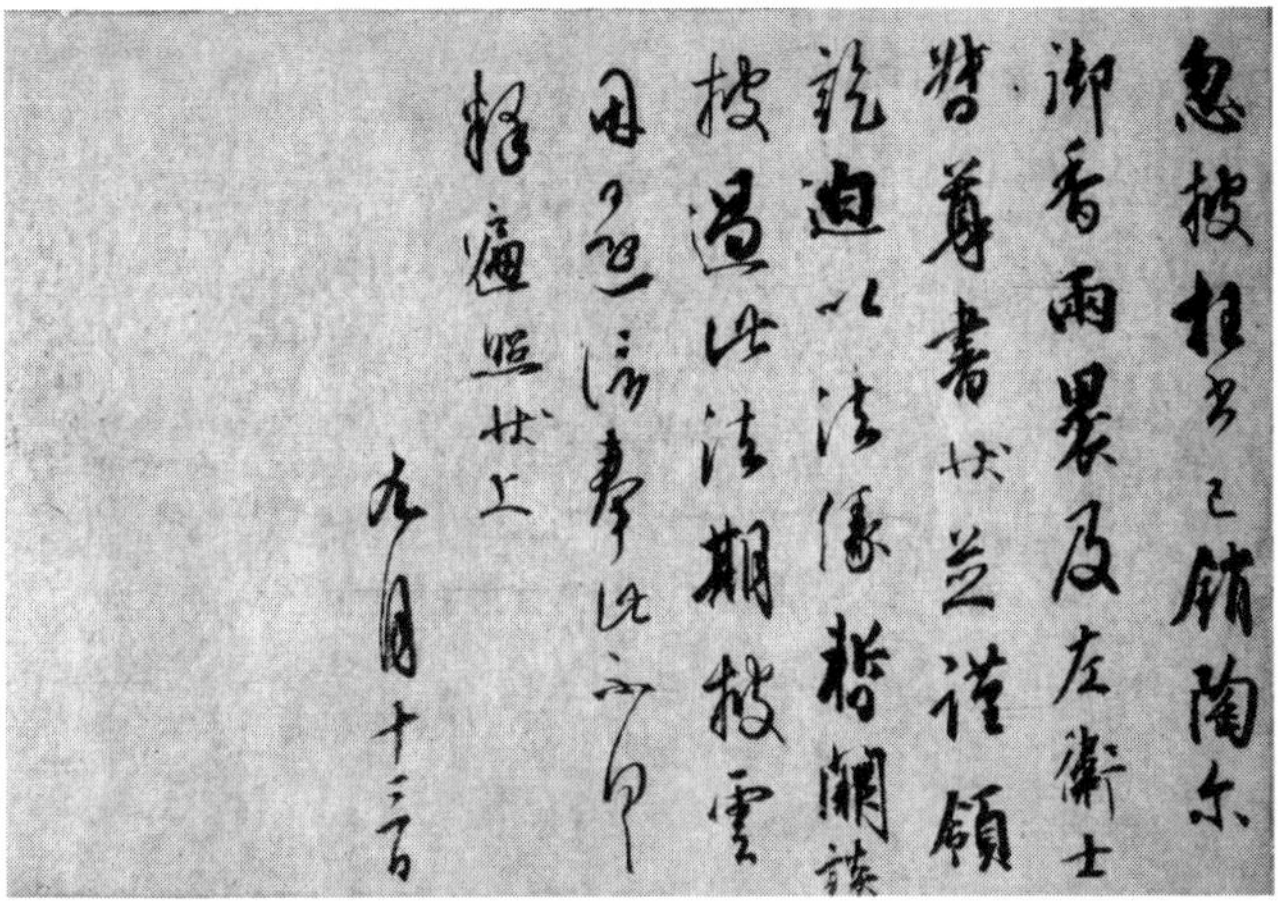

忽披帖（東寺所蔵）

そして、嵯峨が最澄だけではなく、空海も新しい仏教の旗手として期待し、密教に強い関心を抱いて外護としてさまざまな支援を行うようになると、側近だった冬嗣もまた外護となっていったと思われる。のちにふれる宮廷文壇での文人同士としての交流も背景にあるだろう。

弘仁四年（八一三）の冬嗣による興福寺南円堂の建立に際しては、空海が鎮壇《ちんだん》を勤仕《ごんし》したと伝えられる（『南都《なんと》七大寺《しちだいじ》巡礼《じゅんれい》私記《しき》』）。確証はないから、伝承にとどまる。ただ、本格的な密教呪力で外護を次々に拡げ南都との共存にも努めた空海に対して、冬嗣も弘仁初年以来何度か交渉があったはずだから、これはいかにもありそうなことである。

空海が三守に宛てた弘仁十年（八一九）ごろの書状には、「両相の知己」のおかげで「三《さん》密《みつ》の玄風《げんぷう》を扇《あお》ぐ」（真言密教を宣布する）ことができると、ここでも二人に特に謝意を表している（『高野雑筆集』）。このころには冬嗣も三守もすでに「知己」つまり空海の外護、それも特別の外護というべき関係にあった。

さて、弘仁十二年（八二一）に空海の願いをうけ、冬嗣・三守を中心に一大国家事業が展開された。この事業が朝廷全体として空海を積極的に支援しはじめる機縁となり（西本「真言五祖像の修復と嵯峨天皇」）、空海の真言密教が朝廷内に深く浸透してゆく。そして、やがては空海の奏請によって宮中に真言院が建立され、正月御斎会《ごさいえ》（最勝会《さいしょうえ》）と並行して後七日御修法《ごしちにちのみしほ》が毎年勤修《ごんしゅ》されるまでにいたる。その過程ではいくつか重要な出来事があった。とりわけ重要なのは、平城上皇《へいぜいじょうこう》と嵯峨天皇が空海から結縁灌頂を授かったことである。

平城嵯峨の受灌

十二世紀成立の多くの空海伝には、空海は弘仁十三年（八二二）に平城上皇に、また翌十四年に嵯峨天皇に、それぞれ師主として灌頂を授けたとある。ただ、それ以前の史料にはみえないことから、これらの灌頂が史実かどうか学界でも判然としていなかった。ところが、近年、西本昌弘が優れた実証研究を行い、それらが史実であることを確定したのである（「平城上皇の灌頂と空海」「嵯峨天皇の灌頂と空海」）。
西本によれば、空海は唐青龍寺《せいりゅうじ》で師事した恵果《けいか》の師、不空三蔵がかつて皇帝・高官に灌頂を授与し、宮中に内道場、城中に灌頂壇を設けた事績を強く意識し、日本における真言密教の布教にあたっても、天皇・高官に対する灌頂の授与、内道場《ないどうじょう》や京内灌頂壇の建設を目標としていたという。

東大寺真言院

弘仁十三年二月、東大寺《とうだいじ》内に灌頂道場（真言院）の建設が命じられる（三代格所収承和三年五月九日官符）。これは空海が唐での不空の先例にならって、朝廷に灌頂壇設置と平城上皇への灌頂授与を訴えたことによる。朝廷側は日本に初めて密教灌頂を伝え、まだ存命中だった最澄（六月入寂）に配慮し、ここでは平安京内での灌頂壇建設と受灌《じゅかん》を避け、あえて南都東大寺内にこれを認めたという。かくして、この年四月、空海は東大寺真言院において、平城上皇をはじめ平城《へいじょう》旧宮に居住するすべての皇親に灌頂を授けるにいたる。

東寺灌頂壇

ついで、最澄入寂後の翌年正月、平安京内の東寺《とうじ》に灌頂所要の曼荼羅や法具が搬入され、灌頂壇が設けられると、空海はこの東寺において、昨年の平城らに続き、嵯峨天皇にも灌頂を授けたのである。

冬嗣受灌の可能性

西本が実証したこの嵯峨・平城の受灌に続き、嵯峨の最側近にして空海の特別な外護であった冬嗣もまた、受灌したのではないだろうか。

空海の高弟実恵《じちえ》らが承和三年（八三六）、唐青龍寺の義明《ぎみょう》に宛てて書いた書状では、平城上皇らの受灌ののち、「聖天（天皇）后地（皇后）、瓊枝玉葉《けいしぎょくよう》（皇親）、公卿大夫、道俗男女、尊卑を論ぜず、灌頂に預かる者、けだし万をもって数う」と受灌する者が幾万にものぼったと記されている（『弘法大師御伝』）。

これまた先師称揚の文章だから割り引くとしても、嵯峨天皇以下、皇族・高官で受灌する者が続出したのは事実であろう。そのようななかで、一人冬嗣が灌頂とまったく無関係であったはずはない。むしろ、空海との関係からすれば、実恵のいう「公卿」のなかでもほかに先んじて受灌した可能性すらある。もっとも、冬嗣は嵯峨が受灌して三年後にはこの世を去る。受灌しようとして果たせなかったという可能性もあるだろう。残念ながら、この点を直接明らかにする史料は残されていない。

空海文人たちと交流

最後に、空海も最澄と同じように、嵯峨朝の宮廷文壇で多くの文人たちと交流した。しかも、たんなる交流ではない。空海は長期留学から帰った詩僧として、文人たちの指導者的存在だった。将来した多くの最新の詩論書（たとえば王昌齢《おうしょうれい》『詩格《しかく》』など）を文人たちに伝え、中国の音韻論《おんいん》・詩論を集成した『文鏡秘府論《ぶんきょうひふろん》』を編纂。自らも在唐時より詩作をよくし、現存『経国集』には七首も入集している。弟子真済《しんぜい》が編纂した漢詩文集『遍照発揮性霊集』もある。

空海が安世に贈った「良相公《りょうしょうこう》に贈る詩」（『遍照発揮性霊集』）や滋野貞主の「海和尚（空海）の「秋日神泉苑を観るの作」に和す」の詩（『経国集』）からもわかるように、文人たちと詩の贈答や唱和も盛んに行った。

冬嗣との間の贈答・唱和は伝わらないが、文壇の主宰者でもあった冬嗣のことである。あったと考えるべきだ。空海もまた最澄同様、宮廷文壇のネットワークを通じて外護を獲得していったのだろう。

神仙思想から密教へ

西本によれば、書跡や漢詩の分野で空海と交流した嵯峨天皇は、それらの背景に流れる神仙思想を通して密教の奥義に関心をもち、受灌を望むようになったという（「嵯峨天皇の灌頂と空海」）。この卓見に私もしたがいたい。唐代流行の神仙思想から密教への接近。それは嵯峨に限らず、冬嗣をはじめとする多くの文人たちも同様だったのではないか。このことはのちにあらためてふれることとしよう。

第七　冬嗣の死とその後

一　冬嗣の急死

天長《てんちょう》二年（八二五）四月、淳和天皇《じゅんなてんのう》の下で左大臣《さだいじん》に昇任した冬嗣は右大臣《うだいじん》緒嗣《おつぐ》、中納言《ちゅうなごん》安世《やすよ》、参議《さんぎ》（のち中納言）清原夏野《きよはらのなつの》らとともに国政を領導する。

精力的な政務遂行

年齢もまだ五十代前後ということもあって、また幸い病に臥すということもなかったようで、政務を精力的にこなした。この時期の太政官符《だいじょうかんぷ》や宣旨《せんじ》などの上卿《しょうけい》は、そのほとんどが依然として冬嗣である。かつての右大臣園人《そのひと》のように、廟堂《びょうどう》の首班が高齢で病臥するようになると、次席の公卿《くぎょう》が実質的な首班として上卿を務めることが多いのだが、冬嗣にはその気配がない。逆に、ほぼ同年で次席の緒嗣は、すでに述べたように弱視で脚気《かっけ》にも苦しんだが、虚弱体質だったのか、とかく病臥しがちだったようだ。

冬嗣死去

ところが、皮肉なものだ。その緒嗣よりも先に冬嗣が世を去ってしまう。天長三年（八二六）七月二十四日のことである。同月十五日の官符（『貞観交替式《じょうがんこうたいしき》』）では左大臣として上卿を務めているから、ほとんど急死といってよい。享年五十二。父内麻呂《うちまろ》の五十七歳に及ばず、一歳上の実兄真夏《まなつ》はまだ存命していた。

永眠したのは深草《ふかくさ》の別業《べつぎょう》（別荘）。淳和は二日後の二十六日に弔問の勅使《ちょくし》（弔使）を派遣し、生前の正二位《しょうにい》から二階上の正一位《しょういちい》を贈った。臣下の最高位である。嘉祥《かしょう》三年（八五〇）には外孫文徳《がいそんもんとく》天皇より太政大臣《だいじょうだいじん》が贈られている。

一周忌の願文

さて、同母弟の安世が冬嗣の突然の死に際会して、哀しみの余り、自邸に引き籠ってしまったことはすでに述べた。幼少時より兄とともに過ごし、長じてからも兄にしたがい、兄を支え続けてきた安世にとって、あまりに早すぎる訣《わか》れであった。

その安世が翌年七月、山科《やましな》花山《かさん》の邸宅で催した一周忌の願文が残っている（『遍照発揮《へんじょうほっき》性霊集《しょうりょうしゅう》』巻六）。空海《くうかい》が外護《げご》安世の委嘱をうけて書き上げたものだ。筆致流麗なその願文のなかで、冬嗣の人となりと兄を喪《うしな》った安世の悲哀を空海は次のように記している。

> 謙虚で、柔らかな優しい態度を一貫してとり続けた。慎ましやかで驕ったところもない。終生、穏やかで素直な一学徒として、自分より年少の天皇にしたがった人だった。ひたすら天皇の命をうけてこれを遂行したので、嵯峨《さが》・淳和両帝の大臣を任

され、物事には柔和に接したので、僧侶・俗人を問わず、みなその人徳を敬慕した。君主の恩寵の窮《きわ》みとして高位高官に昇り、栄名をほしいままにした。譬《たと》えていうなら、舜《しゅん》に仕えた伯益・后稷《こうしょく》や周《しゅう》代の召公奭《しょうこうせき》・太公望《たいこうぼう》のような賢臣というべきである。その兄冬嗣を五十になったばかりで、鄭《てい》の名宰相子産《しさん》のように喪わねばならないとは、思いもよらなかった。ああ、哀しい哉《かな》。ああ、哀しい哉。杵《きね》つく者はだれも杵歌《きねうた》を歌おうとせず、耕す者はだれも鋤を手に取ろうとしない。天皇は廃朝《はいちょう》し、人々はみな哀しみを表し、故人を慕った。あれから一年、いまだに私は兄を奪われた哀しみに堪《た》えられない。哀しい哉。苦しい哉。私はつねに兄の愛情をうけてきた。拠りどころを失った私はどこに行けばよいのか。兄は私をまるで父のように教え導き、母のように育んでくれたのだ。その徳に応えるには仏に帰依する以外に途はない。

冬嗣の実像

文飾が施されているとはいえ、冬嗣の実像からかけ離れてはいないだろう。安世と冬嗣との間の深い兄弟愛も朝廷内外に広く知られていたはずだ。あえて舞文曲筆《ぶぶんきょくひつ》を弄する事柄でもない。さらに、安世の意を汲んで著したこの願文には、冬嗣に対する空海自身の敬慕もまた滲んでいる。空海の特別な外護であった冬嗣。哀惜の思いを禁じえなか

宇治の墓

ったであろう。

さて、『日本紀略《にほんきりやく》』は弔使派遣の記事に続けて、葬地を「山城国愛宕郡深草山《やましろのくにおたぎぐんふかくさやま》」と伝えている。ところが、この葬地は最終的な墓所とはならなかった。どういう経緯があ

宇治陵34号墳

ったかは不明だが、のちの天安《てんあん》二年（八五八）十二月に出された清和《せいわ》天皇の詔《みことのり》によれば、冬嗣の墓は「宇治《うじ》の墓」として、また天長五年（八二八）に亡くなった正妻の美都子《みつこ》の墓は「次の宇治の墓」として、ともに年終の「荷前《のさき》の幣物《へいもつ》」をうける「十陵四墓《じゅうりょうしぼ》」のなかに加えられており、所在地はともに山城国宇治郡である（三実天安二年十二月九日条）。十世紀初頭に成立した『延喜《えんぎ》式《しき》』でも宇治郡となっている。ちなみに現在、二人の「宇治の墓」は宇治市赤塚《あかつか》の宇治陵第三四号墳に比定されている。

十陵四墓

なお、天安二年に定まった「十陵四墓」とは

以下の陵墓である。

陵

1 天智《てんじ》天皇　山階山陵《やましなさんりょう》　(山城国宇治郡)
2 施基皇子《しきのみこ》　田原《たわら》山陵　(大和国《やまと》添上《そうのかみ》郡)
3 光仁《こうにん》天皇　田原山陵　(大和国添上郡)
4 高野新笠《たかののにいがさ》　大枝《おおえ》山陵　(山城国乙訓《おとくに》郡)
5 桓武《かんむ》天皇　柏原《かしわばら》山陵　(山城国紀伊《きい》郡)
6 藤原乙牟漏《ふじわらのおとむろ》　長岡《ながおか》山陵　(山城国乙訓郡)
7 早良親王《さわらしんのう》　八嶋《やしま》山陵　(大和国添上郡)
8 平城《へいぜい》天皇　楊梅《やまもも》山陵　(大和国添上郡)
9 仁明《にんみょう》天皇　深草山陵　(山城国紀伊郡)
10 文徳天皇　田邑《たむら》山陵　(山城国葛野《かどの》郡)

墓

1 藤原鎌足《かまたり》　多武峯墓《とうのみねのはか》　(大和国十市《とおち》郡)
2 藤原冬嗣　宇治墓　(山城国宇治郡)

3藤原美都子　次宇治墓（山城国宇治郡）
4源　潔姫《みなもとのきよひめ》　愛宕墓（山城国愛宕郡）

鎌足と並ぶ

天智系の天皇・皇后（薄葬を遺命した嵯峨を除く）、藤原氏では始祖の鎌足らと並んで入っている。時は摂政良房《せっしょうよしふさ》の政権下。良房の父母にして文徳の外祖父母《がいそふぼ》である二人を顕彰する意向が強く働いていることはいうまでもない。良房の正妻だった源潔姫が入っているのも身内の顕彰である。ただそれにしても、冬嗣を鎌足と並べたことは見逃せない。摂政良房にとって、冬嗣は単に父や天皇の外祖父であるというだけではなく、それまでの藤原氏二〇〇年の歴史のなかで、始祖鎌足にも匹敵する中興の祖となるべき存在だったのである。

長講会

なお、良房は承和《じょうわ》十三年（八四六）、亡父冬嗣、亡母美都子の追福のために、やはり興福《こうふく》寺《じ》において、法華経《ほけきょう》を講説する三十日間の長講会《ちょうこうえ》を始めて行った（『興福寺縁起《こうふくじえんぎ》』）。

二　法編纂と修史事業――弘仁格式・内裏式・日本後紀――

冬嗣を支えた公卿たち

左大臣冬嗣の死後、右大臣緒嗣が廟堂の首班となる。もっとも、冬嗣に代わって太政官符や宣旨で上卿を務めたのは、病臥しがちな緒嗣ではなく、中納言の安世と夏野、そして天長五年（八二八）より廟堂に復帰する大納言《だいなごん》三守《みもり》らであった。緒嗣・安世・三守・夏野といえば、冬嗣政権の中枢であり、特に安世以下は冬嗣をもっともよく支えた精鋭であった。ほかに年長で冬嗣より早く没したが、参議《さんぎ》秋篠安人《あきしののやすひと》・中納言藤原貞嗣《さだつぐ》もそうである。

冬嗣政権期の嵯峨朝後半は、文華《ぶんか》（文章・文化）を重んじた時代にふさわしく、勅命《ちょくめい》によって法編纂事業と修史事業、その他国家的な編纂事業が行われた時代でもあった。冬嗣は生前それらの事業にも最高責任者として、先の公卿たちとともに取り組んだ。法編纂事業としては『弘仁格式《こうにんきゃくしき》』と『内裏式《だいりしき》』があり、修史事業としては『日本後紀《にほんこうき》』がある。

弘仁格式

『弘仁格式』は弘仁格と弘仁式からなる。格は律令《りつりょう》の補足・修正の法令、式は律令の施行細則をいうが、弘仁格と弘仁式はそれまで出されていた格と式を官庁ごとに集成したわが国初めての法令集・施行細則集である。この法編纂事業はすでに桓武天皇の延暦《えんりゃく》年間に、藤原内麻呂と菅野真道《すがののまみち》に勅命が下り編纂が開始されたが、完成にいたらず、その後嵯峨天皇が冬嗣と藤原葛野麻呂《かどのまろ》・秋篠安人・藤原三守・橘常主《たちばなのつねぬし》・中原敏久《なかはらのみにく》に命じて事業を再開し、弘仁十一年（八二〇）に弘仁格十巻、弘仁式四十巻として完成をみた。この『弘仁格式』編纂事業は、唐《とう》の太宗《たいそう》が最初の格式集である『貞観格式《じょうがんきゃくしき》』を編纂した事績を意識し、天武《てんむ》系王統の文武《もんむ》天皇が整備した大宝《たいほう》律令体制に対して、天智系王統の桓武・嵯峨が対抗意識をもって臨んだ事業であった可能性が高い（西本昌弘「『唐風文化』から『国風文化』へ」）。

不比等に擬う

そうだとすれば、冬嗣は未完に終わった亡父内麻呂らの事業を引き継いだだけではなく、自らを大宝律令の制定を主宰した高祖父不比等《ふひと》に擬えたかもしれない。不比等が令官として刀筆を執りもって条文の刪定《さんてい》にあたった（早川庄八「奈良時代前期の大学と律令学」）ように、冬嗣もまた手ずから格式の編纂にあたったのではなかろうか。若年のころ、少判事《しょうはんじ》（中判事《ちゅうはんじ》）に在任したことは先に述べた。法に精通した人物であったようだ。

もっとも、冬嗣らが完成したこの『弘仁格式』はただちに施行されたわけではない。このとき成った『弘仁格式』は、なお多くの修訂を要する不備なものであった。そのため、その後も編纂事業は継続され、天長七年（八三〇）になってようやく施行にいたったのだった（鎌田元一「弘仁格式の撰進と施行について」）。冬嗣はすでにこの世の人ではない。死後四年が経っていた。

『内裏式』は弘仁十二年（八二一）に編纂された内裏における礼式の書である。平安時代に入ると、政務や儀式が天皇の居住空間である内裏で行われることが多くなった。そのことにともない、このような「内裏」を冠する儀式書が必要となった。

実はこの『内裏式』に先行する儀式書として、すでに延暦年間には『内裏儀式』が存在し、その後も改訂が行われたようであるが、弘仁九年（八一八）に嵯峨天皇により儀礼の唐風化が一挙に進展したことをうけて、新たな内裏儀式書の編纂が開始された。それが『内裏式』である（西本昌弘「儀注の興り由来久し」）。弘仁九年は、嵯峨が中国帰りの菅原清《すがわらのきよ》公《とも》の意見をいれて宮殿・諸門の名号を在来の和名から新たに唐風に改める（たとえば佐伯《さえき》門《もん》を藻壁門《そうへきもん》に）など、唐風化政策の画期となった年だ。

編纂メンバーは、最高責任者として冬嗣、ほかに安世・三守・朝野鹿取《あさののかとり》・小野岑守《おののみねもり》・桑原腹赤《くわばらのはらか》・滋野貞主《しげののさだぬし》が名を列ねた。当時の公卿や宮廷文壇の主だった人々である。これらの人々が既存の『内裏儀式』をもとにその後の新儀礼を加味し、上中下三巻からなる『内裏式』を編纂した（西本昌弘「儀注の興り由来久し」）。弘仁十二年（八二一）のことである。

ところで、この時代までに、すでに「内裏」を冠しない儀式書はあったのか。筆者はなかったと考えている。少なくとも『内裏儀式』や『内裏式』のような本格的な公定儀式書が編纂された徴証はない。

儀式書編纂の理由

では、なぜこの時代に公定儀式書が編纂されたのか。そこには相応の理由があった。この時代の政務・儀式は、冬嗣たちにとって目を覆いたくなるような状況にあったのである。実に開催すら危ぶまれる惨憺《さんたん》たる状況であった。

古代の律令国家は法や規則にしたがって勤勉な官僚たちが精勤し、政務・儀式も決められた通りきちんと行われていたというイメージを抱いている人が多い。研究者も何となくそう思い込んでいる。しかし、それはとんでもない誤解である。例をあげよう。

朝賀儀不参の横行

年中行事の一つに元日朝賀《がんじつちょうが》という儀式がある。大極殿《だいごくでん》に出御《しゅつぎょ》した天皇に対し、整列した中央の官人たちが拝礼を行う重要な儀式である。むろん、官人たちにとって出席は任意ではなく、義務である。ところが、桓武朝から嵯峨朝にかけての時代、この儀式には不参者（無断欠席者）が多数発生していたのである。

弘仁七年（八一六）、儀式・人事担当の式部省《しきぶしょう》は太政官に次のように上申している。「延暦二十一年（八〇二）の勅によって、不参の五位以上は制裁として正月の三つの節会《せちえ》（天皇主催の公的な宴会で出席者には節禄《せつろく》という禄物《ろくもつ》が下賜される）の出席を禁ずることになった。しかし、不参六位以下には制裁規定がなく、午前中に行われる儀式なのに日暮れになってもまったく人が集まらないありさまである」と。結局、式部省は不参六位以下にも春夏の季禄《きろく》（二月支給の半年分の給与）を没収する制裁を科すべしと提案して認められた。

礼式を憶えず

問題は不参だけではない。弘仁九年（八一八）に嵯峨が発した勅は次のように命じている。「元日朝賀では、近年、官人たちは所定の礼式を諳《そら》んじもせずにやってくる。儀場での進退所作ではたびたび間違ったり忘れたりするため、威儀を大いに損なっている。今後、公卿を除く全官人は、前年十二月にあらかじめ礼式について教習をうけてから出席せよ」と。

天皇の臨席を仰いで挙行される重要儀式にもかかわらず、官人たちが無断欠席したり、礼式を諳んじないまま出席して儀式を台無しにする。勤勉とは程遠い古代官僚の姿が浮かび上がってくる（虎尾達哉「律令官人の朝儀不参をめぐって」）。

政務儀式の規範必要

それはともかく、少なくともこの時代、現実の政務・儀式は決して整然と滞りなく行われていたわけではなかった。嵯峨朝の冬嗣たちが桓武朝の『内裏儀式』をもとに『内裏式』を編纂したのは、その間の唐風化進展を加味する必要があったからだ。しかし、より根本的な問題の解決が要請されていた。それは不参や違失が横行する目の前の政務・儀式をいかにして改善するかである。『内裏儀式』も『内裏式』も、その問題の解決に資するものであったはずだ。桓武朝同様、冬嗣たちも政務・儀式の常備必読の規範を作成し、関係の官庁・官人に示そうとしたのである。

弘仁十二年（八二一）正月、冬嗣たちはその功を終え、『内裏式』はひとまず完成した。しかし、この『内裏式』もただちに施行されたわけではない。内容に多く不備があったようで、淳和天皇の下であらためて補訂作業が施される。そのときの最高責任者はかつて冬嗣政権の中納言だった清原夏野であり、以下藤原吉野《よしの》・紀長江《きのながえ》・春澄善縄《はるずみのよしただ》がことにあたった。

長い補訂作業の末に、ようやく最終的に完成・施行にいたるのは、天長十年（八三三）二月のことであった。冬嗣の死後七年の歳月が経過していた。当時夏野は右大臣。左大臣緒嗣は存命していたが、事実上の首班は夏野だった。現在伝わる『内裏式』はこのときのもので、冬嗣たちが編纂した元の『内裏式』は残っていない。

日本後紀

『日本後紀』は『日本書紀《にほんしょき》』『続日本紀《しょくにほんぎ》』につぐ六国史《りっこくし》第三の正史《せいし》である。『類聚国史《るいじゅこくし》』巻百四十七収載の緒嗣の序によると、弘仁十年（八一九）、嵯峨天皇が大納言冬嗣・中納言緒嗣・参議藤原貞嗣・参議安世の四名に撰修の勅命を下した。

ところが、編纂途中で、四名のうち、緒嗣を除く冬嗣ら三名が相次いで没したため、嵯峨の譲りをうけた淳和天皇が緒嗣のほかに新たに権大納言《ごんのだいなごん》清原夏野・中納言直世《なおよ》王《おう》・参議藤原吉野・参議小野岑守・大外記《だいげき》坂上今継《さかのうえのいまつぐ》・大外記島田清田《しまだのきよた》の六名を撰修にあたらせた。

しかし、その撰修事業は遅々として進まず、淳和の譲りをうけた仁明天皇はあらためて緒嗣・源常《ときわ》・吉野・良房・朝野鹿取の五名に命じて撰修を行わせ、ようやく承和七年（八四〇）十二月に完成をみたという。

結局、この修史事業は当初は冬嗣を最高責任者として開始し、冬嗣の死後は緒嗣を最高責任者に据えてなお継続すること十四年。完成までに都合二十二年にも及ぶ息の長い事業となった。その結果、桓武・平城・嵯峨三代の正史となるべきところ、淳和・仁明の二代が加わり、平安時代初期の五代四十二年を綴る内容となったのである。

この『日本後紀』は紀伝道《きでんどう》が栄え、漢詩文が盛んとなった文華の時代に編まれた正史である。前史『続日本紀』の完成から二十年余り。これにつぐ第三の国史の撰修を弘仁十年（八一九）に発議《ほつぎ》したのは誰であったか。

冬嗣撰修を発議

それはこの年、政界最高位者となった藤原氏の族長冬嗣であったようだ。そして、これを前例として、冬嗣の息良房が『続日本後紀《しょくにほんこうき》』の撰修を発議し、ついで孫の基経《もとつね》が

『日本文徳天皇実録《にほんもんとくてんのうじつろく》』の撰修を発議する。どちらも、藤氏の族長にして、政界最高位者となった一年目のことである（虎尾俊哉「国史継続撰修の発議」）。

冬嗣による弘仁十年の『日本後紀』撰修の発議は、冬嗣が嵯峨朝宮廷文壇の主宰者であったことからみても、また冬嗣が事実上廟堂首班として弘仁八・九年の国難を乗り越えたことからみても、まずは自然な成り行きだろう。

内麻呂の行実

しかし、前史『続日本紀』の撰修発議者が権臣《けんしん》（臣下の権力者）仲麻呂《なかまろ》であり、その仲麻呂は祖父不比等の行実《ぎょうじつ》（行状や事績）を正史に載せて後世に伝えたいという希望を抱いていた（虎尾俊哉同上論文）ことを思うと、冬嗣もまた嵯峨朝随一の権臣として、亡父内麻呂の行実を正史にとどめておきたいという願望をもっていたのではなかろうか。

案に相違して、その撰修事業は延引に延引を重ね、内麻呂の行実どころか、冬嗣自身の行実まで収載する結果となった。しかしながら、その『日本後紀』は全四十巻のうち、実に三十巻が応仁《おうにん》の乱の戦火で失われ、今日ではわずかに十巻が伝わるにすぎない。菅《すが》原道真《わらのみちざね》の『類聚国史』に伝わる逸文《いつぶん》と『日本紀略』の抄略記事によってある程度の復原は可能だが、残念ながら、多くは失われたままである。

三　家族と親族

冬嗣の死後に残された家族と親族についてもふれておこう。

冬嗣には少なくとも五人ないし六人の妻がいたこと、その五人のなかで、正妻と考えられるのが藤原美都子であったことは先に述べた通りである。

美都子

その正妻美都子は冬嗣の死後、そのあとを追うように、天長五年（八二八）九月、四十八歳で世を去っている。時に従三位《じゅさんみ》尚侍《ないしのかみ》。嘉祥三年（八五〇）、外孫文徳天皇より冬嗣に太政大臣が贈られたとき、美都子には正一位が贈られた。天安二年（八五八）、その「次の宇治の墓」が夫の「宇治の墓」とともに「十陵四墓」のなかに加えられたこともすでに述べた。

長　良

美都子が生んだ四人の子女のうち、一男長良《ながら》（冬嗣長子）は天長元年（八二四）に二十三歳で叙爵《じょしゃく》。承和七年（八四〇）には蔵人頭《くろうどのとう》にも任じられ、同十一年（八四四）には四十三歳で参議として廟堂に入った。その後、権中納言に昇任し、位階も従二位《じゅにい》まで達するが、斉衡《さいこう》三年（八五六）に五十五歳で世を去った。

青年期に限ってみると、長良のキャリアは父冬嗣と遜色ない。叙爵時の年齢は冬嗣が三十二歳だったから、むしろ長良の方がかなり速いといえる。このとき、冬嗣は廟堂首班であったから、この叙爵には冬嗣の意向が働いているだろう。

良房の台頭

しかし、政治家としてのキャリアという点では、二歳下の二男良房（第二子）が長良を圧倒的に上回った。ただ、その良房にしても、青年期は兄長良の後塵を拝した。蔵人となったのは兄の二年ないしは三年後だったし、叙爵も兄の四年後の天長五年（八二八）、二十五歳のときだから、長良より二年遅い。良房の叙爵時には冬嗣は没しているが、どうもこのころまでは冬嗣の意向が働いていたようで、長良・良房の兄弟間に大きな処遇差はみられない。

二人の地位が逆転し、キャリアに差がつきはじめるのは、天長十年（八三三）になってからだ。この年、良房は従五位下《じゅごいのげ》から累進して従四位下《じゅしいのげ》にまで昇進し、正五位下《しょうごいのげ》となっていた長良を追い越し、翌承和元年（八三四）には参議として、兄より十年も早く、三十一歳の若さで廟堂入りを果たすのである。

良房が政治家としての頭角を現してきたということもあるだろう。しかし、それだけではない。青年良房は嵯峨天皇からじきじきに将来を嘱望された。つまり、気に入られたのである。そのことも彼のキャリアにとっては幸運であった。

『日本文徳天皇実録』によれば、嵯峨は皇女の源潔姫の婿を探していたが、なかなか適当な相手がみつからない。ところが、二十歳前後の良房が比類なく気高い志操の持ち主であると知って、いたく喜び特別に勅命を発して潔姫を嫁がせたという（斉衡三年六月丙申条）。

源潔姫の降嫁

良房の二十歳前後といえば、天長元年（八二四）前後。冬嗣存命中のことである。冬嗣もこの勅命にはさすがに驚いたことだろう。彼は二人の年の近い兄弟について、どちらか一方だけを利するようなことはしなかった。しかし、嵯峨が望んで良房を婿としたことで、良房およびその子孫の繁栄を予感したはずである。

冬嗣が女《むすめ》の順子《のぶこ》を嵯峨の皇子正良《まさら》親王（仁明天皇）に嫁がせたのもこのころのことだから、嵯峨を家父長とする天皇家本流に二重の姻戚関係を結んだことになる。冬嗣―良房流が摂関家《せつかんけ》として栄えるにはこのような下地があった。

嵯峨の長良評価

一方、兄の長良は嵯峨の眼鏡にはかなわなかったようだ。ばかりか、嵯峨の評価は芳しくなかった。二十歳前後のころ、長良は昇殿《しようでん》（天皇の居所清涼殿《せいりようでん》に伺候《しこう》すること）を許されて嵯峨に近しく仕えることになったが、なぜか「仕えざるにより」という理由で昇殿を差し止められている（補任承和十一年条長良尻付《しつけ》）。

それでも、淳和朝になってからは、皇太子《こうたいし》正良親王に朝夕近侍《きんじ》した。花月を愛でる場でも、遊戯・大射の場でも、正良の方は主従隔てのない交わりで構わなかったのだが、長良の方はそのような場であればあるほど、衣冠束帯《いかんそくたい》に身を固め、馴れ馴れしい振舞いは慎んだという（文実斉衡三年七月己卯条）。

「志行高潔」と評された長良らしいが、そういうところが豪放剛毅だった嵯峨とは反りが合わなかったのだろう。結局、嵯峨の存命中に参議に任用されなかったのは案外嵯峨に疎まれたというような事情があったからではないか。

ともあれ、長良は弟の良房にははるかに追い越された。しかし、生来兄弟愛も強く、また朝廷内ではつねに寛容をもって人々に接した。地位の上下を問わず、敬慕されたという。温容をもって知られた父冬嗣の美質を豊かに受け継いだといえよう。

明子

さて、冬嗣の死後、良房と潔姫との間に生まれた明子《あきらけいこ》は、やがて仁明と順子との間に生まれた道康《みちやす》親王（文徳天皇）に嫁し（のち女御《にょうご》）、惟仁《これひと》親王（清和天皇）を生む。道康は良房の甥にあたる。良房は承和九年（八四二）、謀略によって淳和・皇太子恒貞《つねさだ》親王派の公卿・官人を排除し、恒貞の廃太子《はいたいし》、道康の立太子に成功（承和の変）。廟堂内での勢威を強めた。

仁明天皇の崩御《ほうぎょ》後は文徳（道康親王）が即位するが、このとき良房は生後八ヵ月の外孫惟仁親王を皇太子に立てる。その後廟堂内の地位も上昇し、斉衡四年（八五七）には、ついに人臣最高の太政大臣にまで昇りつめる。そして、文徳が天安二年（八五八）に早逝すると、わずか九歳の清和を擁立。良房が幼帝《ようてい》にかわって執政するにいたる。臣下最初の摂政《せっしょう》は事実上ここに始まる（正式には貞観八年〈八六六〉）。

基経

一方、兄の長良は政治家としては良房に遠く及ばなかった。しかし、冬嗣—良房流の摂関家の勃興に際しては、結果的にはまことに大きな貢献を行った。それは長良の第三子基経である。この基経が男子に恵まれなかった叔父良房の養嗣子となり（時期不明）、のちに光孝《こうこう》天皇のとき、初めて関白《かんぱく》に就任するのである。また、長良の女高子《たかいこ》は清和天皇の女御となり、貞明《さだあきら》親王（のちの陽成天皇）を生んだ。

順子

長良・良房の妹順子は、天長十年（八三三）仁明即位時に女御となり、子の文徳即位とともに皇太夫人《こうたいぶにん》、仁寿《にんじゅ》四年（八五四）には皇太后《こうたいごう》となった。しかし、天安二年（八五八）にわが子文徳に先立たれた哀しみは癒しがたく、貞観三年（八六一）、出家して尼となる。左京五条の東五条第《ひがしごじょうてい》に東大寺戒壇《とうだいじかいだん》の諸僧を招いて大乗戒《だいじょうかい》をうけ、また別に延暦寺《えんりゃくじ》の円仁《えんにん》を招いて菩薩戒《ぼさつかい》をもうけた。もともと仏教に深く帰依していた順子は、すでに嘉祥元年（八四八）、山科の地に入唐僧恵運《にっとうそうえうん》を開基とする真言《しんごん》寺院安祥寺《あんしょうじ》の建立を発願《ほつがん》。斉衡三年（八五六）には周囲の山五十町を施入《せにゅう》している（『安祥寺《あんしょうじ》資財帳《しざいちょう》』）。密教の外護であった父冬嗣の遺風を受け継いだようだ。貞観十三年（八七一）に太皇太后《たいこうたいごう》として崩御。享年六十三。容姿麗しく、雅やかで人柄も温厚だったと伝えられる。

良相

美都子が生んだ三男良相《よしみ》（第五子）についても述べておこう。良相は承和五年（八三八）に二十六歳で叙爵。廟堂には同十五年（八四八）、三十六歳で参議として入った。その後順調に昇任をかさね、仁寿四年（八五四）以降は良房、源信《まこと》につぐナンバー3として長く政権を支え、正二位右大臣にまで昇った。貞観八年（八六六）の応天門《おうてんもん》の変では、伴善男《とものよしお》と通じて左大臣（源信）邸を包囲しようとしたが、良房に抑え込まれた（三実貞観十年閏十二月二十八日条）という。同九年（八六七）、兄の良房に先立ってこの世を去った。五十五歳であった。その二人の女はともに入内し、多賀幾子《たかきこ》は文徳天皇の、多美子は清和天皇の女御となった。

崇親院と延命院

良相について特筆すべきことは、貞観元年（八五九）、崇親院《すうしんいん》と延命院《えんめいいん》の設置を奏請《そうせい》して許可されたことだ。崇親院は左京六条の私邸の一画に建てられ、藤氏中の居宅のない子女を収養する社会施設である。施薬院《せやくいん》の管理下におかれた。延命院は勧学院《かんがくいん》の南辺に建てられ、藤氏中の大学《だいがく》生徒で病患の貧窮者を治療する医療施設。勧学院が管理する。どちらも経費は良相の右大臣としての封戸《ふこ》や荘園《しょうえん》田地からの地子《じし》が充てられた。施設の性格、私邸の提供、私財による経費負担、大臣在任時の企図・実現、どれをとっても亡父冬嗣の事績を意識し、これにならったものである。弘仁十二年（八二一）の勧学院設置と施薬院復興。冬嗣が一族の奨学を促し救済にも努めたその精神は、この良相にもっともよく受け継がれた。

良相は「文学の士」を愛好し、詩文を能くする学生をしばしば自邸に呼んで漢詩を詠ませて褒美の品を与え、また「貧寒」の学生に真綿や絹を支給し、さらに冬の厳寒の候には夜着を縫わせて大学の寄宿生たちに遍《あまね》く配ったという（三実貞観九年十月十日条）。宮廷文壇を主宰して若き俊英を愛する一方で、病者・貧者の救済にも努めた往時の冬嗣を彷彿とさせる。

西三条第

なお、平成二十三年（二〇一一）、右京三条一坊六町の地（現JR二条駅西口西）で京都市による発掘調査が行われ、検出された邸宅跡が良相の西三条第《にしさんじょうてい》（百花亭）であることが確認された。また平仮名が書かれた墨書土器《ぼくしょどき》が出土したことでも話題になった（京都市埋蔵文化財研究所『平安京右京三条一坊六・七町跡―西三条第（百花亭）跡』）。

さて、美都子以外の妻たちが生んだ子女も六人知られている。高位高官に昇った者と

良仁

西三条邸跡（公益財団法人京都市埋蔵文化財研究所所蔵）

しては、嶋田清田の姉（嶋田村作《しまだのむらつくり》の女か）が生んだ良仁《よしひと》（第七子）と、大庭王《おおばおう》の女が生んだ良世《よしよ》（第八子）がいる。

良仁は弘仁十年（八一九）生まれ。承和十三年（八四六）二十八歳で叙爵。甥にあたる文徳天皇（道康親王）の皇太子時代に春宮坊《とうぐうぼう》官人として近侍した「藩邸の旧臣」である。文徳即位後は姪の女御明子に中宮職《ちゆうぐうしき》官人として仕えた。姿儀（容姿とふるまい）美しく、気品があり、賢く明朗。大学では読書に没頭して倦《う》むことがなかった。仏教にも帰依。名門中の名門であるが、住まいは清楚であった。ただ、身にまとうものだけは、できる限り鮮やかではっきりした美をもとめた。唯一の娯《たの》しみは馬。退庁後は愛馬と遊ぶのを常としたという。文武に秀でた父冬嗣の血筋だろうか。馬寮《めりょう》や衛府《えふ》の武官も歴任した。至孝《しこう》をもって聞こえ、貞観二年（八六〇）の生母の死に際しては、「哀啼哭泣《あいていこくきゅう》」（哀しんで大きな声をあげて泣き、涙をぼろぼろ流す）のあまり、吐血失神するほどであった。その服喪《ふくも》中に病死したと伝えられる。享年四十二。

良世

良世は弘仁十四年（八二三）の生まれで、おそらく冬嗣最晩年の子である。仁寿元年（八五一）、二十九歳で叙爵。右近衛少将《うこのえのしょうしょう》・蔵人頭など公卿となるための階梯《かいてい》を昇る一方で、異母兄の良仁が貞観二年（八六〇）に没したときに就いていた中宮大夫《ちゅうぐうだいぶ》の任を引き継いだ。近侍する皇太夫人（もと文徳女御）明子は良世にとっても姪にあたる。明子が皇太后の尊号をうけてからはそのまま皇太后宮大夫《こうたいごうぐうだいぶ》として仕える。貞観十二年（八七〇）には、四十八歳で参議に起用されて廟堂に入った。

正妻美都子腹の三人（長良・良房・良相）以外で公卿となった子息はこの良世だけだ。その後、中納言、大納言、右大臣を経て、寛平《かんぴょう》八年（八九六）には左大臣にまで昇る。ついに廟堂首班の地位にまで達したのだが、老病のためか半年足らずのうちに致仕《ちし》してしまう。そのため「致仕大臣」と称された。

興福寺縁起

その良世は致仕後の昌泰《しょうたい》三年（九〇〇）六月、七十八歳の高齢を押して『興福寺縁起《こうふくじえんぎ》』を執筆する。良房が冬嗣・美都子のために始修《しじゅ》した長講会《ちょうこうえ》の沿革についてもふれている。それによると、長講会はその後、嘉祥三年（八五〇）からは良房の女明子が父を助けてあまねく供物・布施を喜捨《きしゃ》し、冬嗣の命日（七月二十四日）に執り行ってきた。これは、この年七月、文徳が外祖父母顕彰のため、冬嗣に太政大臣、美都子に正一位を追贈《ついぞう》したことが契機となった。女御の明子にとっても、二人は祖父母にあたる。その追福の法会《ほうえ》は贈太政大臣、贈正一位の名に恥じないものにする必要があった。

さて、良世によれば、長講会は貞観十四年（八七二）の良房逝去後も、長く明子が自らの責任で執り行ってきた。しかし、昌泰三年（九〇〇）五月にその明子が亡くなると、これを受け継いで行おうとする者がいなくなってしまった。このままでは途絶やむなしという事態を迎え、良世は一計を案じる。氏長者《うじのちょうじゃ》左大臣時平《ときひら》の同意を得た上で、祖父内麻呂が孫たちに残してくれていた備前《びぜん》国御野《みの》郡鹿田庄《かだのしょう》（岡山《おかやま》市朝日川《あさひがわ》右岸）の田地地子のなかから、米一五〇斛《こく》を割いて供物・布施に充てることとし、長講会を存続させたのだ。良世はそれを見届けて、同年十一月に世を去った。末子良世のはるかな亡父冬嗣に寄せる強い思慕が伝わってくる。

冬嗣の子女には、ほかに百済仁貞《くだらのじんてい》の女が生んだ良方《よしかた》、安倍雄笠《あべのおがさ》の女が生んだ良輔《よしすけ》・良《よし》門《かど》、母不詳の古子《ふるこ》もいる。このうち古子は、嘉祥三年（八五〇）、文徳天皇の女御となった。文徳崩御後の貞観三年（八六一）に異母姉で文徳の生母だった皇太后順子が出家すると、古子もこれにしたがって出家した。順子発願の安祥寺には古子御願《ごがん》の仏像・経論・荘厳具などが納められていた（『安祥寺資財帳』）。また、『尊卑分脈』によれば、良方は従五位上《じゅごいのじょう》大蔵大輔《おおくらたいふ》、良輔は正五位上《しょうごいのじょう》雅楽助《うたのすけ》、良門は正六位上《しょうろくいのじょう》内舎人《うどねり》であったことがわかるが、その後は不詳。早逝したようである。

真夏

最後に、冬嗣の兄弟たちについても述べておこう。

平城上皇《へいぜいじょうこう》の忠臣だった同母兄真夏《まなつ》は、冬嗣の死から四年後の天長七年（八三〇）十一月に亡くなった。従三位まで昇進していたが、その位階にふさわしい中納言や大納言などの地位を与えられることはなかった。最後は散位《さんい》だった。享年五十七。

安世

異父弟で冬嗣政権を支えた良岑《よしみね》安世も、真夏と同じ年の七月に逝去。正三位大納言であった。四十六歳の若さで亡兄のあとを追ったのだった。贈位は従二位。嵯峨は異母弟にしてかつての文人仲間でもあったこの安世の死を悼み、挽歌《ばんか》（死者を悼む歌）二篇を詠んだという。

冬嗣の異母弟たちは知られるだけでも一〇人いるが、そのなかで冬嗣や真夏のように公卿となった者は二名で意外に少ない。その二名とは第七子で冬嗣より十二歳年少の愛発《あらち》と、第十一子で二十四歳年少の助《たすく》である。

愛発

愛発は天長三年（八二六）三月、参議となった。兄の冬嗣が亡くなったのは同年七月だから、数ヵ月間廟堂をともにしたことになる。その後、天長九年（八三二）に中納言、承和七年（八四〇）に大納言と順調に昇任したが、承和九年（八四二）の政変（承和の変）で失脚し、京外に追放された。この政変は中納言良房が皇太子恒貞親王の廃太子とその支持勢力の排除、女婿道康親王（文徳天皇）の立太子を画策して起こした事件であった。恒貞の舅であった愛発は甥の良房から支持勢力の一員とみなされて粛清されたのである。翌十年（八四三）、山城国久世《くぜ》郡の別業で亡くなった。享年五十七。

助

一方、助は愛発が亡くなった年に参議となる。この年はかつて冬嗣のライバルだった左大臣緒嗣が没した年でもある。対立勢力を一掃した大納言良房が事実上政権を掌握していた。助は甥良房の下で政務に励むが、仁寿三年（八五三）、天然痘《てんねんとう》の大流行の際、この病魔に侵され、しかも治療に専念しなかったことも災いして命を落とした。享年五十五。清く真っ直ぐな性格で、褒めるときも貶すときも遠慮がなかったという（文実仁寿三年五月戊午条）。

長岡大津

そのほかの異母弟にもふれておこう。第六子で十一歳年少の長岡《ながおか》は嘉祥二年（八四九）に散位従四位上で亡くなり（享年六十四）、第九子で十七歳年少の大津《おおつ》は斉衡元年（八五四）に正五位下備前守《かみ》で亡くなった（享年六十三）。ともに公卿にはならず、国司《こくし》としての地方赴任が多かったが、良吏《りょうり》として聞こえた。

衛

第十子は二十四歳年少の衛《まもる》である。すでに述べた通り、内麻呂から嫡嗣に立てられたが、結局公卿にはならなかった。しかし、衛は決して凡庸な官僚・政治家ではなかった。遠江《とおとうみ》国に国守として赴任すれば良吏と慕われ、式部省にあっては少輔《しょうふ》として貴賤を問わず規則違反を咎める。大宰府《だざいふ》に大弐《だいに》として着任すれば、府政積年の弊害を指摘し、数々の変革を太政官に提言する。また京に戻れば、「辞令（言葉遣い）を善くする者」として選ばれ、宮中に迎えた渤海国使《ぼっかいこくし》に応接。賓客たちはその儀範（模範的な礼儀）にいたく感服したという。その後、弾正大弼《だんじょうのだいひつ》に任じた衛を「王公豪右」（皇親・高官・貴族）誰もが懼《おそ》れ憚《はばか》ったのも無理はない（文実天安元年十一月戊戌条）。

天安元年（八五七）、正四位下右京大夫《しょうしいのげうきょうのだいぶ》として逝去。時の運もあって、公卿にこそなれなかったが、生来の高い能力を各所で十二分に発揮。国政に大きく貢献し続けた一生だった。享年五十九。

緒夏

冬嗣の異母妹緒夏《おなつ》は、既述の通り、内麻呂の外戚《がいせき》戦略のもとで神野《かみの》親王（嵯峨天皇）に嫁いだ。弘仁六年（八一五）には夫人に立てられ、従三位にまで昇った。しかし、結局皇子女を身籠ることなく、斉衡二年（八五五）、夫人従三位のまま世を去った。贈位は正三位。享年は不詳である。

四　邸　宅

東京一条第

冬嗣の邸宅としてもっとも早いのは左京一条三坊十四町の東京一条第《とうきょういちじょうてい》（現、京都御所西南部）である。この邸宅は父内麻呂が当麻某《たいまのなにがし》から冬嗣に買い与えたものと伝えられており（『土右記《どゆうき》』延久《えんきゅう》元年〈一〇六九〉五月十八日条）、冬嗣の死後は良房から基経さらには忠平《ただひら》へと伝領され、忠平のときに隣接する「東一条第」との混同を避けて「小一条第《こいちじょうてい》」「小一条院」と称されるようになった。

閑院

東京一条第の次に居宅となったのは閑院《かんいん》である。本来は閑居院《かんきょいん》といった。左京三条二坊十五・十六町の二町およそ八八〇〇坪の広大な敷地を占める。京都市中京区の東西は西洞院通《にしのとういんどおり》と油小路《あぶらこうじ》通、南北は御池《おいけ》通と二条《にじょう》通に囲まれた一帯が故地である。もと内

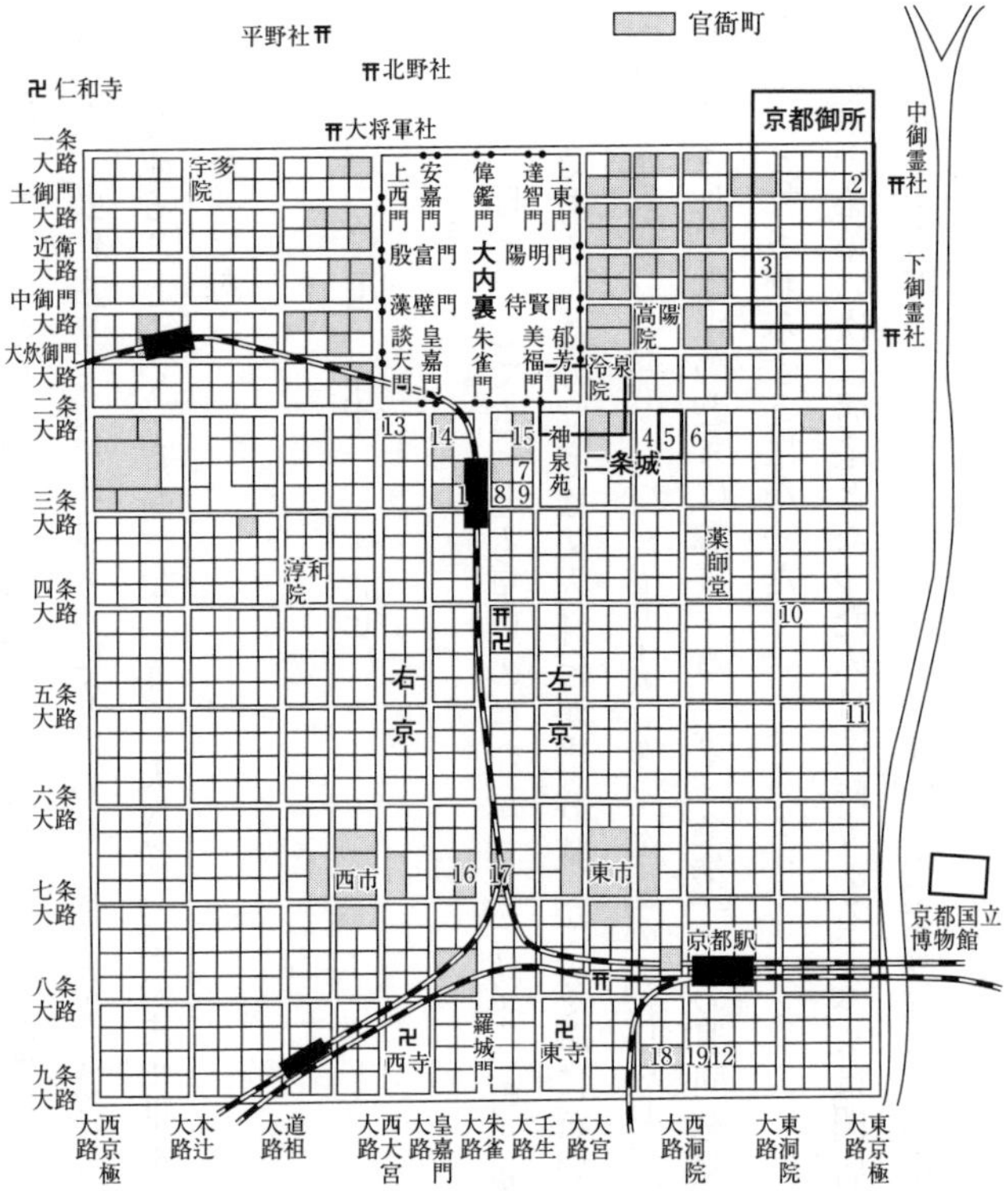

1 百花亭（良相）
2 染殿（良房）
3 東京一条第（内麻呂・冬嗣・良房）
4 堀河院（基経）
5 閑院（冬嗣・基経）
6 東三条殿（良房）
7 弘文院
8 奨学院
9 勧学院
10 東五条第（冬嗣・順子・基経）
11 東京六条第（良相）
12 九条殿（基経）
13 学館院
14 穀倉院
15 大学寮
16 西鴻臚館
17 東鴻臚館
18 綜芸種智院
19 施薬院

平安京条坊図（坂上康俊『律令国家の転換と「日本」』所載の図を基に作成）

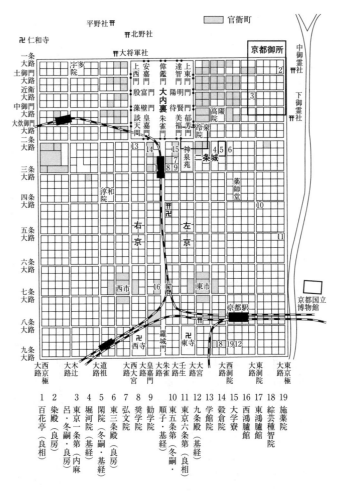

庭園

麻呂の居宅を冬嗣が伝領したもので、冬嗣はここに弘仁三年（八一二）の父の没後、東京一条第より移住し、正妻美都子や長良・良房・順子・良相の子女たちと暮らした。弘仁五年（八一四）に嵯峨の行幸を夫妻で迎え、詩宴を催したことはすでにふれた。今日の賑やかな市街地から広大な閑院には森閑《しんかん》として幽玄な庭園がひろがっていた。今日の賑やかな市街地からは想像もつかないが、幸いにもその情景を詠んだ詩が伝わっている。

先にも少しふれた嵯峨天皇の七言詩「夏日左大将軍藤冬嗣の閑居院」（『凌雲集《りょううんしゅう》』）では、

避暑時来間院裏　暑《あつさ》を避けて時に来《きた》る間院の裏《うち》
池亭一把釣魚竿　池亭《ちてい》一たび把《と》る釣魚《ちょうぎょ》の竿
廻塘柳翠夕陽暗　廻塘《かいとう》の柳翠《りゅうすい》夕陽《せきよう》に暗し
曲岸松声炎節寒　曲岸《きょくがん》の松声炎節《しょうせいえんせつ》に寒し
吟詩不厭搗香茗　詩を吟《ぎん》じ香茗《こうめい》を搗《つ》くこと厭《いと》わず
乗興偏宜聴雅弾　興に乗じ偏《ひとえ》に雅弾《がだん》を聴くこと宜し
暫対清泉滌煩慮　暫《しば》し清泉に対《むか》いて煩慮を滌《すす》ぐ
況乎寂寞日成歓　況《いわん》や寂寞《せきばく》たる日に歓《よろこび》を成すをは

暑さを避けて時折りこの閑院にやってきたが、池のほとりの四阿《あずまや》のあたりで魚釣り竿を試みにひとたび手に取る。廻りくねった池の堤の柳の緑は夕日に暗くみえ、曲折した池の岸辺の松を吹く風の音はこの炎天の夏の季節にも寒そうに聞こえる。詩を吟じ香茗を搗くことをいとわない。興趣にそそられて、ひたすら琴の類を優雅に弾くのを聞くのは似つかわしい。しばらく清らかな池泉に相対していて日常の煩わしい思いを洗いすすぐ。まして、静寂な状態にある今日の日に歓楽を尽くすのはなおさらそうだ。

（小島憲之『国風暗黒時代の文学』中㊥）

と詠まれ、また大伴《おおとも》親王（淳和天皇）の七言詩「夏日左大将軍藤原朝臣の閑院の納涼」（『文華秀麗集《ぶんかしゅうれいしゅう》』）でも、

此院由来人事少　　此の院由来人事少《まれ》なり
況乎水竹毎成閑　　況や水竹毎《つね》に閑を成すをや
送春薔棘珊瑚色　　春を送る薔棘《しょうきょく》珊瑚の色
迎夏巌苔玳瑁斑　　夏を迎うる巌苔《がんたい》玳瑁《たいまい》の斑《まだら》
避景追風長松下　　景《ひかり》を避けて風を追う長松《ちょうしょう》の下《もと》
提琴搗茗老梧間　　琴を提《ささ》げて茗《めい》を搗く老梧《ろうご》の間
知貪鸞駕忘囂処　　知りぬ鸞《らん》駕《が》囂《ごう》を忘るる処を貪ることを
日落西山不解還　　日は西山《せいざん》に落つるも還らんことを解《し》らず

この冬嗣の閑院は元来世間との交渉が少ない。まして、水竹がつねに閑静な趣きを漂わせているこの院においては、ますます人事が少ない。春を見送ったいばらのとげは朱のサンゴ色をなし、また夏を迎えた巌《いわ》に生えた苔は玳瑁の色を帯びて点々とまだらをなす。夏の暑い日光を避けて背の高い松の下で涼風を追う。琴をひっさげて、年を経た古い青桐の間で茶の芽を搗く。天子がやかましさを忘れるようなところを十分楽しみたまうことを知った。日は西の山に落ちてもまた還ることを知らない。

（小島憲之『懐風藻　文華秀麗集　本朝文粋』）

と詠まれた。曲がりくねった汀線《ていせん》（水際の線）を描く池、夕日をさえぎる柳、清風に吹かれる松林。苔むして玳瑁（鼈甲《べっこう》）のような光沢を見せる巌は中島の蓬萊山《ほうらいさん》であろうか。神仙思想にもとづく典型的な庭園である。

神仙思想

もっとも、神仙思想による庭園は七世紀代から作られてきた。しかし、この閑院は本来人事から離れた「閑居」の住まいであった。隠遁し、仙薬ともいうべき香茗（茶）を薬堂で搗いて喫し、弾琴に興じる。神仙思想を具現する空間だった。

「冷然院」

遠藤慶太の研究によれば、嵯峨の後院《ごいん》である冷然院《れいぜいいん》は本来「冷《れい》然院」である（冷然では意味をなさないが、のち通用）。「冷然」とは「世俗にとらわれない態度を褒める語」で、冷然院の「景趣に富む庭園は神仙の境域を模した」という。遠藤は今一つの後院・嵯峨院については、「嵯峨」が「隠逸《いんいつ》の士がかくれる山林を表す語」であることから、「神仙の居になぞらえられた」とする（遠藤慶太「後院の名称―冷然・嵯峨の語義をめぐる覚書」）。

要するに、嵯峨の後院の名称は神仙思想による命名だったのだ。そのことは冬嗣の「閑居院」についてもあてはまる。冬嗣もまた嵯峨と同じく、「神仙や隠者の棲む山水への憧憬」を抱き、神仙思想を具現する庭園を造り、自らを隠逸の士に擬えて自邸を「閑居院」と命名した。そう考えるべきだろう。

冬嗣の意図は半ば達せられて、閑院は「由来人事少《まれ》なり」とまで評されるようになった。自らも「門を閉じ静けさを好み、花鳥人に馴れ、感に勝《た》えざる什《じゅう》」という詩を詠み、これに唱和した滋野貞主からも「隠吏《いんり》両《ふた》つながら相得たり　喧しきことを嫌い蹔《しばら》く賓《ひん》を断つ」（隠遁者と官吏とを兼ね合わせた人、さわがしい世の中を嫌いしばらく客との交際を絶っている）と謳われた。しかも、貞主によれば、冬嗣は「風月の好《よ》きことに蒙《こうむ》り牽《ひ》かる、是《こ》れ遁栖の人に非ず」（清風明月という自然界の好もしさに心を惹かれており、単に隠遁しているような人ではないのだ）という（『経国集《けいこくしゅう》』）。たんに煩わしい世俗から遁れたいというのではない。好きな花鳥風月に囲まれて暮らしたい。そういう隠逸の士だというのだ。

むろん、現役の公卿、あるいは廟堂の首班として、実際には客を絶って閑居ばかりしてもいられない。折々行幸啓もあれば、文人同士の詩宴も開かれる。時に、藤原氏から受領《ずりょう》として任地に下る者がいれば、閑院に招いて餞《はなむけ》の宴を張ることもある。巨勢識人《こせのしきひと》が詠んだ「敬しんで左神策大将軍の「春日閑院に美州《びしゅう》藤太守《たいしゅ》・甲州《こうしゅう》藤判官《はんがん》を餞す」の作に和す」の唱和詩（『経国集』）によれば、春の日に閑院の花咲くあずまやで、美濃《みの》国と甲斐《かい》国に赴任する二人の同族を送る餞の宴が催された。冬嗣は二人とも初めての地方赴任であることを思いやり、「しばしば便りを寄せよ」と気遣っている。赴任する一人は美濃掾《じょう》に任じられた式家《しきけ》の吉野である。族長冬嗣の閑院は北家を超えた藤原氏の結合を促す場でもあった。

晩年の冬嗣にしてみれば、自分も譲位時の嵯峨のように、やがて致仕した後は隠逸の士として、閑院で「山水に託して百年を送り、琴書《きんしょ》を翫《もてあそ》びて一生を了《おわ》らん」（類史二十五太上天皇）という心づもりでいたはずだ。だが、案に相違して左大臣在職のまま急逝したために、それはかなわなかった。

閑院の伝領

その死後に残された当代随一のこの貴族邸宅は、良房から基経に伝領された。その後も罹災・修造を重ねながら摂関家を中心とする藤原氏間で相伝されたのち、平安末期以降は仙洞御所《せんとうごしょ》として新造され、里内裏《さとだいり》としても使用されるなど変遷を経ながら、さらに鎌倉時代にまで及んだ。

太田静六の研究

太田静六の『寝殿造の研究』では、堀河《ほりかわ》天皇が里内裏とした嘉保《かほう》二年（一〇九五）新造の閑院の建物配置が復原され、当時の典型的な寝殿造《しんでんづくり》であったことがわかる。太田はこの時代になると東西に対屋《たいのや》をもつことはなく、一方は対代《たいのだい》ないしは対代廊《たいのだいろう》となるのが普通で、閑院も西は対屋ではなく対代廊であった。しかし、これより一世紀以上前の貞元《じょうがん》元年（九七六）当時は、東西に対称的な対屋を持つ「正規寝殿造」であったという。

この「正規寝殿造」論には、実は今日有力な批判も出されている（川本重雄『寝殿造の空間と儀式』、藤田勝也「「寝殿造」とはなにか」）のだが、いずれにせよ、その貞元元年をさらに一六〇年以上も遡る冬嗣時代の閑院となると、その建物の様子はまったく不明である。先の嵯峨の詩に「池亭で釣り竿を手に取った」とあるから、わずかに西釣殿《にしのつりどの》に相当する建物があったことが知られるくらいだ。

しかし、おそらく時代が降っても池の位置は大幅に変わることはなかっただろうから、池に南面する配置をとって寝殿に相当する正殿が立ち、その周辺にいくつかの建物が立っていたことは想像してよい。南庭《なんてい》もあったであろう。

湧水の今昔

閑院には清泉が湧き、広大な池の水も湧水で満たされていた。北の山地から伏流して

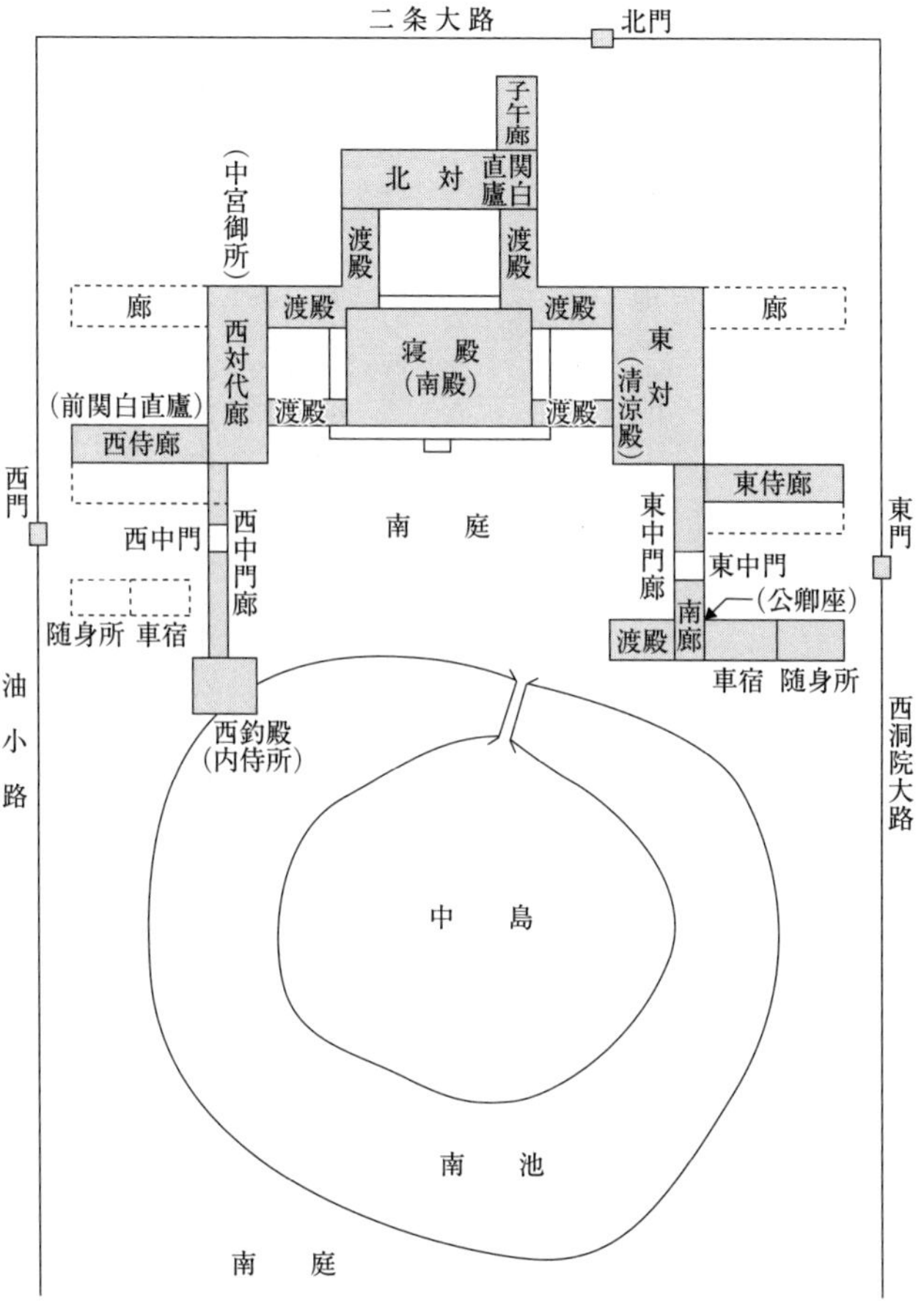

堀河天皇里内裏時代の閑院第復元推定図
（太田静六『寝殿造の研究』新装版より）

京都盆地の地下に貯まった豊かな水がめから湧き出た水だ。実は閑院の故地周辺には近年まで京染の染物工場が多く営まれた。染めに欠かせない大量の湧水に恵まれた一帯だったからである。今でも染物関連の事業所がいくつかみられる。地上から閑院の面影は消えても、地下からの湧水を通して平安の昔と今はつながっているのである。

東五条第

さて、ほかに冬嗣の邸宅としては、左京五条四坊一町に東五条第もあった。この邸宅は冬嗣の死後、女で仁明天皇の女御となった順子が相続し、ついで基経、その子忠平に伝領されたらしい（角田文衛「東五条第」）。

また、先にふれた第五子良相の邸宅西三条第も、もとは冬嗣の邸宅だったとする説がある（栗原弘「西三条第」）。

さらに、京外の深草には「深草別業」もあった。冬嗣が終焉を迎えた別邸であったが、残念ながら所在地は不明である。

藤原氏北家略系図（冬嗣以降）

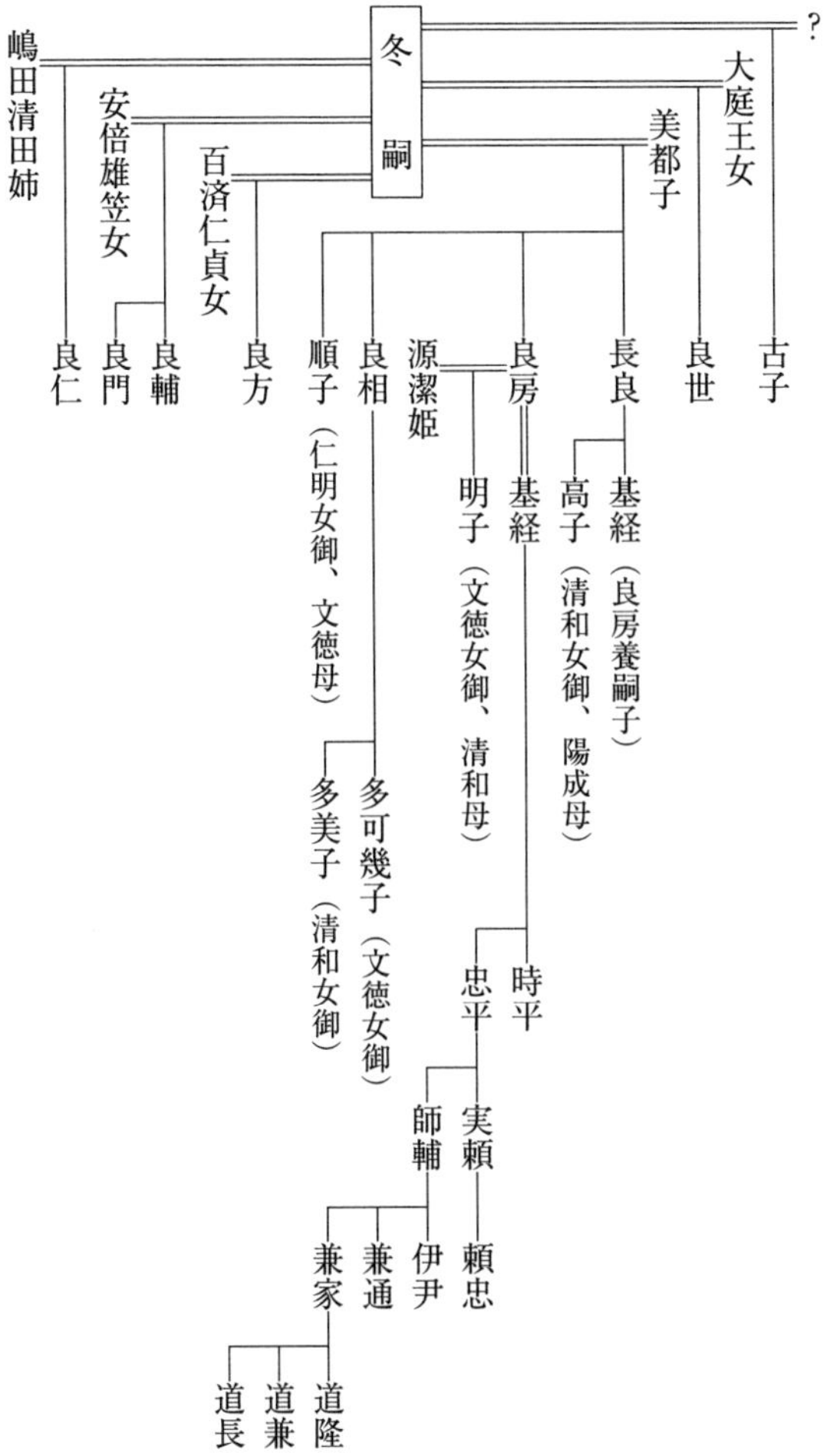

藤原氏略系図（冬嗣世代まで）

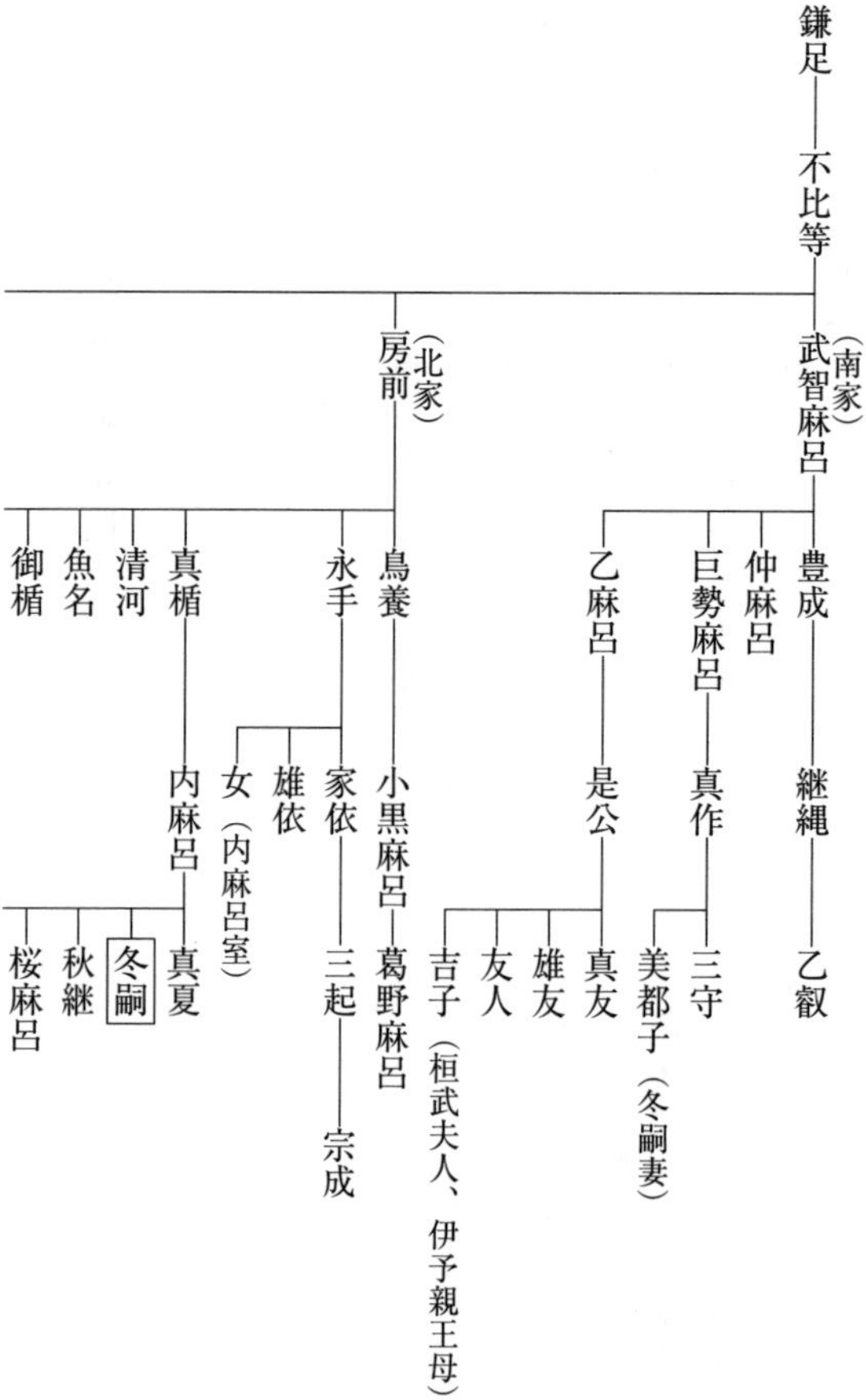

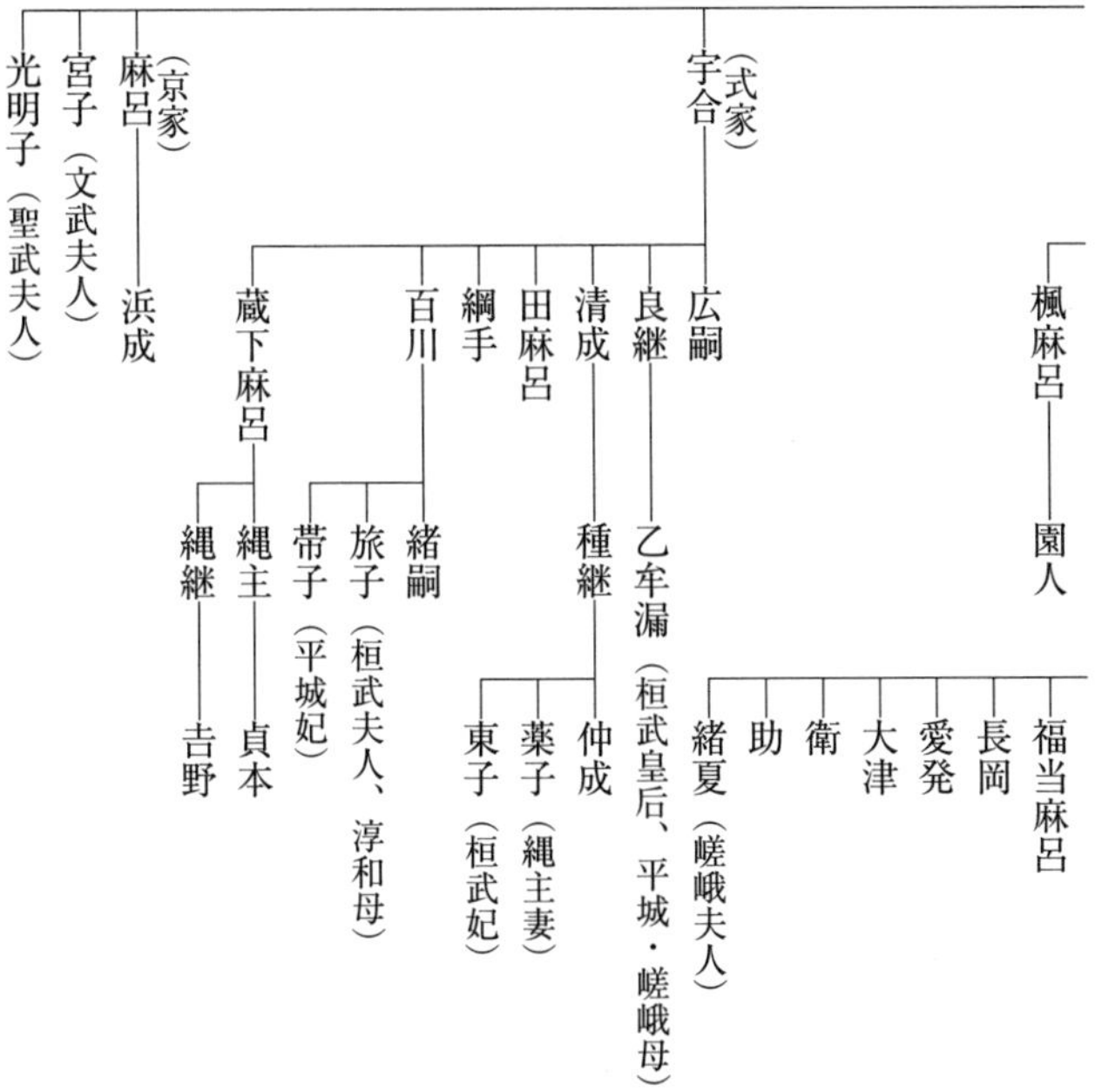

楓麻呂
園人
福当麻呂
長岡
愛発
大津
衛
助
緒夏（嵯峨夫人）
宇合（式家）
広嗣
良継
乙牟漏（桓武皇后、平城・嵯峨母）
清成
種継
仲成
薬子（縄主妻）
東子（桓武妃）
田麻呂
綱手
百川
緒嗣
旅子（桓武夫人、淳和母）
帯子（平城妃）
蔵下麻呂
縄主
貞本
縄継
吉野
麻呂（京家）
浜成
宮子（文武夫人）
光明子（聖武夫人）

天皇家略系図（光仁天皇以降）

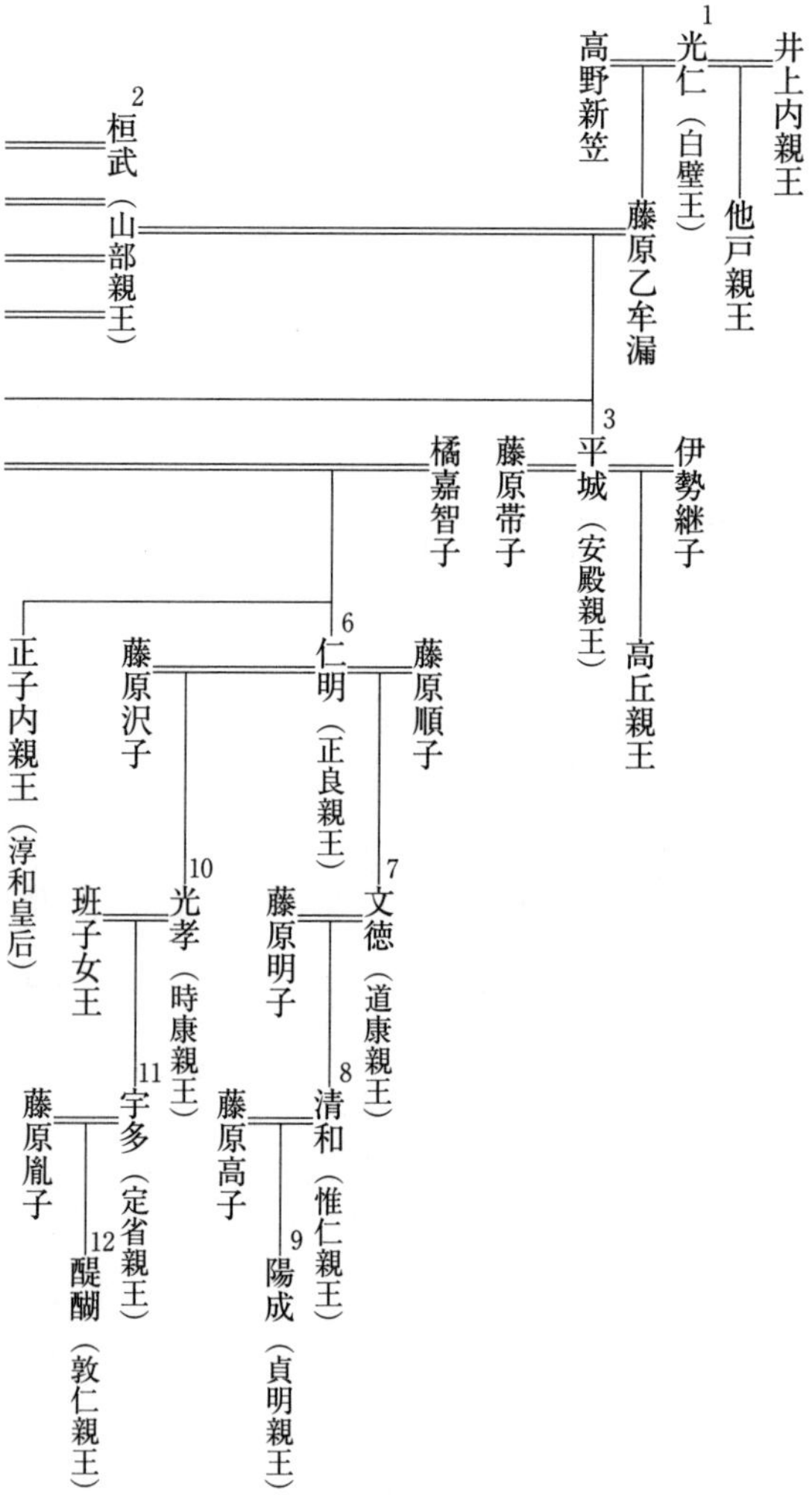

井上内親王
他戸親王
1 光仁（白壁王）
高野新笠
藤原乙牟漏
2 桓武（山部親王）
伊勢継子
高丘親王
3 平城（安殿親王）
藤原帯子
橘嘉智子
藤原順子
6 仁明（正良親王）
藤原沢子
正子内親王（淳和皇后）
7 文徳（道康親王）
藤原明子
10 光孝（時康親王）
班子女王
8 清和（惟仁親王）
藤原高子
11 宇多（定省親王）
藤原胤子
9 陽成（貞明親王）
12 醍醐（敦仁親王）

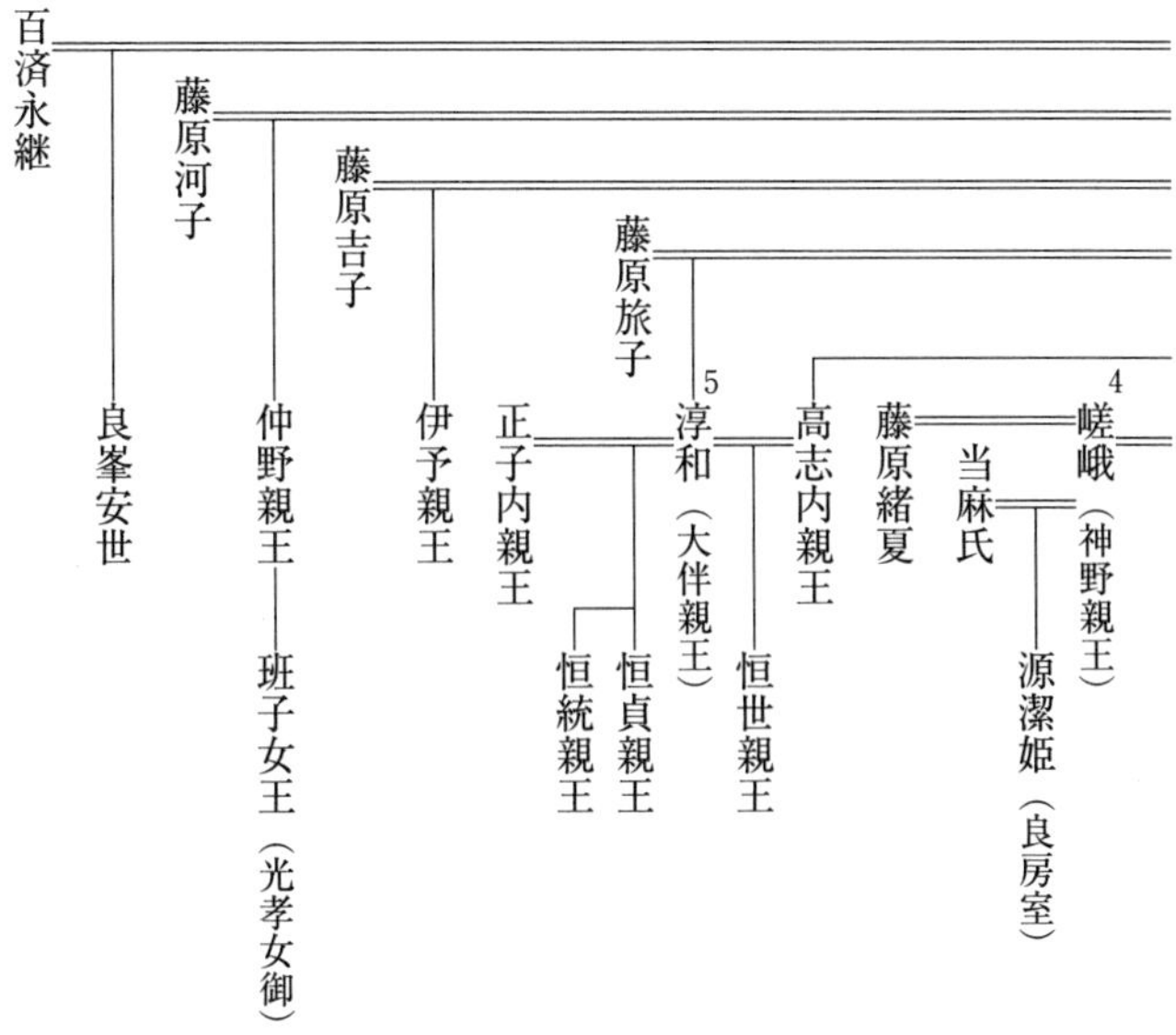
4
嵯峨（神野親王）
当麻氏
源潔姫（良房室）
藤原緒夏
高志内親王
恒世親王
5
淳和（大伴親王）
恒貞親王
恒統親王
正子内親王
藤原旅子
伊予親王
藤原吉子
仲野親王
班子女王（光孝女御）
藤原河子
良峯安世
百済永継

略年譜

年次	西暦	年齢	事跡	参考事項
宝亀 六	七七五	一	父藤原内麻呂、母百済永継の二男として誕生。一男真夏は一歳上	
天応 元	七八一	七	一〇月、父、従五位下に叙爵	四月、光仁天皇譲位、桓武天皇即位
延暦 四	七八五	一一	このころまでに母、父と離婚○この年、母、桓武天皇の皇子、良岑安世（冬嗣異父弟）を生む	
一〇	七九一	一七		二月、藤原緒嗣、従五位下に叙爵
一三	七九四	二〇	一〇月、父、参議となる	
一四	七九五	二一	この年までに内舎人に任用か	
一七	七九八	二四	八月、父、中納言に昇任	
二〇	八〇一	二七	閏正月、中判事（少判事）に任官○このころ藤原美都子と婚姻か	
二一	八〇二	二八	三月、右衛士大尉○五月、左衛士大尉○この年、美都子との間に長良（一男）誕生	六月、緒嗣、参議となる
二二	八〇三	二九	このころ、父、異母弟の幼児衛を嫡嗣に立つ	
二三	八〇四	三〇	美都子との間に良房（二男）誕生	
二四	八〇五	三一		七月、最澄、唐より帰国○一二月、

				天下徳政相論
大同 元	八〇六	三二	一〇月、従五位下、春宮大進となる	三月、桓武天皇崩御○四月、内麻呂、大納言に昇任○五月、平城天皇即位。神野親王、皇太弟となる○一〇月、空海、唐より帰国
二	八〇七	三三	正月、春宮亮に昇任（四年四月まで）○五月、父、右大臣となる	八月、雑石・毛皮等の着用禁止○一〇月、伊予親王の変○一一月、大納言雄友連坐により左遷
四	八〇九	三五	正月、侍従を兼任（五月まで）○四月、嵯峨の即位時特別昇叙により正五位下、ついで従四位下に昇進し、左衛士督となる（のち左衛門督に改称、弘仁七年一〇月まで）。兄真夏、山陰道観察使となる。○五月、大舎人頭兼任（一二月まで）○一二月、中務大輔兼左衛士督となる○この年、美都子との間に順子（一女）誕生	四月、平城天皇譲位、嵯峨天皇即位。高丘親王、皇太子となる。五位以上の義倉未進者に封禄没収の制裁を課す○年末より翌年初にかけて嵯峨天皇不予○この年の前後、空海と交渉をもつ
弘仁 元	八一〇	三六	正月、備中守兼国（七月まで）○三月、巨勢野足とともに蔵人頭任用○七月、美作守兼国（七年正月まで）○九月、平城より造宮使に任命される。式部大輔を兼任（二年一〇月まで）○一一月、従四位上に昇進	七月、嵯峨天皇不予○九月、平城、平城京への遷都を宣言。平城ら軍事行動を起こすも、嵯峨側に鎮圧され、平城は出家、仲成は処刑、薬子は自害、真夏ら平城派は左遷（薬子の変）。大伴親王、高丘親王にかわっ

				て皇太弟となる○同月、雑石・毛皮等の着用解禁
二	八一一	三七	正月、参議となる（式部大輔兼左衛士督美作守）○一〇月、春宮大夫兼任（九年六月まで）	二月、藤原三守・良岑安世、蔵人頭となる
三	八一二	三八	一〇月、父内麻呂死去（右大臣従二位）。これにともない解官○一一月、最澄より灌頂法具の援助を乞う書簡来る○同月、復任○一二月、正四位下に昇進し、左近衛大将兼任（終身）。このころ、東京一条第より閑院に遷居か○この年、多治比清貞より柳を贈られたか	一二月、藤原園人右大臣となる
四	八一三	三九	この年、美都子との間に良相（五男）誕生。興福寺南円堂を建立。興福寺に最澄・光定を招き、義解・義延ら学僧と法論を闘わす	四月、嵯峨、南池（大伴親王邸）に行幸、詩宴
五	八一四	四〇	四月、嵯峨、閑院に行幸、詩宴。従三位を授かる。妻美都子も無位から従五位下	三月、園人、嵯峨に九月の重陽節会の廃止を進言して容れられる○七月、嵯峨、勅を発し国司の災異対応を叱責○この年、天然痘流行。『凌雲集』完成
六	八一五	四一	この年、異母妹緒夏、嵯峨の夫人となる	
七	八一六	四二	正月、近江守兼国（一〇月まで）○一〇月、権中納言となる（兼左近衛大将春宮大夫）○この年、	四月、園人、嵯峨にこの年の端午節の中止を進言するも容れられず○七

			兄真夏らとともに、南円堂に銅製燈台を寄進	月、嵯峨、勅を発し国司の災異対応を叱責○一〇月、安世・三守、参議となる○一一月、安世、近江守を兼国
八	八一七	四三	正月、陸奥出羽按察使を兼ねる（一二年正月まで）○二月、中納言に昇任（兼左近衛大将春宮大夫陸奥出羽按察使）○九月、これより右大臣園人に代わり、太政官符等の上卿を務む○同月、末日より七日間、南円堂にて初めて法華会を行う	二月、祈年祭等の幣帛を神祇官に受け取りに来ない畿内・近江諸社の祝に対する制裁発令○この年の夏から翌年にかけて、大旱魃。祈雨、飢民への賑給相次ぐ○七月、摂津国で津波○一二月、地震相次ぐ
九	八一八	四四	四月、最澄に祈雨のための転経・礼仏を命じる書状を送る○同月、最澄の大乗寺建立の願いを光定を介して聞き、「しばらく待て」と伝える○六月、正三位・大納言となる（兼左近衛大将陸奥出羽按察使）。嵯峨に上表（内容不明）○この年、嵯峨の勅を受け仲雄王らに編輯を命じていた『文華秀麗集』完成	三月、五位以上臣下の封禄四分の一を削減して国用に充てる（「弘仁九年の例」）○四月、天皇・皇后の服御物・御膳の四分の一を節減（「弘仁九年の例」）。左右馬寮の秣穀を停止○同月、畿内の水所有者に苗代の貸与を命じる○六月、参議三守、春宮大夫を兼任○七月、関東で大地震（弘仁地震）○九月、天然痘流行。転経・奉幣などで疫病除去に努める○一二月、右大臣園人死去

一〇	八一九	四五	三月、最澄が嵯峨に奉呈した四条式等につき、光定より問い合わせをうけ、これを嵯峨に伝える○この年の前後、空海から三守あての書状に、三守と並んで謝意を表される○この年、『日本後紀』の撰修を発議。緒嗣・藤原貞嗣・安世とともに勅命をうけて編纂にあたる。嶋田清田の姉との間に良仁（七男）誕生	二月、畿内に飢饉発生するも、賑給用の穀稲なし。官奏により富豪の貯穀を飢民に借貸（無償貸付）するよう命じる○五月、国司が被害程度を偽って私腹を肥やす不正を禁止○六月、丹生川上社・貴船社に白馬奉納、止雨祈願。これより長雨と旱魃が交互に襲い、止雨と祈雨を繰り返す
一一	八二〇	四六	この年、藤原葛野麻呂・秋篠安人・三守・橘常主・中原敏久らと編纂にあたった『弘仁格式』完成	閏正月、大同四年「五位以上義倉未進者への制裁」緩和○二月、河内国に洪水○一一月、封禄・御膳などを節減する「弘仁九年の例」解除、復旧
一二	八二一	四七	正月、右大臣となる（兼左近衛大将）○同月、安世・三守・朝野鹿取・小野岑守・桑原腹赤・滋野貞主と編纂にあたった『内裏式』完成○春ごろ、空海に使者を遣わして真言五祖像等の進上を命じる。空海、五祖像の修復と嵯峨による讃文揮毫を願う○四月、空海が願い出た新たな両部大曼荼羅等の製作に対して、三守とともに尽力○九月、嵯峨、閑院に行幸、詩宴○この年、勧学院を創設し、	正月、公卿らに国難克服の論功行賞。安世は中納言、三守は権中納言となる○二月、安世、陸奥出羽按察使兼任。文章博士の相当位を従七位下から従五位下に引き上げる○八月、秋稼を護り豊年に報いるため名神に奉幣○九月、空海、五祖像修復と嵯峨の讃文揮毫を実現○一〇月、淀川水

一三	八二二	四八	施薬院を復興する 正月、従二位に昇進○六月、最澄の死後、安世・三守らとともに嵯峨に「山修山学表」を奉呈。大乗戒壇の勅許を求む○このころ、最澄の死を悼む嵯峨の「澄上人を哭す」の詩に、安世らとともに奉和する詩を詠む	系で大洪水。嵯峨、被災地行幸○二月、東大寺に真言院建立○三月、近江国の湖岸諸郡から稲穀一〇万斛を京内穀倉院に移納○同月、大宰府管内で病者・飢民を救済した者を授位対象者とする○四月、平城、空海より結縁灌頂をうける○六月、最澄死去。七日後、嵯峨、大乗戒壇を勅許○七月、天皇・皇后・五位以上に「弘仁九年の例」適用
一四	八二三	四九	四月、嵯峨より譲位の意を伝えられ、諫止するも、容れられず○同月、淳和に左近衛大将辞任を上表するも許されず○同月、淳和の即位時特別昇叙により正二位に昇進○五月、淳和が平城からの書（太上天皇号返上）を真夏にあてて返送するに際し、平城に翻意を促す書を副える○同月、淳和に左近衛大将辞任を上表するも許されず○一一月、大納言緒嗣らとともに、清涼殿で淳和に装飾を排して神事を旨とする大嘗祭挙行を口奏して容れられる○一二月、淳和の「凶年の間、礼服着用の停止」を公卿に諮る詔に対し、他の公卿らとともに	正月、嵯峨、空海より結縁灌頂をうける○二月、大宰府管内で公営田制を実施。この月、疫病大流行、死者多数○三月、京内の米価騰貴に対し、穀倉院の稲穀一〇〇〇斛を放出○四月、嵯峨、皇太弟大伴親王に譲位、淳和天皇即位。淳和、皇子恒世王を皇太子に立てるも、固辞され、嵯峨の皇子正良親王（仁明天皇）を立太子。淳和、嵯峨に太上天皇、橘嘉智子に皇太后、故藤原乙牟漏に太皇太

			「皇太子と公卿・官人を除き、停止すべし」と答申○この年、大庭王の女との間に良世（八男）誕生	后の尊号奉上○五月、三守、中納言となる○一〇月、皇后院に空海を屈請して息災の法を勤修○一一月、三守、中納言を辞して嵯峨院に侍す。清原夏野、参議となる○同月、渤海国使来朝。緒嗣の献策により、渤海の来朝を十二年に一回と改正
天長元	八二四	五〇	正月、長良（一男）、従五位下に叙爵○三月、淳和が詔で端午節廃止を求めたのに対し、他の公卿らとともに賛意を表し、騎射を重陽節に移すことを提言○八月、前年一二月の淳和の命に応え奏上した三件の政策意見、他の公卿（緒嗣・安世・多治比今麻呂）の三件とともに詔書で実施される○九月、淳和に左近衛大将辞任を上表するも許されず○一二月、冬嗣ら公卿、淳和に翌年元日朝賀儀を行うよう進言。淳和「一時服喪を解いて朝賀儀は行うが、節会は行わず服喪に戻る」と答える○この年の前後、良房に嵯峨の皇女源潔姫降嫁	前年末またはこの年前半、緒嗣、冗官整理と華美禁止の意見を奏上するも不採用○五月、緒嗣、淳和に職封一〇〇〇戸の返納を申し出て許される○七月、平城太上天皇崩御。淳和、諒闇を七月中とする詔を発するも、自身は八月以降も服喪を継続○八月、嵯峨の勅により薬子の変で左遷・配流された者の入京を許す○一一月、淳和、新嘗祭の宴会（豊明節会）を行わず
二	八二五	五一	正月一七日、建礼門南庭での大射を淳和に代わって観閲○二月、淳和に左近衛大将辞任を上表するも許されず○四月、左大臣となる（兼左近衛大	正月、淳和、服薬を要する状態として元日の朝賀儀中止。一六日の踏歌も観閲せず○四月、緒嗣、右大臣と

			将）○五月、公卿らとともに五位以上に「弘仁九年の例」の適用を上表して認められる○同月、緒嗣に遅れて、淳和に職封の返納を申し出るも許されず○一〇月、嵯峨の交野での遊猟に随行○一二月、緒嗣の渤海国使入京拒否の意見に反対	なる○閏七月、仁王会。空海、呪願文を作成○一一月、冷然院で嵯峨の四十歳の算賀、中納言安世以下の群臣舞う○一二月、渤海国使来朝。緒嗣、淳和に入京拒否を進言するも採用されず
三	八二六	五二	三月、異母弟愛発、参議となる○五月、淳和に左近衛大将辞任を上表するも許されず○七月二四日、深草の別業で死去（左大臣正二位）○同月二六日、詔により正一位を贈られ、山城国愛宕郡深草山に葬られる○この年以前、順子、皇太子正良親王に嫁すか	三月、緒嗣、冬嗣の反論を批判し、再び淳和に渤海国使の入京拒否を進言するも容れられず
四	八二七		七月、安世、花山の邸宅で冬嗣一周忌の法要。願文作成を空海に委嘱	
嘉祥　三	八五〇		七月、文徳天皇、外祖父冬嗣に太政大臣、外祖母美都子に正一位を贈る	
天安　二	八五八		一二月、冬嗣の「宇治の墓」、美都子の「次の宇治の墓」、「十陵四墓」に列せられる	

参考文献

一　史　料

安祥寺資財帳（京都大学史料叢書）　思文閣出版
叡山大師伝（伝教大師全集五）　世界聖典刊行協会
延喜式（訳注日本史料）　集　英　社
公卿補任（新訂増補国史大系）　吉川弘文館
薫集類抄（群書類従十九）　続群書類従完成会
経国集（群書類従八）　続群書類従完成会
源氏物語（日本古典文学大系）　岩　波　書　店
江家次第（神道大系）　神道大系編纂会
興福寺縁起（群書類従二十四）　続群書類従完成会
弘法大師御伝（続群書類従八下）　続群書類従完成会
高野雑筆集（定本弘法大師全集七）　密教文化研究所
後撰和歌集（新日本古典文学大系）　岩　波　書　店

拾遺雑集（定本弘法大師全集八）　密教文化研究所
拾芥抄（新訂増補故実叢書）　明治図書出版
貞観交替式（新訂増補国史大系）　吉川弘文館
続日本紀（新訂増補国史大系）　吉川弘文館
続日本後紀（新訂増補国史大系）　吉川弘文館
尊卑分脈（新訂増補国史大系）　吉川弘文館
内裏儀式（新訂増補故実叢書）　明治図書出版
内裏式（神道大系）　神道大系編纂会
伝述一心戒文（伝教大師全集一）　世界聖典刊行協会
藤朝臣に与うる灌頂の資具を乞うの書（伝教大師全集五）　世界聖典刊行協会
土右記（増補続史料大成）　臨川書店
南都七大寺巡礼私記（続々群書類従十一）　続群書類従完成会
日本紀略（新訂増補国史大系）　吉川弘文館
日本後紀（訳注日本史料）　集英社
日本三代実録（新訂増補国史大系）　吉川弘文館
日本文徳天皇実録（新訂増補国史大系）　吉川弘文館
文華秀麗集（群書類従八）　続群書類従完成会

文鏡秘府論（定本弘法大師全集六） 密教文化研究所
遍照発揮性霊集（定本弘法大師全集三） 密教文化研究所
本朝文粋（新訂増補国史大系） 吉川弘文館
万葉集（日本古典文学全集） 小学館
律令（日本思想大系） 岩波書店
凌雲集（群書類従八） 続群書類従完成会
類聚国史（新訂増補国史大系） 吉川弘文館
類聚三代格（新訂増補国史大系） 吉川弘文館

二 著書・論文（副題は一部を除き省略）

阿部猛「大同二年の伊予親王事件」（『平安前期政治史の研究』新訂版） 高科書店 一九九〇年
石井正敏『日本渤海関係史の研究』 吉川弘文館 二〇〇一年
井上辰雄『嵯峨天皇と文人官僚』 塙書房 二〇一一年
井上辰雄『平安初期の文人官僚』 塙書房 二〇一三年
岩井隆次「朱器台盤考」（『古代文化』三五―一二） 一九八三年
海野よし美・大津透「勧学院小考」

（『山梨大学教育学部研究報告』四二第一分冊人文社会科学系）　一九九一年
遠藤慶太「後院の名称—冷然・嵯峨の語義をめぐる覚書」（『日本歴史』六二五）　二〇〇〇年
太田晶二郎「勧学院の雀は　なぜ蒙求を囀つたか」（『太田晶二郎著作集』一）　吉川弘文館　一九九一年
太田静六『寝殿造の研究』（新装版）　吉川弘文館　二〇一〇年
大塚徳郎「平安初期の政治」（『平安初期政治史研究』）　吉川弘文館　一九六九年
朧谷寿・角田文衞「平安京」（『角川日本地名大辞典』26京都府下巻）　角川書店　一九八二年
鎌田元一「日本古代の人口」（『律令公民制の研究』）　塙書房　二〇〇一年
鎌田元一「弘仁格式の撰進と施行について」（『律令国家史の研究』）　塙書房　二〇〇八年
川崎庸之「平安文化の形成」（『川崎庸之歴史著作選集3　平安の文化と歴史』）　東京大学出版会　一九八二年
川尻秋生『平安京遷都』（シリーズ日本古代史⑤　岩波新書）　岩波書店　二〇一一年
川本重雄『寝殿造の空間と儀式』　中央公論美術出版　二〇一二年
岸俊男「日本における「戸」の源流」（『日本古代籍帳の研究』）　塙書房　一九七三年
京都市埋蔵文化財研究所『平安京右京三条一坊六・七町跡—西三条第（百花亭）跡—』
（京都市埋蔵文化財研究所発掘調査報告二〇一一—九）　二〇一三年
京都市埋蔵文化財研究所『平安京左京九条三坊十町跡・烏丸町遺跡』

（京都市埋蔵文化財研究所発掘調査報告二〇一三—一五）　二〇一五年

倉本一宏『藤原氏—権力中枢の一族』（中公新書）　中央公論新社　二〇一七年

栗原弘「百済永継（藤原冬嗣母）について」（『文化史学』四五）　一九八九年

栗原弘「藤原冬嗣家族について」（『阪南論集』人文・自然科学編二七—四）　一九九二年

栗原弘「西三条第」（『高群逸枝の婚姻女性史像の研究』）　高科書店　一九九四年

栗原弘「藤原内麿家族」（『平安前期の家族と親族』）　校倉書房　二〇〇八年

小島憲之校注『懐風藻　文華秀麗集　本朝文粋』（日本古典文学大系）　岩波書店　一九六四年

小島憲之『国風暗黒時代の文学』中(中)　塙書房　一九七九年

小島憲之『国風暗黒時代の文学』中(下)Ⅰ　塙書房　一九八五年

小島憲之『国風暗黒時代の文学』中(下)Ⅱ　塙書房　一九八六年

小島憲之『国風暗黒時代の文学』下Ⅰ　塙書房　一九九一年

小島憲之『国風暗黒時代の文学』下Ⅱ　塙書房　一九九五年

小島憲之『国風暗黒時代の文学』下Ⅲ　塙書房　一九九八年

小島憲之『国風暗黒時代の文学』補篇　塙書房　二〇〇二年

後藤昭雄『天台仏教と平安朝文人』（歴史文化ライブラリー）　吉川弘文館　二〇〇二年

佐伯有清「新撰姓氏録編纂の時代的背景」（『新撰姓氏録の研究』研究篇）　吉川弘文館　一九六三年

佐伯有清『伝教大師伝の研究』 吉川弘文館 一九九二年
坂上康俊『律令国家の転換と「日本」』（日本の歴史5） 講談社 二〇〇一年
佐々木恵介『平安京の時代』（日本古代の歴史4） 吉川弘文館 二〇一四年
笹山晴生「左右近衛府上級官人の構成とその推移」（『日本古代衛府制度の研究』） 東京大学出版会 一九八五年
笹山晴生『平安の朝廷―その光と影』 吉川弘文館 一九九三年
笹山晴生『平安初期の王権と文化』 吉川弘文館 二〇一六年
佐藤全敏「蔵人所の成立」（佐藤信編『律令制と古代国家』） 吉川弘文館 二〇一八年
島谷弘幸「嵯峨天皇宸翰哭澄上人詩」（『Museum』三九一） 一九八三年
新村拓『日本医療社会史の研究』 法政大学出版局 一九八五年
菅澤庸子「平安京施薬院の位置について」（『京都市歴史資料館紀要』八） 一九九一年
薗田香融「平安仏教の成立」（家永三郎著作代表『日本仏教史 古代篇』） 法蔵館 一九六七年
武内孝善「空海への東寺勅賜説」（『空海伝の研究―後半生の軌跡と思想―』） 吉川弘文館 二〇一五年
竹内理三「氏長者」（『律令制と貴族政権』第Ⅱ部） 御茶の水書房 一九五八年
田中圭子『薫集類抄の研究』 三弥井書店 二〇一二年

田中圭子「杏雨書屋所蔵『薫集類抄』鎌倉期写本の影印と翻刻」（『杏雨』一三）　一九九八年
玉井力「成立期蔵人所の性格について」（『平安時代の貴族と天皇』）　岩波書店　二〇〇〇年
土田直鎮「奈良時代に於ける舎人の任用と昇進」（『奈良平安時代史研究』）　吉川弘文館　一九九二年
土田直鎮「上卿について」（『奈良平安時代史研究』）　吉川弘文館　一九九二年
角田文衞「東五条第」（『角田文衞著作集四　王朝文化の諸相』）　法蔵館　一九八四年
角田文衞「山科大臣藤原園人」（『角田文衞著作集五　平安人物志』㊤）　法蔵館　一九八四年
寺崎保広『長屋王』（人物叢書）　吉川弘文館　一九九九年
天台学会編『伝教大師研究』別巻　早稲田大学出版部　一九八〇年
虎尾達哉「参議制の成立」（『日本古代の参議制』）　吉川弘文館　一九九八年
虎尾達哉「律令官人制研究の一視点」（『律令官人社会の研究』）　塙書房　二〇〇六年
虎尾達哉「律令官人の朝儀不参をめぐって」（『日本歴史』八一五）　二〇一六年
虎尾達哉「弘仁六年給季禄儀における式兵両省相論をめぐって」（小口雅史編『律令制と日本古代国家』）　同成社　二〇一八年
虎尾俊哉「国史継続撰修の発議」（『古代典籍文書論考』）　吉川弘文館　一九八二年

西本昌弘「儀注の興り由来久し」（『日本古代儀礼成立史の研究』）塙書房　一九九七年
西本昌弘「薬子の変とその背景」（『国立歴史民俗博物館研究報告』一三四）二〇〇七年
西本昌弘「「唐風文化」から「国風文化」へ」（『岩波講座　日本歴史』五）岩波書店　二〇一五年
西本昌弘「嵯峨天皇の灌頂と空海」（『空海と弘仁皇帝の時代』）塙書房　二〇二〇年
西本昌弘「嵯峨天皇」（『空海と弘仁皇帝の時代』）塙書房　二〇二〇年
西本昌弘「真言五祖像の修復と嵯峨天皇」（『空海と弘仁皇帝の時代』）塙書房　二〇二〇年
西本昌弘「平城上皇の灌頂と空海」（『空海と弘仁皇帝の時代』）塙書房　二〇二〇年
橋本正俊「興福寺南円堂創建説話の形成」（『仏教文学』二五）二〇〇一年
橋本義則「日本の古代宮都」（『古代宮都の内裏構造』）吉川弘文館　二〇一一年
橋本義彦「〝薬子の変〟私考」（平凡社選書『平安貴族』）平凡社　一九八六年
波多野忠雅「藤原道長浄妙寺廟墳考」（『古代文化』二〇―六）一九六八年
早川庄八「奈良時代前期の大学と律令学」（『日本古代官僚制の研究』）岩波書店　一九八六年
林陸朗『光明皇后』（人物叢書）吉川弘文館　一九六一年
林陸朗「藤原緒嗣と藤原冬嗣」（『上代政治社会の研究』）吉川弘文館　一九六九年

林　陸　朗「桓武朝の太政官符をめぐって」（林陸朗先生還暦記念会編『日本古代の政治と制度』）　続群書類従完成会　一九八五年

春名宏昭『平城天皇』（人物叢書）　吉川弘文館　二〇〇九年

久木幸男『日本古代学校の研究』　玉川大学出版部　一九九〇年

福井俊彦「薬子の乱と官人」（『早稲田大学大学院文学研究科紀要』二四）　一九七八年

福井俊彦「天長・天安期の政治と交替制」（『交替式の研究』）　吉川弘文館　一九七八年

藤田勝也「寝殿造とはなにか」（西山良平・藤田勝也編『平安京と貴族の住まい』）　京都大学学術出版会　二〇一二年

細貝宗弘「久隔帖につづく最澄自筆消息出現」（『堯榮文庫研究紀要』三）　二〇〇二年

村井康彦『茶の文化史』（岩波新書）　岩波書店　一九七九年

目崎徳衛「平城朝の政治史的考察」（『平安文化史論』）　桜楓社　一九六八年

目崎徳衛『王朝のみやび』　吉川弘文館　一九六八年

桃　裕行『上代学制の研究』（復刊）　吉川弘文館　一九八三年

山田憲太郎『香料　日本のにおい』（ものと人間の文化史27）　法政大学出版局　一九七八年

吉野秋二「平安京跡左京九条三坊十町（施薬院御倉跡）出土の木簡」（『古代文化』六七―二）　二〇一五年

William Wayne Farris, *Population, Disease and Land in Early Japan, 645-900*, 1985

著者略歴

一九五五年　青森県生まれ
一九八三年　京都大学大学院文学研究科博士課程中退
現在　鹿児島大学教授・博士（文学）

主要著書・論文

『日本古代の参議制』（吉川弘文館、一九九八年）
『律令官人社会の研究』（塙書房、二〇〇六年）
「律令官人の朝儀不参をめぐって」（『日本歴史』八一五、二〇一六年）

人物叢書　新装版

藤原冬嗣

二〇二〇年（令和二）八月十日　第一版第一刷発行

著　者　虎《とら》尾《お》達《たつ》哉《や》
編集者　日本歴史学会
代表者　藤田　覚
発行者　吉川道郎
発行所　株式会社 吉川弘文館
東京都文京区本郷七丁目二番八号
郵便番号一一三―〇〇三三
電話〇三―三八一三―九一五一〈代表〉
振替口座〇〇一〇〇―五―二四四
http://www.yoshikawa-k.co.jp/
印刷＝株式会社 平文社
製本＝ナショナル製本協同組合

ISBN978-4-642-05299-3

『人物叢書』（新装版）刊行のことば

人物叢書は、個人が埋没された歴史書が盛行した時代に、「歴史を動かすものは人間である。個人の伝記が明らかにされないで、歴史の叙述は完全であり得ない」という信念のもとに、専門学者に執筆を依頼し、日本歴史学会が編集し、吉川弘文館が刊行した一大伝記集である。

幸いに読書界の支持を得て、百冊刊行の折には菊池寛賞を授けられる栄誉に浴した。

しかし発行以来すでに四半世紀を経過し、長期品切れ本が増加し、読書界の要望にそい得ない状態にもなったので、この際既刊本の体裁を一新して再編成し、定期的に配本できるような方策をとることにした。既刊本は一八四冊であるが、まだ未刊である重要人物の伝記についても鋭意刊行を進める方針であり、その体裁も新形式をとることとした。

こうして刊行当初の精神に思いを致し、人物叢書を蘇らせようとするのが、今回の企図である。大方のご支援を得ることができれば幸せである。

昭和六十年五月

日本歴史学会
代表者　坂本太郎